国家中等职业教育改革发展示范学校特色教材
（高星级饭店运营与管理专业）

客房服务与管理

章　熠　李　蔚　主　编
郭旦华　田　甜　副主编

中国财富出版社

图书在版编目（CIP）数据

客房服务与管理／章熠，李蔚主编．—北京：中国财富出版社，2014.8
（国家中等职业教育改革发展示范学校特色教材．高星级饭店运营与管理专业）
ISBN 978－7－5047－5264－2

Ⅰ.①客…　Ⅱ.①章…②李…　Ⅲ.①客房－商业服务－中等专业学校－教材②客房－商业管理－中等专业学校－教材　Ⅳ.①F719.2

中国版本图书馆CIP数据核字（2014）第141823号

策划编辑	邢有涛　杨　璐	责任印制	方朋远
责任编辑	王淑珍	责任校对	杨小静

出版发行	中国财富出版社（原中国物资出版社）		
社　　址	北京市丰台区南四环西路188号5区20楼	邮政编码	100070
电　　话	010－52227568（发行部）		010－52227588转307（总编室）
	010－68589540（读者服务部）		010－52227588转305（质检部）
网　　址	http://www.cfpress.com.cn		
经　　销	新华书店		
印　　刷	北京京都六环印刷厂		
书　　号	ISBN 978－7－5047－5264－2/F·2187		
开　　本	787mm×1092mm　1/16	版　　次	2014年8月第1版
印　　张	15	印　　次	2014年8月第1次印刷
字　　数	356千字	定　　价	28.00元

前　言

随着我国酒店业日新月异的蓬勃发展，我国饭店行业的竞争标准也在发生着变化，由过去“拼设施、比装修”的硬件竞争，慢慢向“软实力”的竞争转变。以人为本，提高人性化、精细化服务的水平，满足消费者的个性化需求，注重对员工进行职业生涯管理等“软件”建设，成为每一家饭店管理者必须要处理好的核心问题。酒店服务的快速发展急需大量的技术技能人才，而职业学校正是酒店人才培养的基地。为了培养酒店企业适用的人才，必须加快酒店人才培养的力度，努力扩大酒店专业人才规模，提高酒店从业人员的职业素质和专业技能。

我们根据职业教育课程性质以及中等职业学校客房服务与管理课程教学的基本要求，为适应职业院校人才培养的特点和全面素质教育的需要，编写了这本《客房服务与管理》。本教材的主要任务是通过对酒店业的介绍，使学生走进酒店行业，知晓酒店业务及其操作流程，让学生了解酒店行业的工作环境与服务标准，培养学生能独立操作、分析和解决简单酒店业务问题的能力。它主要为学生搭建一个形象的、相对完整的知识框架，并为学生进一步深入学习酒店前厅实务、酒店运营与管理、饭店情景英语等酒店专业知识奠定基础。本教材的适用专业为中等职业院校旅游及饭店管理专业。

本教材由章熠、李蔚老师担任主编，郭旦华、田甜老师担任副主编。江西省商务学校柯玲玲老师编写项目一；江西省商务学校郭旦华老师编写项目二；江西省商务学校章熠老师编写项目三；江西省商务学校李蔚老师编写项目五；江西省商务学校田甜老师编写项目四、六。章熠老师负责全书统稿。

编写教学改革教材对编写人员是一项具有挑战性和探索性的工作，由于编者水平有限，加上时间仓促，不足之处在所难免，敬请广大读者批评指正，以便我们进行修改和完善。

编　者

2014 年 4 月

目　录

项目一　认识客房部

客房是酒店为住店客人提供的暂时居留场所，是客人在酒店逗留时间最长的地方，也是客人在旅途中的“家”。客房是酒店建筑设施的主体，是酒店重要的经济来源，是酒店运转的一个重要环节。酒店设有客房部（Housekeeping Department），又称管家部或房务部。了解客房的基本常识，认清客房部的低位和任务以及组织结构，把握客房服务与管理的发展趋势，对每一位酒店工作人员都具有重要意义。

任务一　客房的类型与设施配置

学习目标

●知识目标

1. 掌握客房的类型
2. 了解客房的设施配置

●技能目标

能准确识别客房的类型和客房设施设备的用途。

知识要点

熟悉酒店不同的客房类型及相应的设施设备的用途。

一、客房的类型

（一）根据单间房所配备的床的种类和数量分类

1. 单人间（Single Room）

单人间又称单人客房，是在房内放一张单人床的客房，适合单身客人使用。酒店单人间一般数量很少，并且多把面积较小或位置偏僻的房间作为单人间，属于经济档。根据卫生间设备条件，单人间又可分为：无浴室单人间（Single Room without Bath）、带淋浴单人间（Single Room with Shower）、带浴室单人间（Single Room with Bath）。

2. 大床间（Double Room）（见图 1－1）

大床间是在房内放一张双人床的客房。主要适用于夫妻旅行者居住。新婚夫妇使用时，称作“蜜月客房”。高档商务客人很喜欢大床间的宽敞舒适，也是这种房间的适用对象。目前高星级酒店出现的商务客房就是以配备双人床并增设先进办公通信设备为特色。在以接待商务客人为主的酒店，大床间的比例逐渐增加，多者可占客房总数的 50%～60%。

图 1－1　大床间

3. 双人间（Two－Bed Room）（见图 1－2）

双人间的种类很多，可以满足不同层次客人的需要。配备两张单人床。中间用床头柜隔开，可供两位客人居住，通常称为“标准间”（Standard Room）。这类客房占酒店客房数的绝大部分，适合于旅游团队和会议客人的需要。普通散客也多选择此类客房。配备两张双人床（Double－Double Room），可供两个单身旅行者居住，也可供夫妇或家庭旅行客人居住，但这种客房的面积比普通标准间大。配备一张双人床、一张单人床（Double－Single Room），或配备一张大号双人床、一张普通双人床（Queen－Double Room），这类房间容易满足家庭旅行客人需求。

图 1-2 双人间

4. 三人间（Triple Room）

三人间内放三张单人床，是属经济档客房。中高档酒店这种类型的客房数量极少，有的甚至不设。当客人需要 3 人同住一间时，往往采用在标准间加一张折叠床的办法。这种客房在新兴城镇或市郊的酒店还是有客源的。

（二）根据构成套房的房间数量及内部装潢布置的档次分类

1. 普通套间（Junior Suite）（见图 1-3）

普通套间一般是连通的两个房间，称双套间，又称双连客房。一间作卧室（Bed Room），另一间作起居室（Living Room），即会客室。卧室中放置一张大床或两张单人床，并附有卫生间。起居室也设有供访客使用的盥洗室，内有便器与洗面盆，一般不设浴缸。

2. 豪华套间（Deluxe Suite）（见图 1-4）

豪华套间其室内陈设、装饰布置、床具和卫生间用品等都比较高级豪华，通常备大号双人床或特大号双人床。此类套间可以是双套间，也可以是 3~5 间。按功能可分为卧室、客厅、书房、娱乐室、餐室或酒吧等。

3. 总统套间（Presidential Suite）（见图 1-5）

总统套间通常由 5 间以上的房间构成，多者达 20 间。套间内男女主人卧室分开，男女卫生间分用。还设有客厅、书房、娱乐室、会议室、随员室、警卫室、餐室或酒吧间，以及厨房等。还有的设室内花园。房间内部装饰布置极为讲究，设备用品富丽豪华。因房价昂贵，出租率很低，一般四星级酒店才设。总统套间并非总统才能住，只是标志该酒店已具备了接待总统的条件和档次。

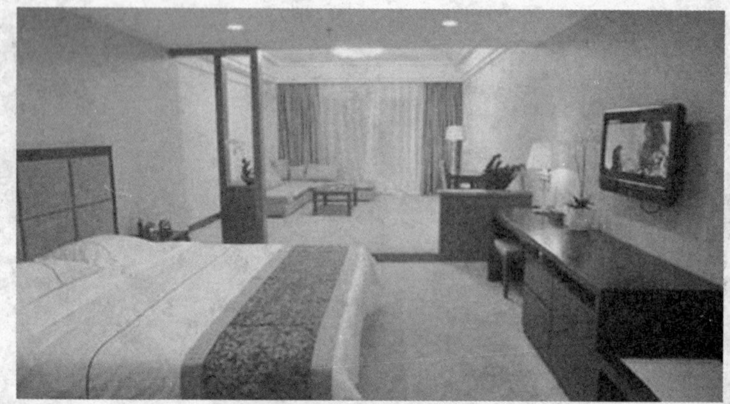

图1-3　普通套房

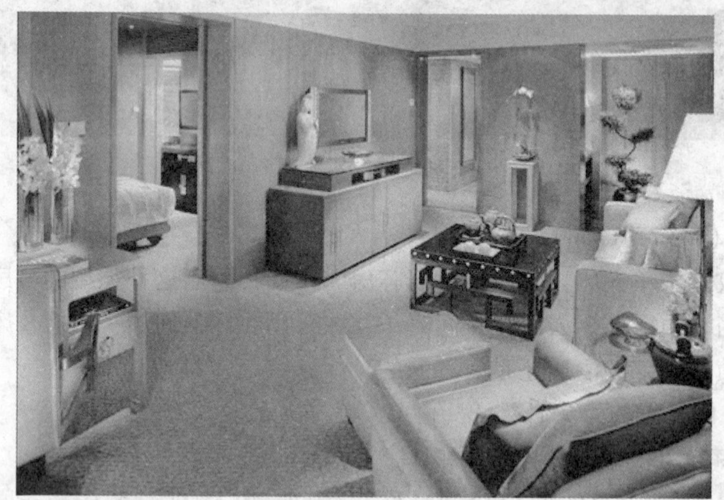

图1-4　豪华套房

图1-5　总统套房

（三）客房按位置划分

1. 外景房（Outside Room），窗户朝向公园、大海、湖泊或街道的客房。

2. 内景房（Inside Room），窗户朝向酒店内庭院的客房。

3. 角房（Corner Room），位于走廊过道尽头的客房。

4. 连通房（Adjoining Room），室外两门毗连而室内无门相通的客房。

5. 相邻房（Connecting Room），隔墙有门连接的客房。

（四）客房按经济等级划分

1. 经济间

2. 标准间

3. 豪华间

（五）其他特殊客房种类

1. 商务房，布局、家具等考虑商务客人需要。（商务楼层、行政楼层）

2. 残疾人房，通道宽敞地面无障碍，墙上有扶手，不用旋转开关。

3. 公寓房，为长住客人设计，布局功能家庭化，厨房，餐室，较大的储存间。

二、客房的设施配置要求（以国内五星级酒店为例）（见图1－6）

图1－6 五星级酒店客房展示

1. 有舒适的床垫、写字台、衣橱（含衣架）、茶几、座椅或沙发、床头柜、床头灯、台灯、落地灯、全身镜、行李架等高级配套家具。室内铺满高级地毯，或用优质木地板或其他高档材料装饰。采用区域照明，且目的物照明度良好。

2. 客房门能自动闭合，有门窥镜、门铃、防盗装置及防撞门栅，并于门窥镜上方位置张贴应急疏散图及相关说明。

3. 卫生间面积不少于 8 平方米，并有 50% 的干湿区分隔。装有高级低噪音抽水恭桶、梳妆台（配备面盆、梳妆镜和必要的盥洗用品）、浴缸并带淋浴喷头（另有单独淋浴间的可以不带淋浴喷头），配有浴帘。水龙头冷热标识清晰。采取有效的防滑措施。采用豪华建筑材料装修地面、墙面和天花板，色调高雅柔和，采用分区照明且目的物照明度良好。有无噪音的排风系统，温度与客房无明显差异。有 110V/220V 不间断电源插座、电话副机。配有吹风机。24 小时供应冷、热水（见图 1－7）。

图 1－7　五星级酒店浴室展示

4. 有方便使用的电话机，可以直接拨通或使用预付费电信卡拨打国际、国内长途电话，并备有电话使用说明和所在地主要电话指南；提供国际互联网接入服务，并备有使用说明；有彩色电视机，画面和音质优良。备有频道收视指南。播放内容应符合中国政府规定。

5. 有可由客人调控且音质良好的音响装置。

6. 有防噪音及隔音措施，效果良好。

7. 有至少两种规格的电源插座，方便客人使用，并提供插座转换器。

8. 有沙帘及遮光窗帘。

9. 有与本星级相适应的文具用品、服务指南、价目表、住宿须知、所在地旅游景区（点）介绍和旅游交通图、与住店客人相适应的报刊。

10. 床上用棉织品（床单、枕芯、枕套、棉被及被衬等）及卫生间针织用品（浴巾、浴衣、毛巾等）材质良好、工艺讲究、柔软舒适。

11. 客房内设微型酒吧（包括小冰箱），提供适量酒和饮料，备有饮用器具和价目单。

12. 电话机配备叫醒、留言及语音信箱服务。

13. 配备有干湿洗及熨烫的洗衣单与洗衣袋。

14. 配备有送餐菜单和饮料单，送餐菜式品种不少于 8 种，饮料品种不少于 4 种，甜食品种不少于 4 种，有可挂置门外的早餐牌。

15. 配备有擦鞋服务通知单。

小提示

残疾人客房

残疾人客房的门厅不应有门槛，如有不同高度的地面，出入口应有坡道，房内设备能满足残疾人生活起居的一般要求，具体有以下设施：

1. 坡道应控制在 12 度以下。

2. 房间门、卫生间门均不少于 90 厘米宽。

3. 门锁应为摇臂执手（锁把），不宜用球形执手。

4. 卫生间（见图 1－8）应有较大的空间方便轮椅回旋，内有特殊折椅，沐浴轮椅。

图 1－8　酒店残疾人卫生间

5. 卫生间有残疾人的专用面盆、浴盆，在墙壁、浴缸、洗脸盆、便桶边应设牢固的扶手，扶手应具备水平与垂直的功能：

（1）规格要求上，门与卫生间的空间间距不少于 105 厘米。

（2）面盆台面高度在 70 厘米左右，台面下应无影响残疾车回旋的障碍物。

（3）坐便器高度为 43 厘米左右。

（4）浴盆边侧墙体扶手垂直安装紧固，承受拉力不少于 100 千克。

（5）毛巾架及挂衣钩离地面高度不超过 110 厘米。

（6）沐浴喷淋装置要求活动式可调节喷淋器，并配有 150 厘米左右长的金属软管。

6. 呼叫按钮。

7. 门、窗帘、开关均为遥控或开关位置高度不应超过 110 厘米。最低不超过 45 厘米。

8. 盲文服务指南。

9. 衣橱内挂衣杆高度能适应残疾人。

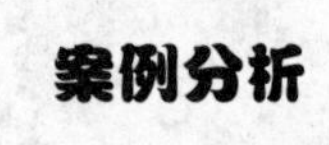

客房规范交班是小事吗

2014 年 2 月 16 日下午 3 时左右，客房领班小欧查房时发现 1105 房淋浴室的防滑垫发黑起霉点，当即通知当班服务员小徐将防滑垫取出进行清洁消毒，并在“工作跟进表”登记后交台班跟进。下午 4 时下班前却没有再到房间复查。而小徐将防滑垫取出到工作间浸洗后，恰好有电工来维修房间，小徐跟进维修直至下班才完成，忘记将防滑垫放回房间，亦未将此事向前来接班的小李交代。

小李接过小徐的班后，亦无认真检查“工作跟进表”中的房态，因此没发现 1105 房尚欠防滑垫。晚上 8 点左右，一班客人入住，要 4 间房，其中，一位女客入住了 1105 房。女客淋浴时，跌倒损伤；第二天投诉并索赔，理由是：淋浴室未按要求放防滑垫。

问题：

1. 是什么原因导致了客人的投诉？

2. 以后怎么才能避免类似事件的再次发生。

客房家具材料

由于投资成本上的控制及审美观的变化，酒店也较少采用全实木家具，目前较多使用的客房家具材料为：人造板结合实木制作或人造板结合金属、石材、玻璃材料等制作。人造板在家具中主要用作表层，如写字台、电视柜、行李柜、床头柜、茶几等平整的台板和立面部分，而实木则做收边和脚、腿等支撑或独立部分。

鉴于审美要求不论是人造板还是实木，都要求家具表层有其天然材质的特征，从而出现了表面为天然材质的人造夹板，如：枫木夹板、榉木夹板、橡木夹板等各种表面为天然材质的人造板，这种天然材质人造板加实木边组成的家具表面层，其下方均是与人造材质相同或接近的天然实木，这样制作的家具于整体上才美观自然。除上述因素外，从选材上区分：优质家具一般选用以下几种实木及夹板为主：树榴木、花樟、红影木、白影木、胡桃木、雀眼木、枫木、柚木、酸枝木、花梨木等。优质酒店家具所用之实木须经严格的脱脂，高温烘干处理，其基材须以细木工板或高密度板，台面合成的实心厚度须达到

2.8 厘米~3 厘米以上，家具所配辅料如：拉手、导轨、铁花、石材及软包面料（高紧密提花布等），须高档、豪华、美观。

任务思考与练习

一、填空题

1. 根据卫生间设备条件，单人间又可分为________、________、________。
2. 客房按位置划分为________、________、________、________、________。
3. 五星级酒店卫生间面积不少于________平方米，并有________的干湿区分隔。

二、简答题

简述根据构成套房的房间数量及内部装潢布置的档次分类酒店客房可分为哪几类?

任务二　客房部的主要任务与业务范围

学习目标

●知识目标

1. 掌握客房部的主要任务
2. 了解客房部业务的特点

●技能目标

按照服务操作标准，完成客房部的主要任务。

知识要点

熟知并理解客房部的主要任务。

一、客房部在酒店管理中扮演的角色

1. 客房是酒店的基本设施，是旅游活动的物质承担者

酒店的规模是由客房数和床位数决定的。按照国际标准，有500间以上客房的酒店称

为大型酒店，客房数在200间以下的酒店称为小型酒店，客房数在200～500间的酒店称为中型酒店。客房面积一般占酒店总建筑面积的60%左右，客房占了酒店固定资产的绝大部分。酒店综合服务设施的配给量是酒店客房的数量决定的。在酒店从业人员中，客房部员工占$\frac{1}{3}$左右的比例。客房是酒店的主体，是酒店最基本、最重要的设施，是旅游活动的物质承担者。

2. 客房是酒店经济收入的重要来源

客房投资大、耐用性强、经济成本低、利润高。酒店的经济收入主要分为三部分：客房收入、餐饮宴会及其他综合服务设施收入，客房营业收入占酒店总收入的40%～60%，有的酒店甚至高达70%左右。客房是带动酒店其他经济活动和综合服务设施运转的枢纽，是酒店利润的主要来源。

3. 客房管理是影响客房销售的重要因素之一

客房管理质量的好坏以及服务质量的高低，直接影响客房销售和回头客的比率。

4. 客房管理是为了保护业主的投资

建造一座豪华酒店需要几亿元甚至十亿元的投资。客房部肩负着合理有效地延长设备及装修使用寿命，保护业主投资有效收回和资产增值的责任。

二、客房部的主要任务

客房部是为酒店生产客房产品，为住店客人提供洗衣、擦鞋等多样化服务。为酒店其他部门提供布件洗涤、保管等服务，并负责酒店公共区域清洁保养的综合性部门。其主要任务是：

1. 负责客房及有关公共区域的清洁保养，使酒店保持其设计水准

客房部不仅要负责客房及楼层公共区域的清洁和保养，而且还要负责酒店其他公共区域的清洁和保养。酒店清洁工作归于客房部符合专业化管理的原则，有助于提高工作效率，可以减少清洁设备的投资，有利于对设备的维护和保养。酒店的设计水准能否体现和保持，与客房清洁工作密切相关，好的管理可使酒店保持常新，而不完善的管理则会使酒店过早老化，从而失去其设计水准。

2. 为住店客人提够一系列的服务，使其在逗留期间更觉方便和满意

酒店不仅是客人旅行中下榻的场所，而且也是客人出门在外时的“家”，客房部为客人提供各种服务就是要使客人有一种在家的感觉。客房部为客人提供的服务有迎送服务、洗衣服务、房内小酒吧服务、托婴服务、擦鞋服务、夜床服务等。这些服务不仅是客人的要求，而且国家旅游局对星级酒店客房部提供的服务也有明确的要求。客房部管理人员的工作是按照国家星评标准的要求，根据本酒店目标客源市场的特点提供相应的服务，并不断根据客人需求的变化改进自己的服务，从而为客人创造一个良好的住宿环境。

3. 不断改善人、财、物的管理，以提高效率、增收节支

随着酒店业规模的不断扩大和竞争的日益加剧，对客房部人、财、物的管理，已成为一项非常重要的工作。由于客房部是酒店中人员最多的部门之一，对其人员费用及物品消耗的控制成功与否，往往关系到酒店是否盈利。客房管理者的职责也从单一的清洁质量的管理，扩展到定岗定编、参与招聘与培训、制定工作程序、选择设备和用品及对费用进行控制等。

4. 为其他部门提供一系列的服务，保证酒店整体工作的正常进行

酒店是一个整体，需要各部门的通力合作才能运转正常。在为其他部门服务方面，客房部扮演着重要的角色，它为其他部门提供工作场所的清洁与保养，布草的洗涤、保管和缝补，制服的制作、洗涤与更新，以及花木、场景的布置。以上这些服务水准的高低，直接影响酒店的服务质量，反映酒店的管理水平。

三、客房部业务的特点

1. 出租客房提供劳务

客人交纳房租的目的是为了获得酒店客房的临时使用权和居住权，酒店以设备设施、提供用品为凭借，通过接待服务，不断地向客人提供相关服务。

2. 以“暗”的服务为主

看得见的服务为“明”，看不见的服务为“暗”。客房服务员一般是在客人到达酒店之前或客人不在房间时提供相关服务，因此提供的是“暗”的服务。

3. 服务的随机性较大

客房服务是零星琐碎、细致入微的，从客房整理、补充客用品、设备维修，到客人进店、离店都需要服务员细心观察，及时了解客人需求，主动提供规范的服务。

小提示

小整理服务

小整理服务是对住客房而言的，就是在住客外出后，客房服务员对其房间进行简单的整理。其目的就是要使客人走进房间有一种清新舒适的感觉，使客房经常处于整洁干净的状态。小整理服务是充分体现酒店优质服务的一个重要方面。

具体做法是：

1. 拉回窗帘，整理客人午睡后的床铺。（见图 1－9）

2. 清理桌面、烟缸、纸篓内和地面的垃圾杂物（吸尘），注意有无未熄灭的烟头。

3. 简单清洗整理卫生间，更换客人用过的“四巾”、杯具，撤出使用过的餐具等。

4. 补充房间茶叶和其他用品。

图 1-9　小整理服务之整床

案例分析

客人为什么发火

6 月 20 日 15：00，客房服务员小王推着工作车在经过 315 房时，被该房的台湾客人王先生叫住，王先生投诉说 315 房间的电话没反应，不能用。小王听到客人的投诉马上打电话叫工程部派人来修，工程部小刘 1 分钟后即来到房间，小刘拿起电话，拨了一下，发现可以通话，没有问题，便对客人王先生说："电话没问题，没坏呀！" 客人一听，生气道："难道我没事找事，明明电话就是打不通，你这样的服务态度，我要投诉你！" 小刘一下子愣住了，也不知道自己是如何得罪了客人。

问题：

1. 产生此投诉的原因是什么？
2. 在今后的工作中如何避免此类问题？

知识链接

豪华套房接待程序

1. 迎客准备

（1）接到住房通知单后，要了解客人国籍、到房时间、人数、性别、身份、接待单位等。

（2）按照客人要求布置好房间，并检查房间设施设备是否完好，各种开关、按纽、照明、音响是否完好，各种物品摆放是否整齐、得当。

（3）按照规定摆放好酒吧饮料及酒类。

（4）摆放好水果（果篮、洗手盅、水果刀、果叉、口布等）、鲜花，做夜床要放置夜床赠品，摆放好总经理名片及欢迎卡。

（5）客人到达前还应检查房间温度是否得当（根据季节调节），客人到后再按客人要求调节。

2. 迎接客人

（1）客人到达时楼层主管及服务员要到电梯前迎接，当客人跨出电梯，用英语或普通话欢迎客人，如知客人职务，则以职务称呼客人，使客人感到亲切。

（2）引领客人进房时要落落大方地介绍客房情况，使客人熟悉住房，有宾至如归感。

（3）尽快送上热毛巾、迎客茶。

（4）服务员为不打扰客人休息，要尽快离房，离房前要说"请休息，如有事请打××电话。"

3. 住客服务

（1）周到、主动地为客服务。

（2）客人离房一次，跟房一次（标准：要求恢复客人进房时状况，但不得移动客人自行放置的物品）。

（3）客人洗熨的衣服要专人负责。

（4）送给客人的电报、信件、物品要用托盘送上。

（5）记录客人入住日期。

4. 客人离店

（1）离店时，楼层主管、服务员要在场送行，并致离别祝愿。

（2）客人离店时清点酒水消耗情况，报给总台结账。

（3）检查房间有无遗留物品，及时归还，并作好记录。

任务思考与练习

一、填空题

1. 按照国际标准，有__________间以上客房的酒店称为大型酒店，客房数在__________间以下的酒店称为小型酒店，客房数在__________间的称为中型酒店。

2. 在酒店从业人员中，客房部员工占__________左右的比例。

3. 客房是酒店的__________，是旅游活动的__________。

二、简答题

简述客房部的主要任务。

任务三　客房部的组织机构与岗位职责

学习目标

●知识目标

1. 掌握客房的组织结构
2. 了解客房的各岗位职责

●技能目标

假如你是一位客房工作人员，能否熟练完成本岗位的相应职责。

知识要点

熟悉酒店客房部的组织结构以及各职位的责任。

一、客房部的组织机构

1. 大中型酒店客房部组织机构（见图1－10）
2. 小型酒店客房部组织机构（见图1－11）

二、客房部组织结构设置的原则

1. 从实际出发

从酒店的规模、档次、接待对象、劳动力成本、设施设备、管理理念及服务项目等实际出发，以适合酒店经营的需要，切不可生搬硬套。

2. 精简原则

要防止机构臃肿和人浮于事的现象，特别注意要“因事设人”，不能“因人设事”或“因人设岗”，但这并不意味着机构过分简单，以免出现职能空缺的现象。

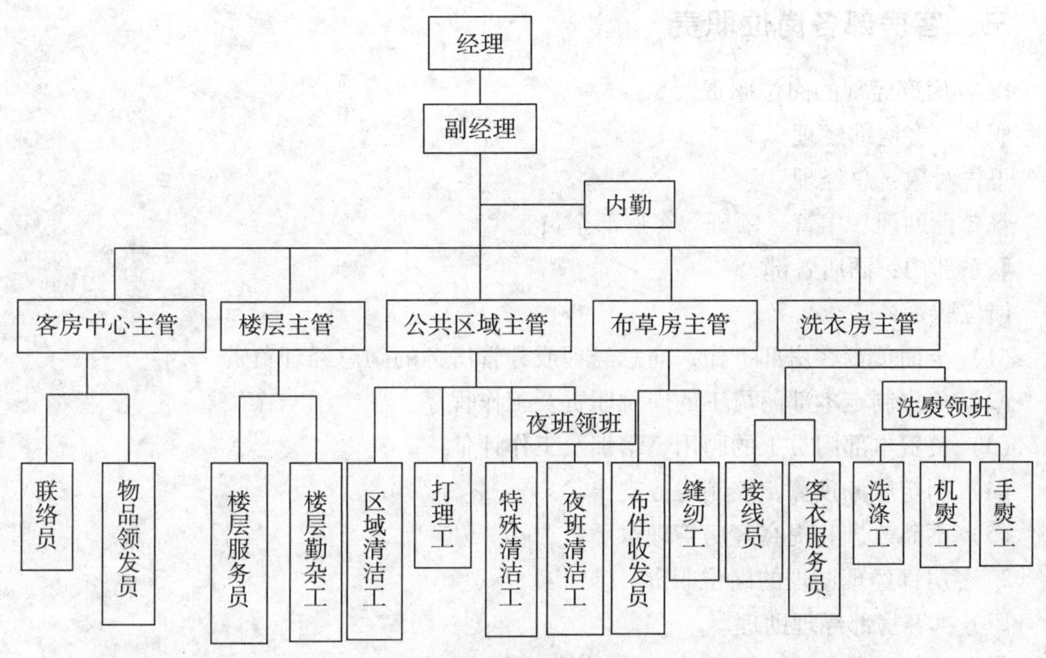

图 1－10　大中型酒店客房部组织机构

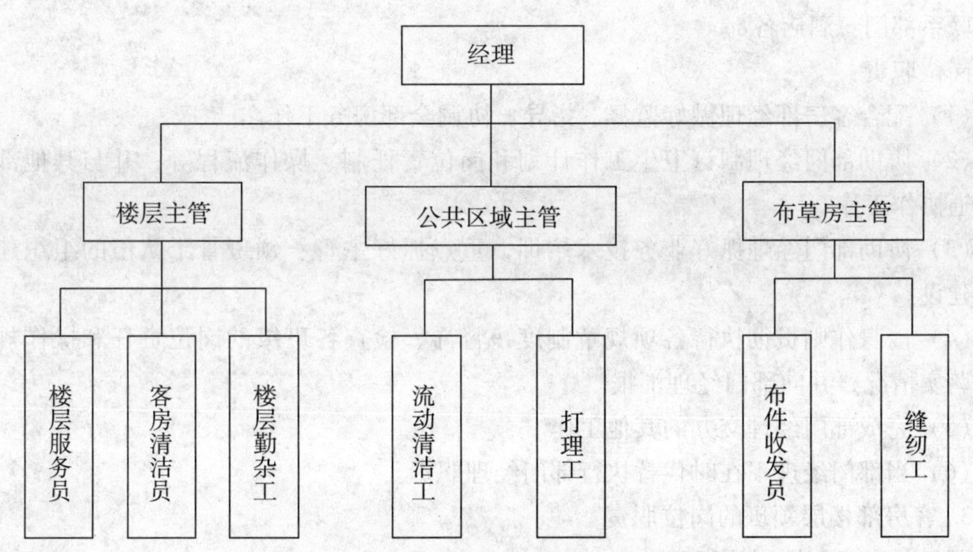

图 1－11　小型酒店客房部组织机构

3. 分工明确，责、权、利制度化

应明确各岗位人员的职责和任务、上下级隶属关系及信息传递的渠道和途径，使责、权、利制度化。

三、客房部各岗位职责

1. 客房部经理的岗位职责

职务：客房部经理

报告对象：总经理

督导：助理、主管、领班、客房部全员

联系部门：酒店各部

岗位职责：

（1）全面负责客房部工作，向总经理或分管房务的副总经理负责。

（2）负责制定本部门员工的岗位职责及工作程序。

（3）负责本部门员工的聘用、培训及工作评估。

（4）制定房务预算，控制房务支出。

（5）不断改进和提高客房管理水平。

2. 客房部经理助理的岗位职责

职务：客房部经理助理

报告对象：客房部经理

督导：楼层主管、PA 主管、洗衣房主管、客房中心主管

联系部门：酒店各部

岗位职责：

（1）配合客房部经理做好监督、指导、协调全部房务工作。

（2）协助部门经理制订卫生工作计划和岗位责任制、操作流程等，并与其他部门做好沟通协作工作。

（3）协助部门经理抓好业务技术培训，重点抓好主管、领班骨干队伍的组织建设和思想建设。

（4）以身作则贯彻执行各项规章制度，督导、检查各班级的岗位责任和操作规程的执行落实情况，并向部门经理汇报。

（5）完成部门经理交办的其他工作。

（6）当部门经理不在时代替执行部门经理职责。

3. 客房部楼层领班的岗位职责

职务：客房部楼层领班

报告对象：客房助理

督导：客房中心服务员、楼层服务员

联系部门：酒店各部

岗位职责：

（1）在客房部助理的领导下，负责管理所管辖区域的楼面接待服务工作。

（2）检查服务员的仪容仪表和行为，对不符合酒店规定的事情及时处理和向上级

报告。

（3）掌握楼层客房出租情况，合理安排员工，做好对所属员工的日常评估考核。

（4）每日检查客房酒吧饮料的消耗，补充和报账情况。

（5）确保楼层万能钥匙的使用，认真填写收发钥匙的记录。

（6）掌握楼层物品领用消耗情况。

（7）保管好服务用品及器具，安排并检查楼层公共区域的清洁工作。

4. 楼层服务员的岗位职责

职位：楼层服务员

报告对象：楼层领班

联系部门：酒店各部

岗位职责：

（1）掌握所在楼层的客房状况及住客情况，为住客提供优质服务。

（2）按程序清扫客房，并保证效率和质量。

（3）严格控制客用消耗品，防止浪费和流失。

（4）正确使用和保养清洁设备、器具，正确使用清洁剂。

（5）按要求填写各种报表。

（6）保持客房楼面的安静和安全。

（7）每天整理工作间及清洁用具。

（8）完成领班安排的计划卫生，主管交代的临时工作。

5. 客房中心主管的岗位职责

职务：客房中心主管

报告对象：客房经理

督导：客房中心领班、服务员　楼层服领班、服务员

联系部门：酒店各部

岗位职责：

（1）负责对所辖楼层客房的接待服务工作实行督导、检查，保证客房接待的正常、顺利进行，直接对客房部经理负责。

（2）根据具体的接待任务，组织、调配人力。对 VIP 客人接待，协助班组掌握布置规格和要求。

（3）汇总核实客房状态，及时向前台提供准确的客房状态报表。

（4）对班组处理不了的客人要求或疑难问题，主动帮助解决或帮助联络。

（5）对所属员工的操作方法、工作规范进行培训。

（6）检查所辖人员的仪容仪表、礼貌服务情况。

（7）执行客房部经理交给的其他任务。

6. 客房中心领班的岗位职责

职务：客房中心领班兼文员、仓管

报告对象：客房部经理、客房部助理

督导：客房中心服务员、楼层服务员

联系部门：酒店各部

岗位职责：

（1）每日检查客房中心酒水、物品的消耗是否与账目相符。

（2）负责客房部文书档案处理和保管工作。

（3）根据客房部经理的要求，起草本部门业务报告及公文函件。

（4）协助安排部门行政例会，做好会议记录，及时了解和反馈信息。

（5）主管客房部办公室内各类物品的储存。

（6）负责楼层仓库物品的领取；每周楼层物品的发放；每月做成本分析盘点。

7. 客房中心服务员的岗位职责

职位：客房中心服务员

报告对象：客房中心领班

督导：楼层服务员

联系部门：酒店各部

岗位职责：

（1）在主管、领班的领导下，具体负责客房中心值班工作。

（2）接听电话，礼貌答复住客咨询，并通知楼层服务员为客人提供相关服务。

（3）与各楼层保持密切联系，掌握客房状态，及时沟通客房信息。

（4）与其他部门沟通联系及传递信息。

（5）管理好客房中心物品、酒水等。

（6）做好客房万能钥匙的检查和保管工作。

8. 洗衣房主管岗位职责

职位：洗衣房主管

报告对象：洗涤部经理、洗涤部助理

督导：洗涤部领班、洗涤房服务员

联系部门：酒店各部

岗位职责：

（1）根据洗涤部经理的指示制订洗涤房的工作计划。

（2）制定和完善各项规章制度和工作程序及操作规程，明确各工作岗位职责，责任到位。

（3）组织员工进行业务培训及部门规章制度的学习。

（4）制定并严格执行洗涤房的各类耗用指标定额，节能减排。

（5）经理不在时，代行经理职责。

（6）完成上级指派的其他工作业务。

9. 洗衣房领班岗位职责

职务：洗衣房领班

报告对象：洗涤部经理、洗涤部主管

督导：洗衣房服务员

联系部门：酒店各部

岗位职责：

(1) 对洗衣房主管负责，合理安排班次，负责本部门员工的考勤，考绩工作。

(2) 主持召开洗涤房工作例会，布置工作提供要求；及时协调解决各岗位矛盾。

(3) 监督员工严格按规定程序和标准进行操作，确保洗熨质量，及时处理各类投拆。

(4) 管理好机器设备，及时检查，发现问题及时报修，确保安全生产。

(5) 熟悉干洗、水洗、熨烫的全过程，能够对原材料进行准确分类。

(6) 解决具体工作中出现的问题，发现错误，及时纠正。

10. 洗衣房员工的岗位职责（见图1－12）

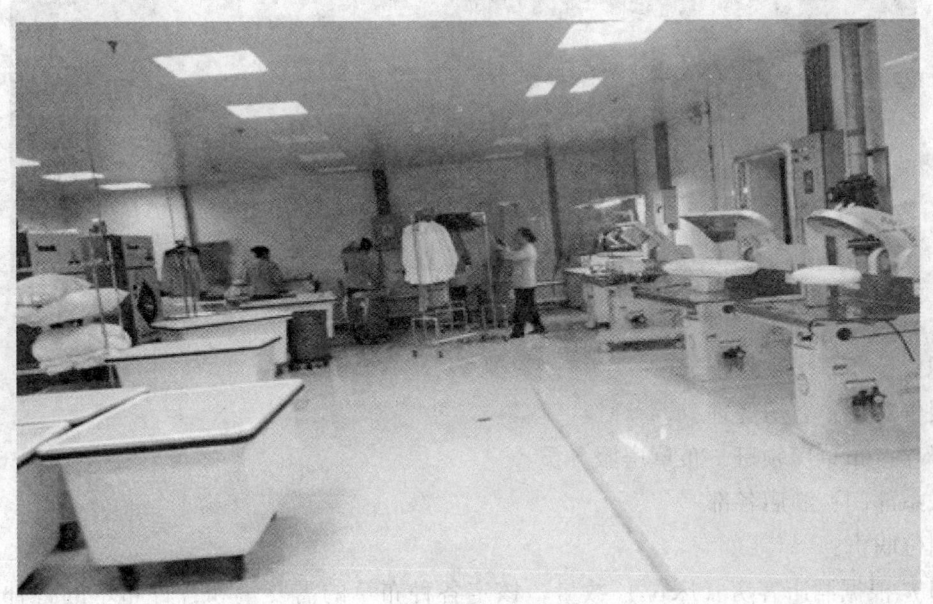

图1－12　洗衣房一隅

职务：洗衣房员工

报告对象：洗衣房主管、领班

联系部门：酒店各部

岗位职责：

(1) 在部门领导下，遵守各班次的工作和纪律。

(2) 遵守酒店各项规章制度，洗衣房纪律和岗位规程；执行领导的工作安排。

(3) 把当天的客衣营业表和前厅收银处对账，并把当天的工作状况及突出事件作好记录，及时向部门报告，并写在交班本上。

（4）认真负责本职工作，下班前检查各岗位卫生标准，不达标者给予返工，检查机器、清洁工具完整无缺，检查电、水、气源开关是否关好，检查无隐患后方可关门窗并把洗衣房全部钥匙交给服务中心。

（5）掌握各种清洁剂性能及技术。

（6）妥善处理各项突发事件。

11. 布草房主管岗位职责（见图 1－13）

图 1－13　布草房一隅

职位：布草房主管

报告对象：客房经理

督导：布草房领班、布草房服务员

联系部门：酒店各部

岗位职责：

（1）根据酒店客房（床位）数量，核定各种布草的需要量和各种布草的替补率，保证布草能满足周转需要。

（2）检查实物摆放、库容、账目登记是否符合要求。监督按手续办理布草使用的登记情况。

（3）不断完善库房管理制度及岗位责任。

（4）督促做好防火安全工作。保证布草符合卫生质量要求。

（5）培训员工掌握库房管理的基本功。

（6）做好报废布草的回收再利用工作。

（7）负责员工工作情况的记录、考评工作。

12. 布草房领班岗位职责

职位：布草房领班

报告对象：客房经理、布草房主管

督导：布草房服务员

联系部门：酒店各部

岗位职责：

（1）协助部门主管作好布草、制服的送洗、验收和保管工作。

（2）处理客人干洗衣服的交收手续。

（3）严格管理各项布草、制服、物品的定期清点，防止盗窃或不必要的损耗。

（4）负责修补酒店内各项破烂布草和制服。

（5）定期检查布草、制服、物品的损坏情况，并通过部门主管申请添置。

（6）收集和整理各种单据及填报工作报表并转呈主管或有关部门。

（7）编排员工工作时间和假期表以配合酒店的需要，并在必要时替员工履行职责。

13. 布草房服务员岗位职责

职位：布草房服务员

报告对象：布草房主管、领班

联系部门：酒店各部

岗位职责：

（1）负责本店客衣的接收、清点、计价、整理、检查、打号、包装、发送工作。

（2）每日到各楼层工作间收取、登记客人交付洗涤的衣物。按照服务规范和工作程序，分别清点干、湿洗衣物，检查衣袋内有无遗留物品，如果有应登记，如实上交，归还客人。检查衣物有无破损，在客衣的明显处打号，确保同一份客衣号码一致。

（3）认真履行发放手续，详细核对每份客衣的件数、编号，无误后方可包装，并按楼层号排列登记后，方可发送。

（4）负责工服的换洗、收发、缝补、保管等管理和工作安排。

（5）建立员工工服领发和尺码档案，按时收发工服，检查工服收发的详细记录，有效地控制工服的使用。

（6）积极参加员工的培训，遵守工作规程。

14. 公共区域主管岗位职责

职位：公共区域主管

报告对象：客房经理

督导：公共区域领班、公共区域服务员

联系部门：酒店各部

岗位职责：

（1）监管全酒店范围内公共区的清洁工作，保持清洁有序。

（2）监督指导公共区领班及清洁员的一切工作及表格。

（3）有计划地安排公共区大清洁，编排工作表格，明确应负之职责，按照工作安排表，在酒店区域范围内检查，确保一切工作已妥善完成。

（4）给属下员工有关工作的培训。

（5）控制公共区所有清洁剂的消耗。

（6）协助巡视地毯清洁工作及所属范围内的清洁并与有关部门保持密切联系和沟通。

15. 公共区域领班岗位职责

职位：公共区域领班

报告对象：公共区域主管

督导：公共区域服务员

联系部门：酒店各部

岗位职责：

（1）同公共区域服务员开例会，发放清洁用品。

（2）指导和监督公共区域服务员工作表现。

（3）确保本部门的供应能及时补充到位，部门和酒店的规章制度都能遵守。

（4）负责钥匙的控制。

（5）编排下属员工的排班表和假期表。

（6）负责鲜花和植物的状态良好，如需更换，报告行政管家通知花房更换。

（7）填写好每日公共区域记事本，下班签离并同下一班领班交班。

16. 公共区域服务员岗位职责（见图 1－14）

图 1－14　PA 服务员清洁卫生

职位：公共区域服务员

报告对象：公共区域主管、领班

联系部门：酒店各部

岗位职责：

（1）负责公共区域（包括大堂、楼梯、客厕、公共区域等）的清洁工作。

（2）发现所管辖区有需要维修的项目，或在公共区域发现的任何物品，及时上报领班或主管。

（3）做好清洁设备的使用保养工作。

（4）为公共区域内的铜制品抛光。

（5）按规定的要求和时间更换地毯。

小提示

如何订到超值酒店

像北京、上海、广州、深圳及香港这些大城市，每个城市都有数10家三星级以上酒店（其中北京、上海更超过100家），商旅人士要完全掌握所有酒店的软硬件水准、特色及订房价优惠程度等资料是不大可能的，但是专业订房媒介，如同程网的职员却对各地酒店有较多的了解，您只需向同程网客服中心40066－40066提出所需酒店的大致要求，如星级、地段、价格范围等信息，客服专家便会推荐最恰当的酒店给您，使您有机会住到超值的酒店。

案例分析

某日上午9点左右，电梯厅站满了写字楼的客人，大家都在等电梯，大堂岗早班PA员在巡回保洁时发现电梯厅烟灰桶外表沾有痰迹，于是赶紧戴上黑胶手套在电梯出入口进行擦拭清洁，工作将近20分钟。使电梯厅更加拥挤，并给出入电梯的客人留下了不雅观的印象，对公司造成了不好的影响。

问题：

1. 试分析PA员的做法。

2. PA员的做法是否合适？如不合适，该如何处理？

知识链接

付小费的技巧和惯例

给打扫房间的服务生的小费：如果离开房间时把小费放在显眼的位置即可。小费不要放在枕头底下，那样的话会被服务生认为是客人的私人物品忘了收藏，服务生是不能拿取的。如果能在桌子上放小费的同时，留一张表示感谢的纸条，会备受服务生的欢迎和尊重。倘若当面付小费给行李员，最好是与他握手表示感谢的同时将小费私下给他。给导游、司机的小费，最好由团员一起交齐后放到信封里，由代表当众给他们。付小费时最忌付硬币，会令对方不快。

小费应付多少钱视每个国家的具体情况而不同，到达某个国家时，先问问当地的导游付多少小费为好。小费既然叫小费，其数目自然不必太大，一般餐厅已收取加一成（10%）的服务费，另外，付给服务员的小费多少随意，从几元到几十元都可以。

任务思考与练习

一、填空题

1. 客房部组织结构设置的原则有________、________、________。
2. 一般餐厅已收取加________的服务费。

二、简答题

简述客房部楼层领班的岗位职责。

任务四　客房部与其他部门的关系

学习目标

●知识目标

1. 了解客房部应与酒店其他哪些部门保持协作
2. 掌握客房部与酒店其他部门的关系

●技能目标

作为一名客房工作人员，能够与其他部门进行有效沟通协作。

知识要点

熟悉客房部与酒店其他部门的关系，以及如何处理好这些关系，以提高工作效率。

客房部与其他部门的关系

在酒店业中有这样一句名言：100－1＝0，说的是在酒店的整体服务当中要提供统一的服务，一项服务的失败可能导致之前提供的所有优质服务都付诸东流。这也从另一个侧面说明在酒店内部各部门协调的重要性，一线部门之间、一线部门和二线部门之间甚至二线部门之间的协调好坏，直接影响着能否向客人提供一个全程的优质服务。

（一）与前厅部的协调

1. 客房部与前厅部应根据各自的工作记录，准确核对最新的客情房态。

2. 客房部根据前厅部提供的客情预报，获得即将抵店的 VIP 客人、团队等信息，根据客人的特殊要求，做好准备工作；根据客情预报定期安排清洁计划和客房维修。

3. 对携带少量行李的住客，两部要保持密切联系，防止逃账。

4. 住客离店结账时，客房部要及时检查房间，必要时协助行李员为客人送出行李。

5. 客人离店、客房部及时清理房间后，通知前台调整房间状况。

6. 根据前厅部提供的客情预报，合理做好客房的清洁维修计划。

（二）与工程部的协调

1. 当客房工具、设施设备等发生故障时，客房部应填写报修单或电话通知工程部，工程部应及时派人修理，两部应密切配合，对客房的设备设施进行定期的维护和保养负有重要责任。

2. 客房部应与工程部合作制订客房大修计划。如：在旅游淡季，安排封闭房间，进行保养维修。

3. 工程部应对客房人员进行设施设备维修保养知识的培训。

（三）与保安部的协调

1. 客房部应积极协助保安部对酒店公共区域、客房进行细致检查，做好防火防盗工作，确保住客安全；发现安全隐患，两部应共同制订整改计划；发现可疑情况，应及时与保安部取得联系。

2. 客房部向保安部提供必要的住客资料，以防止闲杂人员混入酒店。

3. 保安部对客房部员工进行培训，讲授客房消防及安全保卫知识。

4. 客房部和保安部应共同制订住客紧急疏散方案，一旦出现险情，客房部应配合保安部，并在保安部的统一指挥下，做好住客安全工作。

（四）与餐饮部的协调

1. 客房部应及时与各餐厅及宴会部取得联系，了解各餐厅的用餐情况和时间。

2. 客房部应了解宴会的规模及布置，保障各餐厅棉织品的供应及了解特殊会议对棉织品、花卉、装饰等特殊要求。

3. 客房部协助餐饮部收拾房间点餐所用的餐具、餐桌。

4. 餐饮部提供客房小酒吧的酒水。

5. 客房部与餐饮部密切合作，做好 VIP 客人客房果篮和酒水的摆放。

（五）与采购部的协调

1. 采购部提供市场的供应信息，便于客房部提出申购计划。

2. 客房部应明确采购物品的规格、数量、质量，经核准后，由采购部负责办理。

（六）与人力资源部的协调

1. 向人力资源部提供客房部所需的人才信息，由人力资源部负责招聘人才。

2. 向人力资源部提出员工的培训需求，包括培训内容和要求。

3. 积极支持和落实人力资源部的各项计划。

（七）与市场销售部的协调

1. 客房部员工协助市场销售部做好客房的销售工作，如在房内放置广告宣传品、带客人参观客房等。

2. 市场销售部应主动积极地与客房部沟通，进行销售意识宣传。

小提示

夜床服务

夜床服务就是对住客房进行晚间寝前整理，又称“做夜床”或“晚间服务”（见图1－15）。夜床服务是一种高雅而亲切的服务，其作用主要是方便客人休息；整洁干净使客人感到舒适，表示对客人的欢迎和礼遇规格。夜床服务通常是在18：00以后开始，因为这时客人大多外出用餐而不在房内，既可避免打扰客人，又方便服务员工作。

图1－15　夜床服务

案例分析

某日，服务员小王正在打扫 A 房间，此时，行李员领着一位客人来到楼层找到小王说：“这位客人安排住在 B 房间，你先打扫 B 房间吧。”其实，当时楼层有好几间已打扫完的空房，而总台却把这间未打扫的房间出租给刚来的客人。小王只好停下手头工作，到 B 房间打扫。B 房间客人刚离店，房内又脏又乱。行李员走后，客人的行李放进 B 房，而客人没有进去，只好看着服务员收拾凌乱的房间……

问题：

1. 出现这类情况的原因是什么？
2. 如果你是小王，当你正在打扫 B 房间，你会如何安排客人？

知识链接

外宿房（Sleep out）：表示该客房已被租用，但住客昨夜未归。

轻便行李房（Light luggage）：表示住客行李很少的房间。

无行李房（No luggage）：表示住客未携带行李的房间。

请勿打扰房（Do not disturb）：表示该客房的客人因睡眠或其他原因而不愿意服务人员打扰。

双锁房（Double locked）：住客为了不受打扰，在房内大门双锁，服务人员无法开启房门。

任务思考与练习

一、填空题

1. 夜床服务通常是在________以后开始。
2. 在酒店业中，Sleep out 客房是指________。
3. 客房部主要与前厅部、________、________、________、________、________和________进行协调合作。

二、简答题

简述客房部与前厅部协调的主要内容。

任务五 客房员工的行业素养

学习目标

●知识目标

1. 了解客房部员工应该具有的行业素养
2. 掌握客房员工的行业素养的具体要求

●技能目标

明确自己的差距，积极学习作为专业的酒店客房员工该有的行业素养。

知识要点

熟悉客房部员工应该具有的行业素养，提高行业从业素质。

客房员工的行业素养

1. 品行端正，具有良好的职业道德，高度自觉

客房服务员在岗时，应自觉按照酒店有关规定，不打私人电话；不与同伴闲扯；不翻阅客人的书报、信件、文件等材料；不借整理房间之名，随意乱翻客人的抽屉、衣橱；不在客人的房间看电视、听广播；不用客房的卫生间洗澡；不拿取客人的食品品尝等。这些都是服务工作的基本常识，也是客房部工作中的纪律。

2. 责任心强、善与同事合作

客房部的服务工作与不少部门有所不同，更多的时候，它的劳动强度大而与客人直接打交道的机会少，也就是说“出头露面”的机会少。这就要求客房部员工要有踏踏实实和吃苦耐劳的精神，在每天要做的大量琐碎的工作中，能够具有良好的心理素质，不盲目攀比，以高度的责任感从事自己的工作。

100－1≤0 告诉我们，只有团结合作、顾全大局，才能获得良好的整体利益。例如，不少酒店按照服务规程，要求清扫客房时应两人同行、结伴互助。这就需要客房部员工具有以我为主、善与同事合作的能力。以各自的努力，营造一个和睦相处、分工明确、配合默契、心境愉快的小范围内部工作场景，提高效率、以利于本职工作的完成。

3. 要能吃苦耐劳，有充沛的精力和较强的动手能力

客房部的主要工作就是清洁卫生，如客房卫生、公共卫生、洗涤衣服和布草等。因此，在客房部工作的员工必须不怕脏、任劳任怨、具有吃苦的精神。其次，客房部服务工作的任务相对来说内容较为繁杂，体力消耗大，客人要求标准较高。因此，要求客房部员工反应敏捷，有充沛的精力和较强的动手能力是十分重要的。

4. 掌握基本的设施和设备维修保养知识

酒店客房内一般都有很多的设备设施，比如说各种各样的灯具、空调、地毯、窗帘、音响、电视、写字台等，虽然这些设备按照酒店的规定都应该由酒店的工程人员专门负责，但平时的保养工作则应该由客房部负责。客房部的服务员必须利用每天在客房进行清洁工作的机会，做好对这些设备设施的保养工作。而且，一些小的维修项目，比如说换保险丝、换电源插座、换灯泡等，一般也都是由客房部来负责。由此可见，客房部的服务员要具备一定的设备设施方面的维修常识。

5. 具有服务意识

服务意识是指酒店员工表现出的热情、周到、主动为客人提供良好服务的意识和行为，是提高酒店服务质量的关键。万豪酒店创始人马里奥特认为“生活就是服务，我们时时刻刻都生活在为别人服务和被别人服务的环境当中”。树立服务意识是酒店从业人员的从业前提，也是从业人员最基本的职业素质之一。服务意识发自于服务人员的内心，对客房服务人员具体要求：员工要微笑待客；时刻注意、满足客人的需求；热情周到；亲切真诚、一视同仁地对待每一位客人等。只有具备良好的服务意识才能给顾客提供热情周到的服务，培养忠诚的顾客。

6. 沟通交流能力

酒店的人际关系较为复杂，在客房服务中，员工需要处理好与客人、同事、上下级之间的关系，这需要客房员工具有较强的交流沟通意识，掌握交际沟通的原则，具备良好的沟通交流的技巧与能力，积极地与同事、上下级交流，及时化解人际关系中的误解与矛盾，学会倾听不同的意见、建议。在客房服务过程中出现一些问题也需要员工用恰当的方式方法主动去沟通协调，从而使其在复杂多变的社会交往中建立良好的人际关系，有效地进行工作，取得事业的成功。

7. 具备一定的英语应用能力

随着旅游业发展，酒店业接待外国客人的数量快速增长，酒店对员工英语应用能力的要求大大提高，英语作为酒店员工的基本素质，越来越重要。作为一种交流服务工具，如果酒店客房工作人员英语表达能力太弱，不能与客人交流，满意的服务就无从谈起。

小提示

金钥匙组织

金钥匙是一个国际的服务品牌，拥有一个先进的服务理念和标准；是一位服务的专家，服务的榜样；也是一个服务的网络。国际金钥匙组织起源于法国巴黎，自1929年至今，是全球唯一拥有80年历史的网络化、个性化、专业化、国际化的品牌服务组织。自1995年被正式引入中国以来，在中国已发展近二十年，并覆盖到190个城市，1200多家高星级酒店和高档物业，2000多名金钥匙会员，金钥匙服务已被国家旅游局列入国家星级酒店标准。

案例分析

有一天，某酒店客房的一位服务员在为一个外国客人做夜床时，发现鞋篮里有一双沾满泥土的脏皮鞋，就用湿布将鞋擦干净，并上完鞋油后放回原处。这位常住客一连几天从工地回来都把沾满黄泥的皮鞋放进鞋篮里，而那位服务员每天都不厌其烦地将皮鞋擦得油光锃亮。客人被服务员毫无怨言而又耐心的服务感动了，在第9天将10美元放进鞋篮。服务员在擦完鞋后毫不犹豫地将钱放进了鞋篮，分文不取。这使那位客人非常敬佩，同时也感到不安，一再要求酒店总经理表彰这位服务员。

问题：案例中表现出服务员哪些从业素质？

知识链接

中国酒店金钥匙会员的任职资格

1. 在酒店大堂柜台前工作的前台部或礼宾部高级职员才能被考虑接纳为金钥匙组织的会员。

2. 21岁以上，人品优良，相貌端庄。

3. 从事酒店业5年以上，其中3年必须在酒店大堂工作，为酒店客人提供服务。

4. 有两位中国酒店金钥匙组织正式会员的推荐信。

5. 一封申请人所在酒店总经理的推荐信。

6. 过去和现在从事酒店前台服务工作的证明文件。

7. 掌握一门以上的外语。

8. 参加过由中国酒店金钥匙组织的服务培训。（见图1-16）

图 1－16 酒店金钥匙标识

任务思考与练习

一、填空题

1. 成为中国酒店金钥匙会员必须从事酒店业________年以上，其中，________年必须在酒店大堂工作，为酒店客人提供服务。

2. 在酒店业中，金钥匙组织起源于________。

二、简答题

简述客房部员工的行业素养。

项目二　客房部清洁服务工作

客房的清洁工作，又称客房清卫或做房，是客房部的一项重要任务，在客房工作中占有重要的地位，它是直接反映客房服务质量的标志之一。在本项目中，将对清卫前的准备工作、日常清洁保养、计划卫生、客房消毒及虫害控制、公共区域的日常清洁保养等知识进行介绍，通过对本项目的学习，详细了解客房清卫的相关知识及技能。

任务一　客房清洁服务前的准备工作

学习目标

●知识目标

1. 了解上岗前的个人仪容仪表准备
2. 了解班前例会相关知识
3. 掌握分析房态的知识
4. 掌握房务车的配置知识

●技能目标

1. 能准备房务车
2. 能准备清洁剂和清洁器具

知识要点

为了提高工作效率，保证客房清卫的质量，清卫前的准备工作须重视。让我们一起来学习应从哪些方面做好准备工作吧。仪容仪表的知识已在项目一的任务五中有详细的描述，本任务只描述个性的内容。

一、到岗前的准备

（一）仪容仪表的准备

1. 按规定换好制服、穿好鞋袜、佩戴好铭牌。

2. 整理好仪容：女员工应化好淡妆上岗，男员工须刮好胡子，保持面容整洁；勤洗澡，上班前不吃异味食品和不喝含酒精的饮料，保持体味清新。

3. 整理好头发：女员工发不过肩，长发应按规定挽起并用黑色发网包住；男员工头发侧不盖耳，后不触领。发型不怪异，发色不抢眼。

4. 保持手部卫生，不涂带色的指甲油，指甲须剪短。

5. 佩饰简单规范：不允许戴手镯、手链、耳环等饰物，项链不外露；发饰只允许戴指定的深色头花；男女均不应戴有色眼镜；如遇红、白喜事，上班不戴红、白花和黑纱。

6. 面带微笑，精神饱满。

（二）签到

签到即登记上班时间，签到的方式包括机器打卡和到房务中心签到。如果采取房务中心签到方式同时包括签领楼层钥匙、通信工具（呼机）、工作表（见表2－1）、工作钥匙收发登记表（见表2－2）等物品。

表2－1　　客房服务员工作表

房号	房态	清扫时间		补充日消耗品												
		入	出	梳子	香皂	手纸	洗发液	沐浴液	润肤露	牙具	购物袋	拖鞋	针线包	洗衣袋	茶叶	信笺

续 表

房号	房态	清扫时间		补充日消耗品												
		入	出	梳子	香皂	手纸	洗发液	沐浴液	润肤露	牙具	购物袋	拖鞋	针线包	洗衣袋	茶叶	信笺
当日计划卫生：				特殊要求：						备注：						

表 2－2　工作钥匙收发登记表

钥匙名称（号码）	领取时间				领用人签名	发放人签名	归还时间				接收人签名
	月	日	时	分			月	日	时	分	

（三）参加班前例会

1. 接受仪表仪容检查。
2. 接受上司分配的工作。
3. 聆听前天的工作情况及出现的问题和当天的注意事项。
4. 接受专业知识与对客服务英语的检查与培训。

（四）进入楼层

以上任务完成之后，客房服务员即可进入各自的楼层。进入楼层必须乘工作电梯或通过楼梯步行，不可以乘客用电梯。

二、进入楼层后的准备

服务员进入楼层后，还要为清洁整理客房做必需的准备工作，具体有：

（一）分析房态，确定清扫顺序

由于客房的房态常处于变化之中，不同的房态反映了客人的不同需求，对清卫的需求就不一样。因此，服务员须事先核实自己要清扫房间的客房状态（房态），以便科学地安

排做房的顺序。确定客房清扫的顺序时，应考虑两方面的因素：一要满足客人的需要，二要尽可能加快客房的周转。房态的具体知识可见本任务的知识链接，客房清扫的顺序没有绝对的标准，可参照如下：

1. 旅游淡季客房清扫顺序

（1）请即打扫房（口头提议的优先）

（2）VIP 客人房

（3）住客房

（4）走客房（售卖率高的房型优先）

（5）空房

（6）DND 房

2. 旅游旺季客房清扫顺序

（1）总台急需房（指总台已预排给当天抵店的预订客人或临时急需清扫出来供出租的客房）

（2）走客房

（3）请即打扫房（口头提议的优先）

（4）VIP 客人房

（5）住客房（其中长包房清卫时间可与客人协商而定）

（6）空房

（7）DND 房

（二）配置房务工作车（见图 2－1）

房务车是房务员清扫的主要工具，有三层或四层大小不同的规格。一般为一面开口，以供放取物品。当工作车停放在客房口时，也就成为“此房正在打扫”的标识。通常客房部上午的清卫工作任务繁重，因此要求服务员在前一天下班前就要配置好房务车，当天来到楼层工作间后，再作一次检查。如何配置工作车，让我们一起来学习吧，具体操作可参见表 2－3：准备房务车。

1. 房务车内物品配置的种类、数量和摆放要求，参照酒店的统一规定，通常配置一个班次所需的数量。

2. 摆放时，遵循重物在下，轻物在上的规则。

3. 清洁用品应齐全完好，具体有：百洁布、浴缸刷、恭桶刷、胶皮手套、清洁剂、消毒剂、干湿抹布。此类用品常摆放于垃圾袋下的清洁桶内（抹布挂放于布草车上）。

4. 客房用品应足量，摆放应整齐，摆位应固定，具体有：布草类（指床单、被套、浴巾、枕套、小方巾、面巾、脚垫巾）、其他客用品类（茶杯、咖啡杯、咖啡杯碟、酒杯、果汁杯、水杯、信封、信纸、圆珠笔、铅笔、洗衣单、宾客意见表、便笺、服务指南、卫生纸、女宾卫生袋、沐浴液、洗发液、香皂、浴帽、一次性拖鞋、亮鞋擦、火柴）。房务车的底层摆床单、被套；其余布草放置于房务车的中、上两层中；其他客房用品常置于房务车的最顶层。

5. 垃圾袋及布草袋分别挂在车身两端的挂钩上，检查挂钩是否牢固。

6. 房务车用完后，要补回布草或供应品。

图 2－1　房务工作车

（三）准备吸尘器

1. 保持吸尘器清洁。

2. 检查无漏电、漏风现象。

3. 倒空集尘袋内的垃圾。

4. 检查附件是否完好、齐全、配套。

5. 绕好电线。

清洁剂和清洁器具的具体操作可参见表 2－4：准备清洁剂和清洁器具。

小提示

房务车使用知识

1. 在走廊上应慢慢地直线推进房务车，眼看前方，谨防碰到任何住客或物品。

2. 当推着房务车转角时，要先留意有无客人。

3. 推车时，手应紧紧握住车的扶手。

4. 不要在前面拉动车子，因为这样容易导致肌肉拉伤。

5. 房务车应停靠在房门前，车的正面应正对着大门口，使其他人不易进入房间，当服务员在房内或洗手间工作时，可提高警惕。

抹布的配备及使用知识

1. 卧室一干一湿（半湿），干布用于擦拭电器和镜面，湿布用于擦拭家具。

2. 卫生间一干一湿（半湿），干布用于擦拭电器和镜面，湿布用于擦拭卫生洁具（恭桶除外）。

3. 专用抹布两块，一块用于擦拭恭桶，另一块用于擦拭地面。

4. 注意区分清洁房间和清洁卫生间的抹布，清洁面缸和清洁恭桶的抹布，抹地布巾与抹恭桶的布巾应严格与其他抹布分开使用，同时，抹布应保持干净，经常进行消毒，也可用不同的色泽加以区分。

操作要点

表 2－3　准备房务车

程　序	标　准
1. 清洁车身内外	（1）用半湿的抹布擦拭车的内部和外部 （2）检查有无损坏
2. 挂放两袋	（1）将垃圾袋及布草袋分别挂在车身两端的挂钩 （2）检查挂钩是否牢固
3. 摆放布草	（1）将干净布草放于车架中 （2）床单、被套放于车的最下层 （3）枕袋、浴巾，脚垫巾、面巾、小方巾放在车的中层和上层
4. 摆放用品	将客房用品整齐地摆放在车的最上层格内，客用品应足量，摆放整齐
5. 备清洁用具	（1）清洁桶放于车底层的外侧 （2）桶内备清洁剂、消毒剂、恭桶刷、浴缸刷、百洁布和橡胶手套
6. 备抹布	（1）备干净的干抹布、湿抹布各两条、擦地布一条、擦恭桶布一条 （2）注意严格区分使用

表 2－4　准备清洁剂和清洁器具

程　序	标　准
1. 检查	检查清洁桶，保证里外清洁
2. 摆放清洁剂和清洁用品	（1）将清洁剂、面缸刷、恭桶刷和浴缸刷等清洁工具放入清洁桶内； （2）清洁工具须分开摆放
3. 挂放抹布	（1）将抹布挂放在房务车上 （2）干湿分开挂放

续 表

程 序	标 准
4. 检查吸尘器	(1) 检查是否漏风、漏电 (2) 检查部件是否齐全、配套 (3) 检查是否倒空集尘袋内的垃圾

案例分析

有一次，王先生出差入住某市一家五星级酒店，为了参加一次签字仪式，他刚下榻酒店便急于想擦亮自己的皮鞋，他在房间里找了半天也没找到亮鞋擦，便打电话至房务中心，对方热情地告诉他很快就会送到或者采取酒店提供擦鞋服务的方式，考虑到时间因素，王先生选择了自己擦拭，可等到签字仪式的时间快要到了，仍未见有人送物品前来，王先生事后向酒店管理方投诉，声称自己花了最贵的钱却得到了最差的服务，并声称再也不想来这家酒店下榻……

问题：

1. 试分析造成客人气愤的原因。

2. 酒店方该如何改进服务细节？

任务实训

一、任务目标

1. 掌握准备房务车的操作规范

2. 掌握准备清洁剂和清洁器具的操作规范

二、活动内容

1. 认识房务车和常用清洁器具

2. 正确准备和使用房务车

3. 正确准备和使用清洁箱（桶）

三、步骤

1. 教师先播放酒店清卫准备工作的光碟，通过视频教学，使学生掌握常见清洁器具及房务车的正确的使用方式

2. 教师再示范房务车的装车法和吸尘器的使用方式

3. 最后由每一小组派一名同学分别模拟操作，其他同学集体作出评价

任务评价

评价内容	评价标准	配分	得分
准备过程	1. 准备环节漏一项扣10分 2. 未按标准操作，每一项扣10分 3. 未按标准配置的扣10分 4. 未讲究卫生手法扣10分 5. 未注重安全操作扣10分	50	
准备效果	1. 设施、用品不干净，一项扣10分 2. 每少一件设施、用品扣10分 3. 设施、用品每坏一件扣10分	50	
合　计		100	

知识链接

酒店常见的客房状况（房态）

1. 住客房（Occupied，OCC）。即客人正在租用的房间。

2. 走客房（Check out，C/O）。表示客人已结账并已离开客房。

3. 空房（Vacant，V）。昨日暂无人租用的房间。

4. 未清扫房（Vacant dirty，VD）。表示该客房为没有经过打扫的空房。

5. 外宿房（Sleep Out，S/O）。表示该客房已被租用，但住客昨夜未归。为了防止发生逃账等意外情况，客房部应将此种客房状况通知总台。

6. 维修房或待修房（Out of order，OOO）。又称坏房，表示该客房因设施设备发生故障，暂不能出租。

7. 已清扫房（Vacant clean，VC）。又称OK房，表示该客房已清扫完毕，可以重新出租。

8. 请勿打扰房（Do not disturb，DND）。表示该客房的客人因睡眠或其他原因而不愿被打扰。

9. 贵宾房（Very important person，VIP）。表示该客房住客是酒店的重要客人。

10. 常住房（Long staying guest，LSG）。又称“长包房”，即长期由客人包租的房间。

11. 请即打扫房（Make up room，MUR）。表示该客房住客因会客或其他原因需要服务员立即打扫的房间。

12. 轻便行李房（Light baggage，LB）。表示住客行李很少的房间。为了防止逃账，客房部应及时通知总台。

13. 无行李房（No baggage，NB）。表示该房间的住客无行李，应及时通知总台。

14. 预离房（Expected departure，ED）。表示该客房住客应在当天中午 12 点以前退房，但现在还未退房。

15. 加床（Extra bed，E）。表示该客房有加床。

16. 续住房（Occupied Dirty，OD）。表示该房已被客人租用并还要继续短期租用的房间。

任务思考与练习

一、填空题

1. 在旺季，服务员提前清扫走客房是为了________。

2. OD 房指________，表示________。

3. 房务车在摆放物品时应遵循________、________的规则。

4. 旅游淡季，客房可采用________的顺序进行。

二、不定项选择题

1. 下列内容中（　　）属于岗前仪容仪表的准备工作。

A. 按规范着装　　B. 女士化淡妆　　C. 发型发色规范

D. 保持手的卫生　　E. 保持用品干净

2. 下列工作中（　　）属于班前例会的内容。

A. 按要求规范着装　B. 总结营业情况

C. 接受当日工作　　D. 接受专业知识与对客服务英语检查与培训

3. 须于清扫前准备的客房用品有（　　）。

A. 保险柜　B. 一次性拖鞋　C. 百洁布　　D. 信纸

4. 以下内容中（　　）属于吸尘器的准备工作。

A. 检查无漏电现象　　B. 保持吸尘器清洁

C. 倒空集尘袋内的垃圾　　D. 检查附件是否完好、齐全、配套

三、操作训练题

1. 训练准备房务车

2. 训练使用吸尘器

任务二 客房日常清洁保养工作

学习目标

●知识目标

1. 了解客房清卫的方法
2. 了解不同房态客房清卫的流程
3. 掌握客房的清卫规范
4. 掌握夜床服务内容及规范

●技能目标

1. 能按规范进房
2. 能按规范有序完成中、西式铺床

知识要点

客房的日常清洁整理包括三个方面的工作内容：清洁整理客房、更换补充物品、客房检查。为了使工作能够有条不紊地进行，避免员工过多的体力消耗和意外事故的发生，同时也便于控制工作的速度与质量，各酒店都会要求员工根据不同的房态，严格按照清扫的程序和规范完成工作，使之达到酒店规定的质量标准。作为一名新到的员工，如何完成日常的清扫工作任务？让我们一同来学习吧。

一、客房清扫整理的基本方法

客房清扫整理需按一定的方法进行，以求合理高效。

1. 从上到下

在擦拭卫生间和房间设备物品的浮尘时，应采取从上到下的方法进行。

2. 从里到外

地毯吸尘、抹拭台面、桌面和擦拭卫生间的地面时，应采取从里到外的方法进行。

3. 环形清理

指在清扫和检查房间设备用品的路线上，应按照从左到右或从右到左，亦即按顺时针或逆时针的路线进行，以避免遗漏死角，并节省体力。

4. 干、湿分开

擦拭不同的家具设备及物品的抹布，应严格区别使用，房间的金属、镜面、电器（含灯具、电视机屏幕）、靠墙边的木质家具（如床头板）及布艺家具等只能使用干抹布，以避免污染墙体或发生危险，半湿（湿）抹布多用于擦拭家具、地面等处。

5. 科学安排卧室与卫生间的清扫次序

即住客房应先做卧室然后再做卫生间的清洁卫生，这是因为住客房的客人有可能回来，甚至带来亲友或访客。先将客房的卧室整理好，客人归来既有了安身之处，卧室外观也整洁，客人当着访客的面也不会尴尬。对服务员来说，这时留下来做卫生间也不会有干扰之嫌。整理走客房则可先卫生间后卧室。一方面可以让弹簧床垫透气，达到保养的目的；另一方面又无须担忧会有客人突然闯进来。

6. 抹布折叠使用

为了提高抹布的使用效率，可将抹布折叠成四折或多折，用脏一面便立即换干净的一面再使用。

二、房间清扫流程

不同房态房间的清扫应当按照一定的流程，才能保质高效地完成工作任务，具体流程如下：

1. 走客房清扫

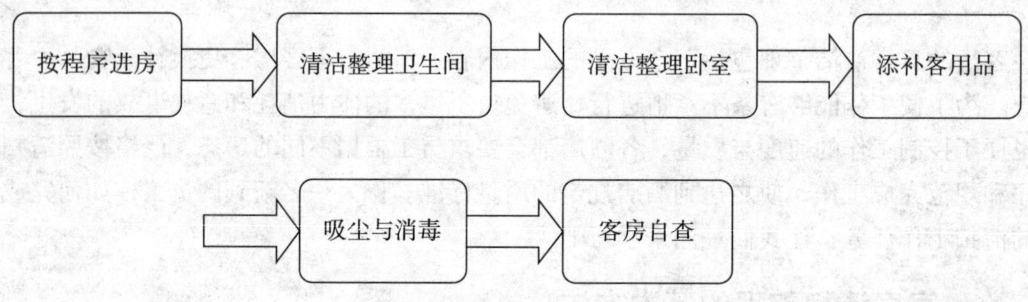

2. 住客房清扫

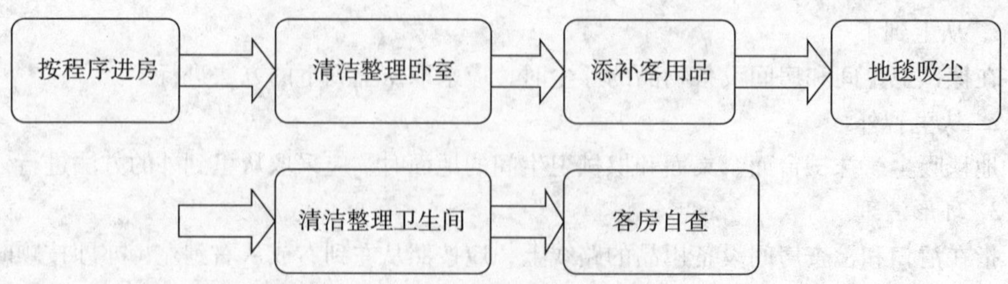

3. 空房清扫

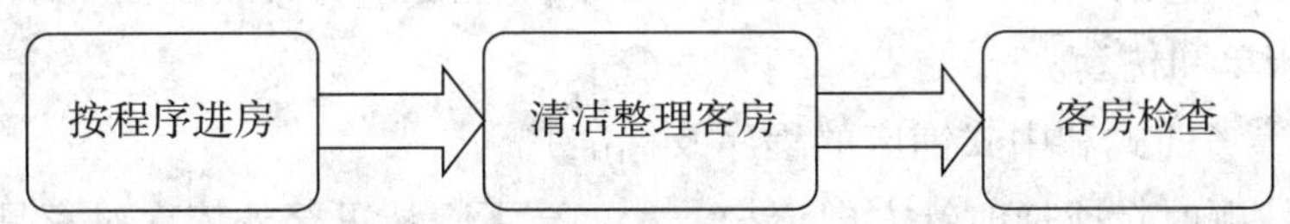

三、客房的清扫规范

客房进房的规范可参见本任务表 2－5 进房的程序及标准，西式铺床的规范可参见本任务表 2－6 西式铺床程序及标准，中式铺床的规范可参见本任务表 2－7 中式铺床程序及标准。

（一）清洁整理卫生间

1. 将清洁工具箱放入卫生间，戴上胶皮手套，打开卫生间的灯和排气扇。

2. 冲掉坐厕污物，然后加入洁厕剂浸一会，放下盖板。

3. 更换客人用过的四巾，放入布草袋中，从房务车取回同等数量的浴巾，摺好后放回适当的位置，留意浴巾是否干净。

4. 撤出消耗品并清理垃圾桶。

5. 清洁烟缸、杯具：将杯子和烟灰缸放入洗手盘内，用热水及专用百洁布清洗。

6. 用干杯布将杯子和烟灰缸擦干净，杯子盖上杯套，放在干净的云石台。

7. 用百洁布清洗面缸和云石台。

8. 用浴缸刷清洁浴缸（或整体浴室的玻璃）、墙壁、皂盒等地方；用百洁布擦洗浴帘、防滑垫并检查花洒有无被堵。

9. 用工作布抹干浴缸及其余地方，浴帘须拉出 1/3。

10. 清洁及消毒恭桶，将翻盖、坐圈、底座及座基、水箱和恭桶内壁、出水孔、加水孔刷洗干净。

11. 按规定补充卫生用品，按标准摆放并套好垃圾袋。

12. 用专用布抹净地面后退出。

13. 自查无误后，关灯并关排气扇。

14. 让浴室门虚掩 30 度角。

（二）清洁整理卧室

1. 将房务车泊靠于房口处。

2. 拉开房内所有的窗帘，让光透进来。

3. 房间检查：

（1）检查电器设备、设施。

（2）检查客房气味，保持环境清新。

（3）检查酒水饮料的饮用情况，并及时补充。

4. 清理房内垃圾，倒进房务车的垃圾袋中，浸泡用过的杯盘及烟缸。

5. 撤床单及用过的布草：布草放入布草袋中，棉被和枕头放在沙发或行李架上，从车上取需要的床单和枕套。

6. 铺床（参考西式和中式铺床的程序及标准）。

7. 抹尘：按顺时针或逆时针方向清扫，从上至下，从里至外依次对家具抹尘。

8. 补充房间各种用品并更换水壶。

9. 地毯吸尘，应从里到外操作。

10. 关闭窗帘。

11. 再观察房间一遍，留意有否留下及漏补用品，家具及用品是否放好。

12. 关掉所有的灯。

13. 关闭妥房门，然后离开。

（三）添补客用品

添补并更换房间用品，并按规定摆放到位。

（四）客房吸尘（消毒的内容可参见任务四的内容，本处不详细描述）

1. 从窗户开始，由里到外进行，注意边角。

2. 房间主要针对地面和家具吸尘。

3. 卫生间吸尘应将吸尘器转换成拖把的功能。

4. 吸尘器不能吸入液体、胶体、塑料袋、尖锐物及体积大的物体。

（五）客房自查

1. 检查整个房间是否打扫干净，设备、物品是否按规定标准摆放，配置是否准确，房间整体气味是否清新。

2. 将空调调控到适当位置（如是住房，拨到进房时客人设定的位置），按标准打开规定开启的灯具，关窗并拉毕纱帘。

3. 将所有清洁用具放回车内，不得将其遗失在客房内。

4. 确认无误后退出，如果有客人在房内，应向其示意并微笑致歉再退出。

四、夜床服务

开夜床，又称晚间客房小整理，一般而言，星级酒店为了体现酒店的接待档次或为了表示对客人的欢迎以示礼遇而提供该项服务。为了少打扰客人，开夜床的时间一般在18：00—21：00进行。

（一）服务内容

开夜床服务包括三项工作：开夜床、房间整理、卫生间整理。

1. 开好夜床以便客人休息。

2. 房间小整理，补充必需客用品，为宾客提供一个干净温馨的就寝环境。

3. 卫生间小整理，补充必需客用品，为宾客提供一个干净舒适的洗漱环境。

（二）服务规范

1. 将房务车泊靠于房口处，规范敲门两次，通报："房务员，晚间开夜床"。

2. 打开房内床头灯、廊灯，关闭其他灯具，拉闭厚薄两层窗帘，确保窗帘闭合美观。

3. 开夜床：

（1）将被子从床头一侧掀起折成 30 度或 45 度角，并将多余部分塞入床垫下方，保持边缘整齐。

（2）当标准间住一位客人时，女士开靠近卫生间一侧的床，男士开靠近窗户一侧的床；大床间只住一人时开放电话一侧的床，住两位客人时，各开靠床头柜的一侧；两位同性客人入住标准间开床的方向朝向窗户，两位异性客人入住标准间开床的方向都从床头柜一侧开。

4. 摆放好物品：

（1）将睡衣叠好放于枕头上，环保卡、晚安卡字面朝客和晚安致意品、早餐牌均放于指定的位置。

（2）拖鞋放于夜床开口一侧的床前或沙发边。

5. 打开电视开关，调适电视画面和背景音乐。

6. 房间小整理：

（1）清洁整理台面、桌面和地面。

（2）检查微型小酒吧。

（3）收集烟缸及杯具。

（4）收集垃圾并整理、补充客房物品。

7. 卫生间小整理：

（1）清洗并擦净客人用过的器皿。

（2）清洗并擦净客人用过的卫生洁具。

（3）将浴帘拉向淋浴头方向约 2/3，底部放入浴缸内，地巾展开平铺于浴缸前的地面上；如果配置淋浴房，将防滑垫铺于淋浴房内，地巾展开平铺于淋浴房外。

（4）补充卫生间的消耗品，并为客人烧好热水。

（5）擦净地面。

8. 自我检查，要求环境干净、整洁、舒适、静谧。

9. 关灯离房，填写"夜床服务表"。

⊕ 小提示

日常清扫须知

1. 进入房间一律应先敲门（按门铃）通报

客房一经出租即属于住客的私人居所，因而进房时的粗鲁或疏忽都可能造成很坏的影响及难堪的后果。任何员工都必须遵循酒店的进房规程，并要养成习惯。

2. 注意安全

酒店常要求员工开门清卫，为防止闲杂人员进入客房，常要求将房务车挡在正门口；清扫过程中，如有宾客要进入客房，服务员须严格核实其身份；不得将楼层钥匙交给非本部门员工使用，如果其他部门员工因工作需要必须进入客房提供服务，客房服务员则必须跟进。

3. 养成先思索后进出房间的习惯

尽量减少反复进出房间的次数，一方面可以提高工作效率，另一方面可以减少对房内客人的打扰。

4. 勿擅自动用客用或客人设备及物品

房间内的设备及用品均属于客人使用的专用品，为了表示对客人的尊重，客房服务员不应擅自动用。如果因工作需要须移动客人物品，应等服务结束后尽快将物品恢复原位。

5. 严禁使用客用布草抹尘

空房的清扫

因空房属于已清洁干净的房间，所以日常的清扫会区别于走客房和住客房，具体包括：

1. 每天须开窗、开空调、通风换气，保持房内空气清新。
2. 每天只须用干布抹尘。
3. 每天将脸盆、浴缸、便器的水龙头放流 1 ~2 分钟。
4. 每隔 2 ~3 天吸尘一次。
5. 检查设施设备及用品，不符合标准时，应在客人入住前及时修好或更换。

操作要点

表 2 – 5　　进房程序及标准

程　序	标　准
1. 门外观察	（1）察看有无请勿打扰和双锁标志，若有，勿敲门 （2）判断有无客人在房或客人是否允许进房
2. 敲门通报	（1）站在门前适当位置，面对窥视镜约 5 秒种 （2）以食指或中指在门上轻敲三下或按门铃，并通报：“HOUSEKEEPING 或客房服务员”，敲门声响适度，节奏勿快
3. 等候	（1）遇客人发问，则答：“房务员，请问可以进来吗？”等客人应允方可进房 （2）无客人发问，应等候 3 ~5 秒后再次敲门通报，若无任何反应，则可进房
4. 开门	（1）手持门卡开门，待绿灯亮时，可向下转动门锁把手 （2）将门推开至 30 度，切勿完全打开

续　表

程　序	标　准
5. 再次通报	（1）打开房门至 30 度，再次轻敲房门三下 （2）通报身份，询问可否进房
6. 进入客房	（1）轻开房门至 90 度 （2）将钥匙卡（门卡）插入取电口 （3）将“正在清洁”牌挂在门把手上

表 2－6　　西式铺床操作程序及标准

程　序	标　准
1. 拉床	（1）站立在床尾 30 厘米处，屈膝下蹲并重心前倾，用双手握紧床尾部，将床架连同床垫一同拉出 （2）床身离开床头板 50 厘米
2. 摆正床垫	（1）将床垫与床垫边角对齐 （2）根据床垫四边所标明的月份字样，将床垫定期翻转，使其受力均匀平衡
3. 整理棉褥	用手把棉褥理顺拉平，发现污损棉褥要及时更换
4. 铺第一条床单	（1）立于床尾甩单，保持床单正面朝上，将床单向前甩出 （2）抖单后应使床单中线居中，两侧、两头下垂长度均等 （3）先包边后包角。将床单塞至床垫下，包好后的边应服帖；角包成 90°直角，包好后的角应保持四个角的角式角度一致，包角均匀紧密
5. 铺第二条床单	（1）抖单方法同前 （2）抖单后使床单中线居中，中折线与第一床单对称，三面均匀 （3）床单头部与床头板对齐
6. 铺毛毯	（1）手持毛毯尾部，保持毛毯正面朝上，将毛毯前部抛向床头至床头平齐处放下 （2）毛毯平铺且商标朝外在床尾右下方，毛毯中线与床单中线对齐 （3）包角。用双手将毛毯尾部连同第二条床单下垂部分填入床架和床垫的夹缝中，床尾两角包成直角 （4）包边。将第二条床单由床头部向上反卷包住毛毯头，将床两侧垂下毛毯同第二条床单一起填入床垫与床架间的夹缝
7. 套枕	（1）把枕芯横放在床面上，左手抖开枕套，平铺于床上，张开袋口，用右手捏住枕芯的两个前角，从枕套开口处送入直至顶端，然后将枕芯两角推至两角端部 （2）用两手提起枕套口轻轻抖动，使枕芯自动滑入，装好的枕芯须对齐枕套四角

续 表

程 序	标 准
8. 放置枕头	(1) 将套好的枕头放置床的正中，单人床将枕套口反向于床头柜，离床头1厘米 (2) 双人床放枕头时，将四个枕头两个一组重叠，枕套口方向相对，当房间有两张单人床时，也要将两副枕套口反向于床头柜 (3) 枕头放好后要进行整形，轻推枕面，使四角饱满挺实，注意不要在枕面上留下手痕
9. 盖床罩	(1) 把折好的床罩放在床中央横向打开 (2) 双手把床罩尾部拉至床尾下离地成5厘米处（扣准床尾两角）；将床罩头部抛向床头，使床罩平铺床上 (3) 抛床罩时注意以腿顶住垂下之床罩，床罩下摆不要着地；站在床头位置将床罩置于枕头上边、下垂10厘米，将床罩其下部分分别均匀填入上下枕头的夹缝之中 (4) 整理床罩头部，使处于枕头上的床罩平整，两侧呈流线型
10. 将床推回原位	(1) 将床身缓缓推回原位置 (2) 最后再将做完的床查看一次，对不够整齐、造型不够美观的床面，尤其是床头部分，用手稍加整理 (3) 3分钟内完成整套操作

表2-7　　中式铺床操作程序及标准

程 序	标 准
1. 拉床	(1) 站立在床尾30厘米处，屈膝下蹲并重心前倾，用双手握紧床尾部，将床架连同床垫一同拉出约50厘米 (2) 检查床垫和床身无污染，无尖锐物体
2. 摆正床垫	(1) 将床垫与床垫边角对齐 (2) 根据床垫四边所标明的月份字样，将床垫定期翻转，使其受力均匀平衡
3. 整理棉褥	用手把棉褥理顺拉平，发现污损棉褥要及时更换
4. 甩床单	(1) 立于床尾正中位置，保持床单正面朝上，左手抓住床单的一头，右手将床单的另一头打散，将床单向前甩出，再用右手顺势打开床单 (2) 用双手抓住床单的尾边，手背朝上，四指在单面上，大拇指在单面下，两手分别抓住离中线等距的两边，将床单提起约70厘米，重心前倾，用腕力和臂力将床单向下方甩 (3) 甩单后应使床单中线居中，并将床单往床尾方向下拉35厘米，保持两侧、两头下垂长度均等
5. 包边包角	(1) 先包边后包角。将床单塞至床垫下，包好后的边应服帖；角包成90°角 (2) 包好后的角应保持四个角的角式角度一致，包角均匀紧密

续　表

程　序	标　准
6. 套被套	(1) 将被套打开 (2) 将被芯两头塞入被套两个角内，整理平顺 (3) 再将被芯另两头塞入被套内，整理平顺 (4) 抖动被子，使其平铺于床垫上。被头与床垫头对齐，被子两侧下垂均等，被套四角饱满、平整，再将被套开口处系上一对绑带 (5) 将被头部分向床尾方向翻折 30 厘米
7. 套枕套	(1) 把枕芯横放在床面上，左手抖开枕套，平铺于床上，张开袋口，用右手捉住枕芯的两个前角，从枕套开口处送入直至顶端，然后将枕芯两角推至两角端部 (2) 用两手提起枕套口轻轻抖动，使枕芯自动滑入，装好的枕芯须对齐枕套四角
8. 放枕头	(1) 将套好的枕头放置床的正中，单人床将枕套口反向于床头柜，离床头 1 厘米 (2) 双人床放枕头时，将四个枕头两个一组重叠，枕套口方向相对，当房间有两张单人床时，也要将两副枕套口反向于床头柜 (3) 枕头放好后要进行整形，轻推枕面，使四角饱满挺实，注意不要在枕面上留下手痕
9. 复位	将床体推回原位，3 分钟内完成整套操作

案例分析

国庆放假期间，吴先生和妻子到南方某一城市旅游，住进了一家四星级酒店。第二天，他们一早去吃早餐，回来后吴先生发现妻子放在杯子里的隐形眼镜不见了，他妻子说“刚才吃早餐之前还看见了呢”。于是二人四处查找，哪里都没有。无奈，吴先生向酒店提出投诉。

经核对，吴先生夫妇二人从去吃早餐到回房，准确的时间是 50 分钟。而在这一段时间内，只有卫生班的服务员小李进入房间进行打扫。小李回忆起当时的情景时，想起自己把杯子里的隐形眼镜和药水当做剩水给倒掉了，对此小李后悔莫及。

问题：

1. 认真阅读以上案例，试分析导致小李把杯子里的隐形眼镜和药水当做废水倒掉的原因。

2. 应吸取哪些经验教训？

任务实训

一、任务目标

1. 掌握进房程序
2. 掌握客房中式铺床
3. 掌握客房西式铺床

二、活动内容

1. 进房的练习
2. 中式铺床训练
3. 西式铺床训练

三、步骤

1. 将学生分组，每4~5人一组。
2. 教师分别示范正确的操作方法。
3. 再由小组分组轮训。

任务评价

评价内容	评价标准	配分	得分
熟练清扫 不同房态的客房 熟练提供 开夜床服务	1. 25~30分钟内完成住客房的清扫工作； 30~40分钟内完成走客房的清扫工作； 5~10分钟内完成空房的清扫工作；	20	
	2. 操作手法干练、标准	10	
	3. 物品配备、摆放规范	10	
	4. 操作有次序，无漏项	10	
熟练操作 中、西式铺床	1. 3分钟内完成	20	
	2. 床面整体规范、美观	20	
	3. 操作手法干练，无冗余动作	10	
合　计		100	

知识链接

中西式铺床的比较

传统西式铺床的不足逐渐显现出来，对客人来说，由于包得太严实，客人睡觉时，不是肩膀露在外面，就是身体被“箍”在床上，腿脚伸不舒展；对服务员而言，铺床较费时间，影响工作效率。

近些年，国内大部分星级酒店对客房铺床方式进行了改革，采用中式铺床方式，即用“被子”代替“毛毯”铺床，改变铺床的方法和程序。中式铺床方法不仅使客人感到舒适，受到了客人欢迎；同时方便了服务员的操作，提高了工作效率，节约了酒店的人力。

任务思考与练习

一、选择题

1. 为保证空房处于良好的迎客状态，除每天清扫外，还应（　　）。

A. 更换客用品　B. 开窗通风　C. 杀虫灭菌　D. 彻底消毒

2. 清洁卫生间时，首先开灯，然后（　　）。

A. 撤垃圾　B. 收拾脏毛巾　C. 擦面盆　D. 恭桶冲水

3. 标准间住一位女宾时，晚间开夜床应（　　）。

A. 开靠近窗户一侧的床　B. 两床均开

C. 开靠近卫生间墙壁一侧的床　D. 视情况随意开

4. 清扫一间走客房的时间常控制在（　　）分钟之内。

A. 25 ~ 30　B. 30 ~ 40　C. 5 ~ 10　D. 15 ~ 20

二、操作训练题

1. 练习进入一间已住人的客房。
2. 练习清扫整理卧室和卫生间。
3. 中式铺床和西式铺床的训练。

三、案例分析题

1. 某宾馆客房部 6014 房间，实习生小张正在抹尘，忽然走廊有人惊呼：“布草车起火了！”随着喊声，小张迅速跑出去，一看正是自己推的那辆布草车冒起了白烟。小张吓坏了，赶紧与其他服务员一起把火扑灭了。

事后，经调查，起火的原因是 6014 房的客人在吸完烟后，随手将未熄灭的烟蒂丢进垃圾桶而不是丢进烟灰缸。小张在清理垃圾桶时未进行检查就将垃圾桶里的垃圾直接倒入布草袋，而引起布草车起火。

问题：小张在清洁整理客房环节，有何不足？

2. 一天，某酒店客房服务中心接到客人投诉，说他住的209房没有打扫。可一查做房表，发现该房间有进房打扫记录。经调查，事情是这样的：

客房部的服务员全是刚来不久的实习生，小王同学做二三层的房间，下午她由三层到二层时，二层的同学正在做215房（因为这间是“请即打扫”），一个同学告诉她刚做的几间房房表上还没有填写时间，让她从206填到208，另一个同学说209好像也做了，让她去看一下再填。结果小王同学没去看就编写了进房时间，把209房也填上了。等做完了215，做房的同学一看房表上209房填了，就从210接着做。这样，209房虽然在做房表上填了进出房时间，实际上这间房并没有做。碰巧领班要查这间房时有人找她，她也没有进这间房。对客房服务员来说，漏做一间房，引起客人投诉，是工作中的严重失误，所以事情调查清楚后，从领班到实习生都受到了处罚。

问题：

（1）如何正确填写做房表？

（2）酒店的服务工作中哪些方面需要改进？

任务三　客房计划卫生

学习目标

●知识目标

1. 了解常见计划卫生的种类
2. 了解房间和卫生间计划卫生的内容

●技能目标

1. 能除去地毯的特殊污渍
2. 能擦亮客房内的铜器
3. 能为家具上蜡

知识要点

为了保证酒店的卫生质量，客房部常在日常清扫的基础之上另采取计划清洁保养的方

式，即周期性地循环清洁保养日常清扫中不易清扫或清扫不彻底的地方。房务员须具体触及哪些方面的工作呢？让我们一同来学习吧。

一、常见计划卫生的种类

1. 单项周期清洁保养

由于人力安排、客房出租率高低等因素的影响，房务员每天清扫的内容只能有所侧重。因此，房务员在完成规定的客房清洁任务之后，领班还应适当安排单项计划卫生，以弥补其平时工作的不足。

2. 周期大清洁

酒店为了使卫生质量达到和保持较高的水准，常安排专人专职负责对客房区域卫生进行周期性的清洁。具体做法是：一般以一个月或一个季度为一个工作周期，保证在一个工作周期内至少对全部客房完成一次周期大清洁。

3. 季节性或年度大扫除

这种大扫除一般只能在淡季进行，客房部操作此项工作时还应和前厅部、工程部取得联系，以便前厅部对指定的客房或楼层实行封房，工程维修人员也可利用此间隙对设备设施进行定期的检查和维修保养。

二、房间和卫生间计划卫生的内容

1. 房间

房间计划卫生的内容一般包括：地毯除渍（具体操作见表2－8），家具上蜡（具体操作见表2－9），电话机消毒，门窗的框、沟、闭门器和地脚线清洁，天花板通风口清洁，吸灯罩浮尘，擦亮客房内的铜器（具体操作可参见表2－10）等。

2. 卫生间

卫生间清洁保养项目一般有：清洗出风口，清洁保养不锈钢制品，刷洗水箱、恭桶及净身盆，刷洗卫生间四壁，擦吹风机等。

小提示

计划卫生知识

客房的计划卫生除了房间和卫生间的两种，此外还包括楼层及公共区域的计划卫生，楼层及公共区域的计划卫生可根据不同的设备，参照房间和卫生间的做法进行，根据酒店的经营档次可将计划周期定为一周、一月、一季度、半年、一年等。

操作要点

表 2－8　地毯的除渍

程　序	标　准
1. 干布吸取未干的液体	用干布轻轻拍干尚未干的液体
2. 选用清洁剂	（1）血渍：用冷水或冷盐水擦拭
	（2）茶渍： ①先用海绵蘸中性清洁剂擦拭 ②后用海绵蘸上专用弱酸性清洁剂擦拭
	（3）红、白酒渍： ①先在污渍处撒上盐，约 2 小时后用吸尘器吸干净 ②待干透后再用海绵蘸中性清洁剂擦拭 ③对于陈旧的污渍，可用带微量漂白剂的专用液处理后吸干
	（4）咖啡、可乐、果汁渍： ①用苏打水或热水加硼砂擦拭 ②对于陈旧的污渍，可用带微量漂白剂的专用液处理后吸干
	（5）口香糖： ①若已发硬，先用冰块冷敷，使其变脆后用刀刮去 ②将口香糖除渍剂喷在糖体上 ③用海绵蘸上地毯干洗剂擦拭
	（6）油渍： ①先用小刀轻轻刮干净 ②后用海绵蘸上地毯干洗剂擦拭
	（7）烧焦痕迹： ①先剪去烧焦的簇绒或用砂纸打磨 ②后用海绵蘸上地毯清洁剂进行擦拭
3. 过清	用海绵蘸上清水或温水（油渍）擦拭
4. 吸干水分	用干布吸干水分
5. 遮盖	除渍部位用专用布盖住待干
6. 整理	用刷子将绒毛刷松后使绒毛平顺

表 2－9　　家具上蜡

程　序	标　准
1. 抹尘	用干布擦去家具面层上的浮尘或各种污迹
2. 上蜡	（1）将细软抹布叠四折 （2）轻轻摇匀清洁剂，使之均匀无沉淀 （3）将油性家具蜡倒在已折叠好的专用抹布上，立即在家具表面上均匀且轻轻地抹蜡 （4）用干净的抹布将器具上的清洁剂擦净
3. 打光	用干净的细软绒布反复擦拭，使之发光

表 2－10　　铜器擦拭

程　序	标　准
1. 抹尘	先除去铜器表层的浮尘和各种污渍、印渍
2. 擦拭	（1）将省铜水倒在专用的细软抹布上 （2）轻轻地抹在铜器表面上，只宜纯铜制品
3. 抛光	用干净的细软绒布反复揩擦，使之光亮

案例分析

天桥酒店每到淡季时，客房部都要做卫生计划，每年进行一次大清洁。大清洁是一项工作量很大的工作，每次大清洁时，房间内的家具都要搬出来，毛毯、床罩、窗帘送到洗衣房清洗。在大清洁之前，客房部需将所要清洁楼层的所有房间变为“000”状态，意为不能出租的房间。前厅部在分配房间出租时要留意大清洁房的房间状态。在大清洁开始以后，先由工程部负责对每间大清洁房进行检修和维修，维修结束后，客房部再进行大清洁。先对房间地毯进行水洗，其次将家具、床铺移位，再按可出租房标准进行布置。一般20 间客房，在人员保证的情况下，大约需要 4 天时间才能完成。如果是 500 间客房的酒店，大约需要 3 个月时间才能完成。在大清洁时，通常会遇到这样的问题，酒店安排员工休年假和部门搞淡季培训，而大清洁正好与放年假和淡季培训发生冲突，会感觉到人手不够。所以，天桥酒店大清洁工作进行了几年，发现人手不够的问题并没有从根本上解决。

问题：

1. 问题出在哪里？

2. 该酒店的计划卫生安排方式科学吗？应当如何改进呢？

任务实训

一、任务目标

1. 掌握地毯除渍的操作程序
2. 掌握家具上蜡的操作程序
3. 熟悉铜器擦拭的操作规范

二、活动内容

1. 处理地毯上残留的各种污渍
2. 按正确的操作程序对家具上蜡
3. 在3分钟内按正确的操作程序擦拭光亮客房的铜器

三、步骤

1. 先备好50厘米×50厘米的地毯一块，铜器制品两件，有污渍的木制写字台一张，后将学生按每5~6人比例分组。

2. 教师示范正确的操作方式。

3. 每小组派3名学生分别模拟操作三个项目。

任务评价

评价内容	评价标准	配分	得分
地毯除渍	1. 程序不颠倒	10	
	2. 操作无漏项	10	
	3. 清洁剂选用正确	10	
	4. 操作手法规范	10	
家具上蜡	1. 程序不颠倒	10	
	2. 操作标准规范	10	
	3. 清洁剂选用正确	10	
铜器擦拭	1. 程序不颠倒	10	
	2. 操作标准规范	10	
	3. 清洁剂选用正确	10	
合　计		100	

知识链接

房务车的清洁

1. 用细软的干净半湿抹布擦净房务车上的灰尘及污迹。

2. 查房务车的螺丝有否松动及时紧固，声音异常否，车轮流动自如否。

3. 将不锈钢光亮剂倒在细软专用抹布上，轻抹于房务车上。

4. 用专用细软绒布反复擦亮。

电话的清洁

1. 用酒精棉球擦拭听筒和对讲的部位。

2. 用一支圆珠笔顶住布块，清洁电话拨号盘（如电话是按键的那种，要清洁号码之间的空隙）、移动电话的周围和清洁电话线。

3. 用干布擦亮电话和安放电话在原先正确的位置。

4. 用消毒液消毒及清除，听筒和对讲部位的气味。

任务思考与练习

一、填空题

1. 用省铜水擦拭铜器只适用于擦拭________。

2. 为客房家具上蜡时，宜选用________的抹布进行操作。

3. 对于地毯上的油渍宜选用________进行过清。

4. 计划卫生指在________的基础之上，周期性地循环清洁保养平时不宜清扫或清扫不彻底的地方。

二、选择题

1. 房务员应保管好钥匙，最好是（　　）。

A. 放在房务车上　B. 放在工作间里　C. 放在写字台上　D. 随身携带

2. 木质家具要做好日常保养工作，平时用干布擦拭，还要定期（　　）。

A. 吸尘　B. 清洗　C. 查看　D. 上蜡打光

3. 电话机常用的消毒方法是（　　）。

A. 用紫外线照射　B. 高温加热　C. 用酒清棉球擦拭　D. 用药液浸泡

4. 客房计划卫生指（　　）的清洁保养工作。

A. 周期性　B. 常规性　C. 短期性　D. 大扫除式

三、操作训练题

1. 准备若干细软抹布、家具蜡、写字台，按照家具打蜡的程序和要求，组织学生进行家具打蜡的练习。

2. 准备细软抹布和一瓶擦铜水，按照正确的操作程序，做擦拭铜器的练习。

3. 准备若干干净的抹布、相应的清洁剂，对沾有茶水、血渍、油渍、酒水渍、烧焦痕迹的地毯，按地毯除渍程序的要求，进行地毯除渍练习。

任务四　客房消毒及虫害控制

学习目标

●知识目标

1. 了解客房消毒要求
2. 掌握客房常用的消毒方法
3. 了解主要虫害的防治方法

●技能目标

1. 能对电话进行消毒
2. 能使用消毒柜消毒杯具

知识要点

客房是客人体验酒店卫生质量最深刻的场所，而消毒和除虫害工作是体现酒店卫生质量的又一项重要内容，此项工作中该涉及哪些具体的任务呢，我们一起来学习吧。

一、客房消毒的基本要求

客房是客人休息的主要场所，普遍很重视房间环境及用品的卫生，本部门应制定严格的消毒程序及标准，确保处于清洁卫生状态。

（一）房间（见图2－2）

房间应定期进行预防性消毒，按照卫生要求，每天应通风并注意采光、每星期进行一次紫外线消毒或用其他化学消毒剂灭菌和灭虫害，以保持房间的卫生，防止疾病的传播。

（二）卫生间

按照卫生要求，卫生间须做到每日彻底清扫、定期消毒。

1. 每换一位宾客，须进行一次严格消毒。

2. 每周对地面喷洒杀虫剂一次，尤其注意对地漏处的喷洒。

3. 卫生间不得查出大肠杆菌群。

（三）杯具

1. 客房内用过的杯具应每日一换，送楼层消毒间进行严格洗涤消毒，严禁服务员擅自删减消毒过程。

2. 楼层应配备消毒设备和用具。

3. 杯具消毒后应放入指定的柜内，并套上杯套或用消过毒的干净布巾遮盖，防止二次污染。

4. 每平方厘米的细菌总数不得超过 5 个。

（四）其他客房用品

1. 床单、枕套及卫生间五巾在洗涤过程中应按规定消毒。

2. 其他客房用品要求无污渍、完好并采用密封包装。

（五）客房工作人员

1. 严格实行上下班换工作服制度，使工作服起到“隔离”作用。

2. 清洁卫生间时，应戴好胶皮手套。

3. 每天下班应用肥皂清洁双手，并用消毒剂消毒双手。

4. 定期检查身体，防止疾病传染。

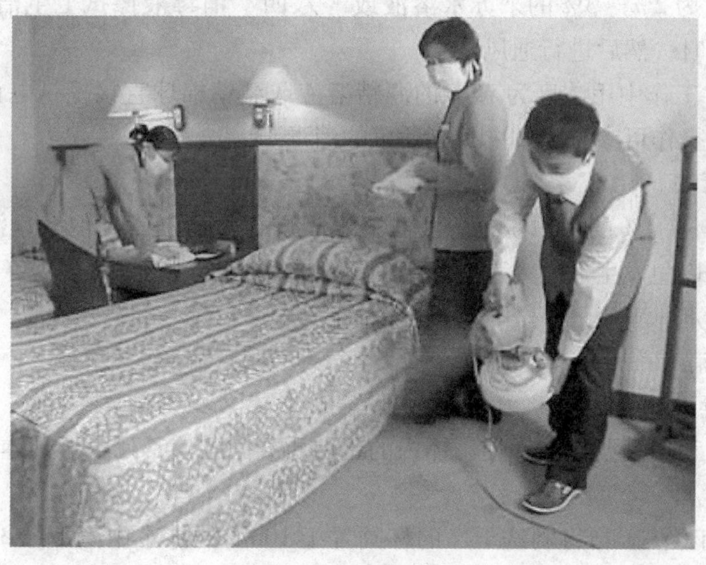

图 2－2　房间消毒

二、常用的消毒方法

酒店的消毒方法有很多，常用的有：化学消毒剂消毒、物理消毒、自然消毒。

（一）化学消毒法

化学消毒剂能使微生物菌体内的蛋白质变性，干扰微生物的新陈代谢，抑制其快速繁殖。具体可分为：浸泡消毒法、擦拭消毒法、喷洒消毒法。

1. 浸泡消毒法

一般适合于杯具的消毒。操作之前，须将化学消毒剂溶解，同时严格按比例调制好。操作方法是：将刷洗干净的杯具分批放入消毒液中浸泡约5分钟，然后用净水冲净并擦干即可。常用的化学消毒剂溶液有：

（1）漂白粉：配制浓度为3‰，搅拌均匀后使用。该溶液还可用于对布草的消毒。

（2）高锰酸钾：配制浓度为1:2000，水溶液为紫红色，如果溶液变成黄褐色，则应更换新溶液。该溶液还可用于对水果消毒。

（3）氯亚明：配制浓度为3‰，配好的溶液只能放置一天，它对金属器皿有褪色或腐蚀作用。

（4）“八四”消毒液：配制浓度为0.2%～0.5%，它能快速杀死甲、乙型肝炎、艾滋病、脊髓炎病毒和细菌芽孢等各类病毒。该溶液还可用于对布草的消毒。

（5）TC－101：配制浓度为0.2%～0.5%（即每千克水放2片TC－101片），需浸泡15～20分钟。

2. 擦拭消毒法

即用药物水溶液擦拭客房设备、家具，以达到消毒的目的。

（1）用浓度为2%～3%的来苏水溶液或“八四”消毒液擦拭卫生洁具，消毒完毕，紧闭门窗约2小时，然后进行通风。

（2）在日常工作中用浓度为75%的酒精溶液或酒精棉球直接擦拭电话机，可达到消毒的目的。具体操作可参见表2－11电话机的消毒。

3. 喷洒消毒法

用浓度为1%～5%的漂白粉澄清液对卫生间进行喷洒消毒，但禁止漂白粉与酸性清洁剂同时使用，以免发生氯气中毒。喷洒消毒以采用快干型的消毒剂为好，例如：空气清新剂、杰雪消毒剂。

（二）物理消毒法

1. 高温消毒法

其原理是：利用高温作用，使菌体内的蛋白质凝固致使其死亡。具体可分为煮沸消毒法和蒸汽消毒法。

（1）煮沸消毒法。指将刷洗干净的杯具置于100℃的沸水中煮15～30分钟。此方法适用于瓷器，但不适用于玻璃器皿。

（2）蒸汽消毒法。指将刷洗干净的杯具放在蒸汽箱中蒸15分钟。此方法适用于各种杯具、餐酒具的消毒。

2. 干热消毒法

其原理是：通过氧化作用，破坏细胞原生质，致使微生物死亡。具体可分为干烤法和

紫外线消毒法。

（1）干烤法。多采用红外线照射灭菌，客房楼层用的消毒柜即属于此类消毒法。具体操作可参见表 2－12 杯具的消毒。

（2）紫外线消毒法。可用于卫生间的空气消毒。一般安装一支 30 瓦的紫外线灯管，距地面 2.5 米左右，每次照射 2 小时。

（三）自然消毒法

1. 通风

指用开门、开窗的方法，使房内空气对流从而达到消毒的目的。此方法是客房消毒常用的方法。

2. 日光照射消毒

利用阳光的紫外线作用，可以杀死一部分病菌，如定期翻晒床罩、床垫、被褥等，既起到消毒作用，又可使其松软舒适。

3. 采光

室内采光指让阳光通过门窗照射到地面，以杀灭细菌。例如：冬季有 3 小时日照，夏季有 2 小时日照，即可杀灭空气中的大部分致病微生物。

三、客房灭虫害

客房的虫害主要指蚊子、苍蝇、蟑螂、老鼠、蠹虫、虱子、臭虫、蜘蛛、螨、白蚁、跳蚤、甲虫等酒店常见害虫对食品、纺织品、电线、管道、地毯、墙纸等造成的损害。虫害的控制历来是一项不可忽视的工作。掌握常见虫害的防治方法显得很重要。

1. 蚊子

蚊子喜欢停留在阴暗潮湿、不通风、无烟熏的地方，床底下、橱柜下是其常藏身之所，它可传播丝虫病、流行性乙型脑炎、疟疾、登革热等病。其控制方法为：

（1）保持室内外环境清洁，消灭蚊子孳生的死角，如废旧容器、臭水沟等处。

（2）定期喷洒杀虫剂。

（3）在合适的地方安置灭蚊灯，以诱杀成虫。

（4）在许可的情况下安装纱门窗，以防止蚊虫进入。

2. 苍蝇

苍蝇活动范围广，食性杂，常飞返于污物和食物之间，既造成食物污染，又易传播疾病，如腹泻、肠胃炎、伤寒、痢疾、霍乱等。其控制方法为：

（1）及时处理掉食物空瓶、空罐和食物残渣。

（2）经常彻底清洁废物箱和垃圾房。

（3）垃圾桶要盖严密并经常彻底清理。

（4）经常开启的窗要安装纱窗。

（5）经常喷洒杀虫剂或安装电子灭蝇灯。

（6）夏秋季特别注意垃圾房，废物桶和酒店外围环境卫生，定期清洁消毒，消灭或破坏苍蝇的孳生条件和环境。

3. 蟑螂

蟑螂常躲在盒子里、食品和行李中进入酒店。蟑螂喜温湿的环境，如卫生间、厨房、水管附近等。它喜欢吃所有的食物，而其呕吐物和排泄物又会使食物变质。蟑螂不仅散发臭味，而且会带来食物中毒和其他一些疾病。其控制方法为：

（1）保持环境整洁，食物应收藏好，卫生死角应定期打扫。

（2）向蟑螂出没的地方，如管道、水池等地方喷洒专门的杀虫剂。

（3）请有经验的专家指导或委托专业公司投放药物、诱饵。

4. 老鼠

老鼠是酒店常见的一种害虫。它易污染食物，散布疾病，如食物中毒、斑疹伤寒、流行性出血热和鼠疫等。其控制方法为：

（1）堵塞所有可供其出入的洞口。

（2）及时清除所有能供其做窝的废料、垃圾。

（3）保持环境卫生，尤其厨房要对食品妥善存放。

（4）投放灭鼠药，请专业人士指导或与酒店所在社区配合，共同做好灭鼠工作。

5. 蠹虫

蠹虫喜欢以羊毛、毛皮、毛发、皮革等为食物，常常造成织物表面及干果类的蛀洞，不洁净的毛毯、衣物、皮革、干果以及软木类都可能招引蠹虫。其控制方法为：

（1）保持衣物、布料、床上用品、皮革制品及软木制品等干净无异味。

（2）储存以上物品时，应将其密封于聚乙烯口袋中，并存放在衣橱或抽屉等阴凉处。

（3）在储存物中放入樟脑丸、精萘等防蛀药物，或在衣橱等处挂放驱虫药盒或药带。

（4）经常清洁地毯，并定期在地毯边缘和家具底下喷洒灭虫药剂。

6. 虱子

虱子常依附于动物或人的毛发及一些纺织纤维上。与有虱子的物体之间的接触或摩擦都可以造成虱子的传播。虱子喜人血、毛发等。其控制方法为：

（1）保持个人清洁卫生，使用干净的梳子。

（2）使用具有杀菌作用的洗发香波和护发素。

（3）客房应提供一次性的梳子，不提倡在洗手间设公用木梳。

（4）定期清洁床头板和头靠垫等。

（5）不允许带动物进入酒店。

7. 跳蚤

跳蚤体形比虱子略小。它能栖身于衣物、毛皮和床下或地毯下的尘屑之中。人被叮咬之后，皮肤会出现过敏性红色小斑点。其控制方法为：

（1）保持地面、床具、床裙等清洁无尘。

（2）发现沾有跳蚤的床具、衣物等应立即拿到安全处焚烧干净。

（3）防止猫、狗、鸟类等动物进入酒店，并尽可能清除酒店建筑物上的鸟巢。

（4）定期对床架、地面喷洒杀虫剂。

8. 螨

螨的体形只有1~2毫米大，一般不易被人们发现。只要有食物、尘屑且潮湿的地方往往容易招螨害。螨不仅会使食物变质，装饰物损坏等，更可以引起人体的过敏性疾病，如气喘病等。其控制方法为：

（1）改善通风的空调效果。

（2）及时处理掉废弃的食物和瓶罐。

（3）喷洒杀虫剂。

（4）定期清除床垫和家具饰物上面的尘污。

（5）勤洗毛毯和地毯。

9. 蜘蛛

蜘蛛不属于害虫类，由于它的出现会有损酒店形象之美，因而仍将其划归被清除的对象，其控制方法为：

（1）定期进行全面彻底的清洁工作。

（2）随时清除蛛网并在其出没处喷洒杀虫剂（夜晚效果尤佳）。

10. 白蚁

白蚁喜在阴暗潮湿和不通风的地方生活。它对竹木制品、皮革制品、纸制品、化纤制品、动植物制品等都有严重的危害性。由于它危害大、发展快，所以一旦发现其迹象，应请专业人员前来予以解决。其控制方法为：

（1）平时要及时清除废旧木料，木质建筑材料应涂防蚁油。

（2）定期喷洒专业杀虫剂或灭蚁灵等。

11. 甲虫

常见的有地毯甲虫和家具甲虫。地毯甲虫的危害及防治方法与蠹虫相似。家具甲虫的幼虫常被称为蛀虫，能在家具、木材中钻出圆滑的孔洞。蛀虫常随货物包装、木料、旧家具等进入酒店，啃食家具木料，致使家具朽蚀。其控制方法为：

（1）保持家具及其他木制品表面清洁，并对其油漆、打蜡或上塑。

（2）用专门的杀虫剂喷涂所有可能发生虫害的地方，如底座、背面和抽屉里壁等。（见图2-3）

（3）在进行喷涂之前，先用杀虫剂将蛀洞灌满。

（4）定期使用具有杀虫、防虫作用的抛光蜡剂。

小提示

除虫害的工作内容

1. 定期喷杀虫剂，按说明比例配置杀虫剂，保证杀虫效果。

2. 对虫害的滋生地，如地毯下、床下、墙角、卫生间、需施放药物，被杀灭的害虫

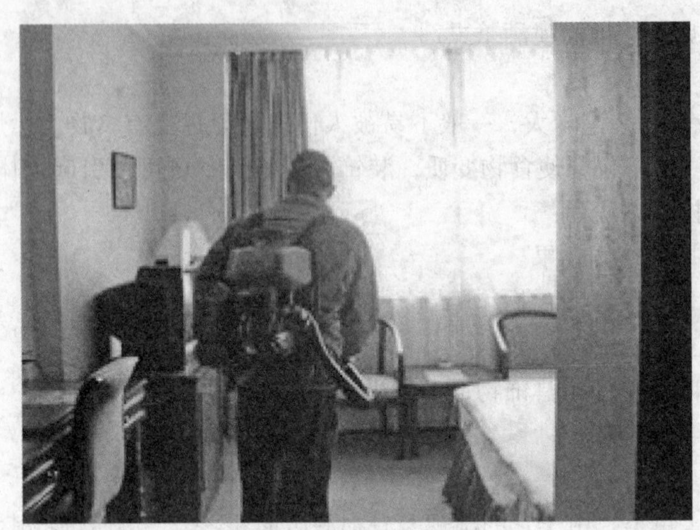

图 2－3　喷涂杀虫剂

须及时清除干净。

3. 对老鼠经常出没的地方须堵上洞口，防止其进入房间。

4. 在冬春季节更替时，需提前对虫害可能出没之处进行灭杀工作，防止天气转暖后出现虫害。

操作要点

表 2－11　　电话机的消毒

程　序	标　准
1. 清洁电话机	（1）用干布擦拭话筒 （2）在机座上喷少量清洁剂，将机座擦拭干净 （3）拉出电话线，用喷上清洁剂的抹布擦拭电话线
2. 消毒	（1）用棉球蘸适量医用酒精或用 75% 酒精棉球擦拭话筒 （2）注意不能用清洁剂，以免话筒受潮而影响正常使用
3. 调试电话	（1）试用电话机，保证使用正常 （2）按规定将电话机摆放到位
4. 登记	在“消毒记录表”做好登记，记录消毒日期和操作者姓名

表 2－12　　消毒柜消毒杯具

程　序	标　准
1. 清洁杯具	（1）将杯具内残留物取出，倒入垃圾桶内 （2）在洗涤池中用清水冲洗杯具，加适量洗涤剂刷洗 （3）用活水漂洗杯具
2. 消毒	（1）将已冲洗干净的杯具放入消毒柜中消毒 （2）打开自动消毒电源，消毒 40 分钟
3. 存放	（1）消毒完毕，切断电源，将杯具从消毒柜中取出 （2）分类逐一放入保洁柜中 （3）杯口朝下，摆放整齐
4. 登记	（1）在“杯具消毒记录表”上做好登记 （2）记录消毒日期和操作者姓名

案例分析

A 酒店在开业初期，客房部一直没有系统的消毒程序，杯具消毒是个很大的问题。通常服务员是在客房卫生间清洗各种杯具，这容易造成交叉感染，如使用的百洁布、尘布、杯布混在一起，有时清洁浴缸或马桶以后，又清洁杯具。虽然没有引起客人投诉，但这显然是违背卫生标准的。根据卫生防疫的要求，酒店对部分服务间进行了改造，每个楼层增设了消毒间，消毒间一共增加了 3 个水池，一个负责清洗，一个放置消毒液浸泡，一个负责冲洗。消毒间改造以后，客房部服务人员老习惯并没有改变过来，平时清洁杯具仍在客房卫生间进行，客房部经理也同意这样做，但他提出，如卫生防疫站来检查时，一定要改在消毒间进行。有一次，为了迎接卫生防疫站的检查，不得不提前准备好几间房，水杯、浴缸、毛巾、床单都做了单独处理。客房部安排专人按指定路线引导防疫站人员进行检查，但防疫站人员要求抽查，这一要求可害苦了客房部经理，现准备房间已经来不及了，只好硬着头皮接受检查。几天以后，检查结果出来了，除了有准备的房间没有问题外，其他房间均未达到卫生标准。防疫站决定暂缓发放卫生许可证，要求酒店限期做出整改。

问题：

1. 问题是什么？

2. 客房部经理应该如何改变这一状况？

任务实训

一、任务目标

1. 掌握电话机的消毒方法
2. 掌握杯具的消毒方法

二、活动内容

1. 练习清洗茶杯、玻璃杯
2. 练习使用电子消毒柜对杯具进行消毒
3. 练习抹拭电话机并进行消毒

三、步骤

1. 准备清洁剂、医用酒精（浓度 75%）、棉球、干净抹布、百洁布、洗涤剂、电子消毒柜等物品。

2. 将同学分成四组，每组 7 ~ 8 人，由教师先演示正确的操作方式，再由每组派一名同学模拟操作两个训练项目。

3. 教师与小组同学一起做综合点评，提出改进方法。

任务评价

评价内容	评价标准	配分	得分
电话机消毒	1. 准备工作充分	10	
	2. 正确使用清洁剂	10	
	3. 正确使用消毒剂	10	
	4. 操作无遗漏	10	
	5. 程序无颠倒	10	
杯具消毒	1. 准备工作充分	10	
	2. 消毒时间充足	10	
	3. 操作无遗漏	10	
	4. 程序无颠倒	10	
	5. 操作规范	10	
合　计		100	

知识链接

卫生防疫常识

1. 酒店应有健全的卫生制度。

2. 客房被套、枕套、床单等卧具应一客一换，长住客的床上卧具至少一周一换。星级酒店还应执行我国星级酒店评定标准中有关床上用品的更换规定，床罩、毛毯一月换洗一次。

3. 公用茶具应每日清洗消毒，应备有茶具消毒间。清洁后的茶具必须表面光洁，无油渍、无水渍、无异味，达到消毒标准。

4. 客房卫生间内的面缸、浴缸和恭桶应每日清洗消毒并符合消毒标准。

5. 无卫生间的客房，每个床位应配备有不同标记的脸盆和脚盆各一个，脸盆、脚盆和拖鞋应做到一客一换。清洁后的脸盆、脚盆和拖鞋的表面应光洁、无污垢、无油渍、不得检出致病菌。

6. 酒店公共卫生间应每日清扫、消毒，做到并保持无积水、无积粪、无蚊蝇、无异味。

7. 客房空调器过滤网应半月清洗一次，保持清洁。

8. 各类酒店应有防蚊、蝇、蟑螂和防鼠害的设施，并经常检查设施使用情况，发现问题及时改进，做到室内外无蚊蝇滋生场所。

9. 布草房内的床上用品，一次性拖鞋、鞋布（油），牙膏、牙刷等一次性用品应分类存放，隔墙离地，密闭保存。挂在工作车上的垃圾袋应与卫生洁具、一次性用品分开，清洁面缸、浴缸、抽水马桶的工具应分别放置，标志明显，不得混放混用。

10. 客人废弃的衣物应进行登记，统一销毁。

任务思考与练习

一、填空题

1. 按照消毒要求，卫生间不得查出________。

2. 运用自然消毒法消毒环境时，冬季有________小时日照，夏季有________小时日照，即可杀灭空气中的大部分致病微生物。

3. 煮沸消毒法消毒茶、杯具时不适于________。

4. 当使用浓度为 1% ~5% 的漂白粉澄清液对卫生间进行喷洒消毒时，禁止漂白粉与________同时使用，以免发生氯气中毒。

二、选择题

1. 电话机常用的消毒方法是（　　）。

A. 紫外线消毒　B. 高温煮　C. 用酒精棉球擦拭　D. 药液浸泡

2. 酒店严禁携带宠物入店，可有效预防（　　）的危害。

A. 蠹虫　　B. 臭虫　　C. 苍蝇　　D. 跳蚤

3. 使用浸泡消毒法消毒杯具时，只要将刷洗干净的杯具分批放入消毒液中浸泡约（　　），就可达到消毒的目的。

A. 15 ~ 20 分钟　　B. 5 分钟　C. 30 分钟　　D. 40 分钟以上

4. 易对地毯造成危害的害虫有（　　）。

A. 蠹虫　　B. 老鼠　　C. 蟑螂　　D. 白蚁

三、操作训练题

1. 按照规范的操作程序，消毒电话机。

2. 按照规范，使用消毒柜消毒杯具。

任务五　公共区域清洁保养

学习目标

●知识目标

1. 了解酒店公共区域清洁保养的任务及要求
2. 掌握公共区域常用设备及用品的清洁保养的方法

●技能目标

1. 能进行大堂公共休息区域的清洁
2. 能熟练运用干泡清洗和干粉清洗的方法清洗地毯
3. 能对大理石地面进行抛光打蜡
4. 能对大理石和花岗岩地面进行晶面的处理
5. 能清洁保养金属制品
6. 能清洁保养玻璃制品

知识要点

公共区域（Public Area，PA）指公众共有共享的活动区域。公共区域的环境和卫生质量直接影响公众对酒店的印象，此区域的清洁保养须充分重视，因此，客房部下设公共区域组，专门负责此区域的清洁保养工作。作为一名PA组的员工掌握必需的知识与技能是必不可少的，我们一同来学习吧。

一、公共区域清洁保养的任务及要求

（一）公共区域清洁卫生的业务范围

1. 酒店大堂、门前、花园、停车场、电梯及酒店周围环境的清洁卫生。
2. 餐厅、宴会厅、康乐场所的清洁保养。
3. 酒店所有公共洗手间的清洁卫生。
4. 酒店下水道、排水排污等管道系统和垃圾房的清疏整理工作。
5. 酒店的卫生防疫，喷杀“六害”工作。
6. 酒店的绿化布置和花木的养护工作。

（二）公共区域清洁保养的任务及要求

酒店公共区域一般划分为前台和后台公共区域。凡是供客人共有共享的活动区域称之为前台活动区域，而供员工共有共享的活动区域称之为后台活动区域。本任务将概要介绍主要场地的清洁保养工作任务及具体要求。

1. 大厅（见图2－4）

大厅是最具开放性的场所，也是给客人留下第一印象的地方，它的清洁保养状况不亚于酒店的一张名片，因此，该区域的清洁保养工作应引起高度重视。其具体操作内容及标准可参见表2－13大堂公共休息区域的清洁。大厅的清洁保养工作主要有以下具体要求：

（1）入口。入口处的清洁保养工作主要是清洁地面和指示牌。由于人员往来频繁，容易沾染尘土，所以须不断地推尘，使地面保持光亮如镜。雨雪天时，还应在大厅入口处铺上蹭鞋垫和小地毯，放上存伞架。入口处的指示牌也要经常擦拭，保持清洁光亮。

（2）门、拉手。门和拉手需要经常擦拭，清除灰尘、手印、污迹，保持清洁光亮。

（3）扶手。扶手要经常擦拭，保持无灰尘、无手印、无锈蚀，光洁明亮。金属扶手需用金属上光剂（省铜剂、不锈钢清洁剂）擦拭。木质扶手须用清洁蜡除污上光，通常每天一次。

（4）室内地面。大堂地面多铺设大理石或花岗岩石材，白天用尘推和吸尘器清除灰尘杂物、脚印等，晚间常用打蜡机抛光，还要定期清洁打蜡。大堂地面必须保持无灰尘、无污迹、无杂物，光洁明亮。

（5）烟缸。酒店大堂常备烟缸，烟缸应及时替换，且烟头不得多于两只。

（6）公用电话。经常清洁，保证无灰尘、无污迹。电话机应整理复位，并经常消毒。

（7）沙发、座椅。随时清除沙发、座椅上的灰尘杂物，并经常整理复位，如有污迹，应及时安排清洗，保证清洁整齐。

（8）茶几。经常擦拭台面，保证无灰尘、无污迹、无杂物、物品摆放整齐。

（9）植物花草。及时清除枯枝败叶，并按规定浇水施肥、喷药。

（10）告示牌、画牌。经常擦拭玻璃面和金属框架，并整理复位，保证无灰尘、无污迹，摆放整齐。

（11）水池。及时清除水池内的杂物及沉积的泥沙并定期洗刷。

图 2－4　公共区域之大堂

2. 公共洗手间（见图 2－5）

图 2－5　公共洗手间

公共洗手间要求每隔一小时小清理一次，每天下午及深夜，各安排一次彻底清洁，使其始终保持清洁、干净、无水迹、无污渍、无异味。

星级酒店公共洗手间，除了做好以上的清洁整理工作以外，还可配备专职洗手间服务员，为客人提供周到的服务。当有客人进入洗手间时，一般要求员工主动向客人问“您好”；当客人洗完手后应递上小毛巾；如果客人衣服上有灰尘，应用衣刷为客人刷净；客人用过的便池应随时冲洗干净，并抹拭干净；客人离开时，主动使用告别语。

3. 电梯

酒店的电梯包括客用电梯、员工电梯、服务电梯、货梯等几种。而客用电梯也和大厅一样，是客人使用频繁、需经常清理的地方。客用电梯要求轿厢干净、整洁，轿厢四壁须加强除渍保养，对电梯按纽常用干布擦拭，以保持无手印、无脏渍或杂物，工作厢内的地毯须每天零时进行更换；其他电梯也应参照客用电梯的清洁方法进行清洁保养，以随时保证酒店电梯的清洁卫生质量。

4. 各类餐厅、酒吧（见图 2－6）

图 2－6　大堂吧

餐厅、酒吧是客人用餐和用饮的场所，清洁保养工作尤为重要，客房部和餐饮部通常是分工协作共同完成这块区域的清洁保养工作，餐厅负责日常清洁工作，而客房部公共区域组则负责其彻底的清洁保养。主要的任务有：

（1）清洁保养家具设备。

（2）分期清洁保养地面、墙面、灯具。

（3）擦亮金属器件及玻璃、镜面等。

（4）清洁养护餐厅内的花盆、花卉植物等。

要求室内六面净、无虫害；灯具和金属器件光洁明亮、无污渍；植物清洁无败叶；地面、家具面层无灰尘、无污渍且保养效果好。

5. 会议室（见图 2－7）

客房部公共区域组一般应负责会议场所的清洁卫生工作。主要任务有：

（1）清洁会议室的桌、椅。

（2）清洁接待室。

（3）清洁洗手间。

（4）清洁空调出风口。

（5）清洁保养地面。

（6）清除垃圾。

（7）抹窗台、踢脚线。

要求会议室保持干净、无杂物、地面层保养好。

图 2－7　会议室

6. 店内其他公共区域

对商场、商务中心、康乐场所的清洁保养工作必须考虑各自的营业时间、活动内容等具体情况，其日常清洁工作一般由各营业点自行负责，而彻底的清洁保养如洗地（毯）、保养地面、保养家具面层等由客房部公共区域组负责，具体方法可参考上述相关的内容。

7. 店外公共区域

店外公共区域含店外属酒店负责清洁的周围环境、酒店庭院和花园、酒店停车场、酒店外墙等。主要工作任务有：及时清扫并清除杂物、定期水洗酒店周围地面和外墙、定期修剪草木和除虫害、擦拭干净各种指示牌及装饰物品。要求建筑物外墙完整、美观、干

净；区域地面干净、整洁、无杂物；绿化带无虫害、无枯枝败叶。

8. 后台区域

酒店后台区域包括员工通道、员工电梯、衣更、员工食堂、办公室、员工倒班宿舍等。后台区域因使用频率高、区域范围广、清洁保养难度更大。但此区域的工作状况直接反映酒店的管理水平，甚至会直接影响员工的士气。此区域的主要工作任务及具体要求有：

（1）员工通道。日常的清洁保养是清除地面的杂物及污渍，并注意防滑。定期地清洁保养洗刷地面，清除墙面的污渍。

（2）员工电梯。清洁保养工作类客用电梯。

（3）员工衣更。其清洁保养的工作有保持地面清洁、及时清除垃圾杂物、家具设备的除尘除迹等。

（4）办公室。办公室的清洁卫生工作一般在办公室人员下班之后进行。主要的任务有：保持场所环境清洁、整齐；及时清洁冷热饮水器；定时收拾台面并同时保证文件的安全。

二、公共区域常用设备及用品的清洁保养的方法

（一）地毯（见图2－8）

地毯因具美观、舒适、隔音、保温和安全等功能，被广泛铺设于酒店各个场所，它的清洁保养质量直接反映出酒店设备设施的管理水平。因此，酒店运营中应重视对地毯的保养。具体方法及规范如下：

1. 采取必要的防污渍措施

（1）喷洒防污剂。地毯在启用前，可喷洒专用的防污剂，以产生隔绝污物的作用或更便于清除污物。

（2）阻隔污染源。在出入口、通道口和客人活动较多的地方，铺设沉垢式地垫或蹭鞋垫，可减少或清除带入酒店的污物及尘土，以减轻对地毯的污染。

2. 常吸尘

吸尘是清洁保养地毯最基本、最有效的方法。通过吸尘可以清除地毯表层及地毯根部的尘土、沙砾。在日常清洁保养中勿必应将吸尘落到实处。吸尘时，可采用由里向外的推拉方法并按一定的顺序进行，推时应逆毛，拉时应顺毛，保证吸过尘的地毯纤维方向一致，踩踏后毯面不会出现阴阳面。

3. 及时除渍

地毯一旦出现各类污渍应及时清除，否则，将会加大清洁的难度从而影响地毯的外观及保养水准。具体污渍及除渍方法可详见任务三表2－8 地毯的除渍。

4. 适时清洗

当地毯使用一段时间后，应视地毯的质地和污损程度采取不同的清洗方式，此项工作一般由客房部公共区域组或专业清洗人员完成，具体方法及规范如下：

（1）湿旋法。先移开待洗区域地毯上的所有物品，再将地毯彻底吸尘和除渍，然后配制好清洁剂并装入储液盒内，最后打开操作按钮开始洗涤并用吸水机将溶液及污迹吸除，再用烘干机烘干。这种清洗方法适于污损程度较大的化纤地毯，对地毯损伤较严重，目前酒店已不常用。

（2）喷吸法。指用高压将清洁剂溶液喷射到地毯中，在高压冲击和清洁剂的双重作用下，将污垢与纤维分离，同时用强力吸嘴将溶液及污物从地毯中吸除。这种清洗方法一般只适于清洁化纤地毯，对地毯的直接伤害较小，但洗涤后地面温度大，干燥时间较长。

（3）干泡洗法。此法不会使地毯很潮湿，影响正常使用的时间较短，对地毯的损伤较小，故适用范围较广，特别是全羊毛地毯。但如果地毯较脏，使用此方法也难以一次性清洁干净。其具体操作程序可参见本任务表 2－14 干泡法清洗地毯。

（4）干粉洗法。此法对地毯的伤害小，但仅适用于清洁轻微污染的地毯。其具体操作程序可参见本任务表 2－15 干粉法清洗地毯。

图 2－8　客房走廊的地毯

（二）大理石

对大理石的清洁保养，主要包括日常清洁、定期清洗、打蜡、晶面处理几方面内容。清洁保养过程中，应避免使用酸性清洁剂，因为酸性清洁剂会使大理石表面变得粗糙，从而失去光泽和韧性。

1. 日常清洁

（1）推尘。可用被静电水浸泡过的排拖（晾干后）反复推尘，达到除尘的目的。

（2）喷磨。对推尘无法去除的蜡面局部脏渍和一些印痕较多的地面，喷上蜡后，用单擦机加粗细合适的尼龙百洁刷盘进行喷磨。它可将落下的面蜡屑带入百洁刷盘内，并且喷磨后，会在地面上留下一层薄薄的新蜡，起到光洁地面的作用。

2. 定期清洗

当推尘和喷磨均无法去除地面的脏迹可进行彻底的清洗。地面洗涤周期不超过半年，但主要应视脏污的程度而定。

（1）清洗前，搬离所有的物件，并拉警示线或竖立警示牌。

（2）除去地面浮尘。

（3）除去陈蜡。先用拖把将少量起蜡水均匀涂抹于待洗地面，再用洗地机擦洗，擦洗后应迅速用吸水机或拖把将起蜡溶液吸走，否则，地上的溶液会很难擦除。

3. 打蜡

当定期清洗不能使地面恢复光滑的状态时，便需要对地面进行打蜡抛光。大理石、花岗岩地面应选用水基蜡。具体操作程序可参见本任务表 2 – 16 大理石地面抛光、打蜡。

4. 晶面处理

对于沙砾、硬质鞋底等难以抵御的石质地面，蜡层也会随着日常清洁和磨损而消失，而且晶面处理恰好弥补了普通打蜡的不足，因此，大理石及花岗岩地面在其未被磨损前进行晶面的处理是一种较有效的保养方法，它可使地面变得更平滑、光洁，对地面抵御坚硬物质的磨损、防止酸碱物质的侵蚀有很大的保护作用。其具体操作程序可参见表 2 – 17 大理石、花岗岩晶面处理。

（三）金属制品

酒店常见的金属制品主要包括：金、银、铜、不锈钢等。它们被广泛应用于装饰材料或用品，上述金属如果不经过特殊养护，易失去应有的光泽。

1. 金、银制品

酒店装饰大多为镀金制品和纯银制品。两者均为贵重金属，也是软金属，易被划伤或受不良物质侵蚀而失去光泽。定期使用专门的银器擦亮剂擦拭并尽可能将纯银制品放于干燥的环境非常必要。镀金制品还不能使用含磨沙成分的擦亮剂，并应使用柔软的布料蘸上专门的上光剂擦拭。

2. 铜制品

铜制品一般采用黄铜、红铜。黄铜多应用于客房装饰，红铜多用于餐厅厨具装饰。铜制品易氧化而产生铜锈，因此，对其须定期用专门的清洁剂进行擦拭和抛光。其主要原理是：腐蚀铜制品表面的氧化物（铜锈）。其操作程序已在任务三表 2 – 10 铜器擦拭中有详细描述，本任务不再细述。

3. 不锈钢制品

不锈钢制品遇酸、碱、潮湿均会受损，清洁时可用稀释过的中性清洁剂进行擦洗，清水洗净后须立即用柔软的干布擦拭干净即可。具体操作程序可参见表 2 – 18 清洁保养不锈钢制品。

（四）玻璃制品

1. 日常保养

可用柔软洁净的抹布按从上至下的顺序擦拭；若遇斑迹，可用抹布蘸上一点清水擦拭，再用干布擦干；如果清水无效，可喷射一点玻璃清洁剂至玻璃表面，后用干布擦净玻璃。因为使用此法清洁后在玻璃表面可留下一层透明的保护层，使玻璃不易沾染污物，所以，定期使用玻璃清洁剂可达到日常清洁保养的功效。或者使用废旧报纸擦拭玻璃也可以既经济又高效地清洁玻璃。

2. 定期清洗

（1）洗前备好工具。提桶两只（一只装配制好的清洁液，另一只装清水）、小铲刀（须锋利）或剃须刀片、玻璃清洁剂、抹布（柔软的平纹布）、海绵、玻璃抹水器、玻璃刮水器（带伸缩杆）等。

（2）按序清洗。具体操作程序可参见表2－19清洁保养玻璃制品。

小提示

洗地毯小知识

1. 配备齐全适用的设备、工具。
2. 合理配制清洁剂，清洁剂最好用温水调兑以发挥最佳效果。
3. 边角部位要用手工处理。
4. 勿必等完全干透后才能使用。
5. 对于局部的严重污渍，可先用手工清除。

大理石地面清洗、打蜡须知

1. 清洗时间应安排在23时以后或下半夜，以不影响客人活动为宜。
2. 潮湿天气不宜打蜡。
3. 用胶带纸封住离地面60厘米以下的墙面上的插座，以免液体溅入。
4. 操作前应设置警示，操作结束应撤销警示。

操作要点

表2－13　清洁大堂公共休息区域

项　目	标　准
1. 推尘	（1）握杆的手靠在腹部 （2）从一头开始推进，尽量保持直线向前 （3）平行来回往复，行进中尘推紧贴地面 （4）拐弯时，尘推做180度转向，始终向前推尘 （5）及时用吸尘器吸除多余尘土 （6）及时更换积尘过多的尘推头

续　表

项　目	标　准
2. 清理烟缸	（1）用托盘盛放干净的烟灰缸 （2）用干净的烟缸放在用脏的烟缸上，两者一同拿起放入托盘 （3）将干净的烟缸换上 （4）保证烟缸里的烟头不超过 2 只
3. 清理座位	（1）随时整理归位座位 （2）及时清理果皮、纸屑 （3）对椅垫、沙发进行除尘
4. 除尘	随时抹去大厅墙面、台面、各种指示牌、公用电话机、灯座、绿色植物枝叶和大厅玻璃门等处的浮尘
5. 其他整理	（1）对地毯及时吸尘 （2）用酒精清洁公用电话 （3）清理花盆内的枯枝和败叶 （4）清理过道地面

表 2－14　　干泡法洗地毯

程　序	标　准
1. 清障	清洗前，移开待洗区域地毯上的所有家具、物品
2. 吸尘、除渍	（1）将待洗地毯彻底吸尘 （2）若有污渍，按规范先除渍
3. 清洗	（1）将清洁剂压缩打泡后喷涂在地毯上 （2）机器底部擦盘同时擦洗地毯，使泡沫渗入到地毯中，靠擦盘的摩擦力和清洁剂的去污力将污物与纤维分离
4. 吸除	约半小时后用吸尘器吸除污物与泡沫结成的晶体
5. 整理	用刷子逆毛将地毯纤维刷起，使之干后富有弹性

表 2－15　　干粉法洗地毯

程　序	标　准
1. 清障	清洗前，移开待洗区域地毯上的所有家具、物品
2. 吸尘、除渍	（1）将待洗地毯彻底吸尘 （2）若有污渍，按规范先除渍
3. 压粉	（1）将专用干粉均匀地撒在地毯上 （2）用压粉机均匀地将干粉压入地毯深处 （3）让干粉在地毯中停留约 40 分钟
4. 吸除	用吸尘器吸除粉与污物结成的晶体

表 2－16　　大理石地面抛光、打蜡

程　序	标　准
1. 设置警示	(1) 清洗前，搬离待洗区域的所有家具、物品 (2) 拉起警示线或竖立警示牌，提醒行人注意安全
2. 除尘	除去地面的浮尘
3. 除旧蜡	(1) 用拖把将适量的起蜡水均匀涂抹于待洗地面 (2) 用洗地机擦洗，擦洗后迅速用吸水机将起蜡溶液吸走 (3) 用清水反复漂洗地面 (4) 用吸水机吸除溶液，为打蜡提供真正干净的地面 (5) 如有斑点，可用局部清洁方式去除陈蜡
4. 打蜡、抛光	(1) 待地面完全干透 (2) 用专用的落蜡工具或干净的棉拖，将第一层蜡（封蜡）均匀涂于地面，避免前后操作，以免使蜡面起泡 (3) 等蜡层风干 20～30 分钟后，用抛光机轻度打磨，使蜡面平滑、牢固 (4) 等其完全干透（4 小时左右） (5) 上第二层蜡（面蜡） (6) 等第二层蜡干透（4～8 小时）后上第三层蜡并抛光 (7) 等待 2 小时，行人可行走于上面 (8) 12 小时后再抛光
5. 整理	(1) 全部完成后一天左右，撤除防滑警示牌 (2) 家具复位，妥善存放各种清洁器具

表 2－17　　大理石、花岗岩晶面处理

程　序	标　准
1. 清洁地面	(1) 先除去地面旧蜡并将地面清洗干净 (2) 风干地面或等地面完全干透 (3) 防灰尘、沙砾进入工作场地
2. 装入晶面处理剂	(1) 若地面表层已凹凸不平，先用特殊的钻石垫对不平处进行研磨和砂磨，使地面恢复平滑 (2) 选好晶面处理剂并注意摇匀，若不小心撒在地面，应迅速擦干净 (3) 倒入处理机的相应装置内 (4) 开启机器
3. 抛光	(1) 均匀喷涂处理剂在地面，钢丝垫立即高速旋转进行抛光 (2) 不能使用生锈的钢丝垫
4. 结束	(1) 地面很快形成一层透明薄膜 (2) 约 2 小时后方可在薄膜上行走 (3) 操作结束后妥善保管钢丝垫

表 2－18　清洁保养不锈钢制品

程　序	标　准
1. 备具	清洁前，备好不锈钢清洁剂和柔软的平纹布
2. 折叠抹布	将抹布叠四折
3. 摇匀清洁剂	（1）轻轻摇动清洁剂 （2）使清洁剂均匀无沉淀
4. 擦拭	（1）将适量的清洁剂均匀涂抹在叠好的抹布上 （2）立即用力擦拭不锈钢器具（不能等清洁剂干） （3）用干净的抹布将器具上的清洁剂擦净 （4）若器具表面太脏，再用涂有清洁剂的抹布反复用力擦拭，直到擦净为止
5. 抛光	等器具表面擦净后，再用干净的抹布快速反复用力擦拭，直到光亮为止

表 2－19　清洁保养玻璃制品

程　序	标　准
1. 备具	备好玻璃清洁剂、柔软的平纹抹布、小铲刀、两只提桶、海绵、玻璃刮水器、玻璃抹水器
2. 水桶内装液体	（1）按说明要求在提桶内配制好玻璃清洁剂溶液 （2）另一只桶内备好一桶清水
3. 擦拭	（1）用玻璃抹水器蘸上玻璃清洁剂从玻璃上部起不断从左至右擦洗 （2）再从右至左擦洗，一直往下擦洗至底部 （3）横向擦洗之后，再从左边起上下擦洗直至右边 （4）无论横擦或竖擦均须及时用玻璃刮水器刮净玻璃上的溶液，并及时用抹布除去刮把上的水分，同时抹净玻璃表面未刮净或边框上的水迹 （5）若遇局部的斑迹，可用小铲刀或剃须刀片轻轻刮去，在局部用清洁剂重新擦洗；若小块玻璃或镜面，可用海绵替代抹水器，用抹布替代刮水器，具体方法同上

案例分析

某酒店大堂处的大理石地面失去了光泽，一名新上岗不久的员工打算对地面进行保养，他看时间已近 23：00，估计没什么客人出入此区域，便开始按规范操作，突然一名从店外醉酒而归的客人仰面摔倒在地面……

问题：

1. 该员工的操作方式正确吗？

2. 请你指出正确的大理石地面的打蜡方法。

任务实训

一、任务目标

熟练清洁保养 PA 区域及主要设备及用品

二、活动内容

1. 熟练清洁大堂公共休息区域
2. 熟练使用干粉法清洗地毯
3. 熟练擦亮玻璃

三、步骤

1. 先备好工具（若干块专用的细软平纹抹布、普通抹布、小铲刀、水桶、尘推、粉状地毯清洁剂、混纺地毯一块、玻璃清洁剂）

2. 教师先按实训内容次序分别进行示范

3. 将学生按每 5 ~6 人一组进行分组，每组按实训内容次序分别派一名同学模拟演示

任务评价

评价内容	评价标准	配分	得分
清洁大堂公共休息区域	1. 操作手法规范、符合标准	10	
	2. 项目无遗漏	10	
	3. 清洁质量达标	10	
	4. 清洁完毕，工具放回工作间	10	
干粉法清洗地毯	1. 撒粉均匀	10	
	2. 有压粉操作的动作	10	
	3. 干粉应有停留的时间	10	
	4. 最后用吸尘器吸除结晶体	10	
擦拭玻璃	1. 备具充足，无遗漏	10	
	2. 操作符合规范	10	
合　计		100	

知识链接

PA区域清洁保养质量控制措施

1. 重视员工的选择和培训。
2. 配置先进、合适的清洁器具和用品。
3. 充分做好工作计划安排。
4. 加强检查和监督。

任务思考与练习

一、填空题

1. 清洁保养大理石地面，应避免使用________。

2. 大堂地面多铺设大理石或花岗岩石材，白天可用________和________清除灰尘杂物、脚印等，晚间常用________抛光。

3. 大堂入口处的清洁保养工作主要是________和________。

4. 公共区域指________。

二、选择题

1. 下列选项（　　）是用于清洗纯羊毛地毯的最佳方法。
A. 喷吸法　B. 湿旋法　C. 干泡清洗法　D. 干粉清洗法

2. 当客人进入公共洗手间时，员工可对客人说（　　）。
A. 欢迎光临　　B. 下午好　　C. 上午好　　D. 您好

3. 公共场所的烟缸不可积有（　　）以上的烟头。
A. 1个　　B. 2个　　C. 3个　　D. 4个

4. 玻璃、镜面如遇斑迹，可用抹布蘸上一点或直接喷射（　　）进行擦拭。
A. 多功能清洁剂　B. 碱　C. 醋　D. 玻璃清洁剂

三、操作训练题

1. 训练用干粉法清洗地毯。
2. 训练擦拭不锈钢器具。
3. 训练擦拭玻璃。
4. 训练清洁大厅区域。

项目三　客房部接待服务工作

客房服务是构成客房产品的重要因素，在很大程度上体现了酒店的服务水平和服务质量。客房是客人在酒店中逗留时间最长的地方，客人在住店期间，不仅需求客房清洁、舒适，还需求提供相应的服务。酒店应使客人有宾至如归之感。因此，客房服务员应了解各类客人的特点和服务需求，掌握各项对客服务项目的服务方法、程序和注意事项。

任务一　客房服务的概念、模式与特点

学习目标

●知识目标

1. 掌握客房服务的基本概念
2. 了解客房服务的模式与特点

●技能目标

能根据不同客房服务模式的特点向客人提供服务

知识要点

客房服务应使客人得到满意的服务体验，酒店应根据自身条件和特点，选择适宜的服务模式和组织结构形式。

一、客房服务的基本概念

客房服务工作主要是指客房服务人员直接或凭借某种工具、设备、设施、媒体等面对面地为客人提供各种服务，满足客人提出的各种符合情理的需求的过程。客房服务的概念告诉我们：

1. “客人”是产品或服务的接受者

“客人”是个广义的概念。它不仅指来酒店消费的客人和潜在客人，也包括酒店内部得到二线部门和人员支持与帮助的一线部门和员工，也就是我们常说的“下道工序是客人”。例如，酒店洗衣房要为客房部和餐饮部洗涤和提供大量的棉织品，客房部和餐饮部就是洗衣房的“客人”。

2. 服务必须以满足客人的需求为核心

定义中所说的需求是指客人对服务的物质和精神方面的需求。酒店客房部在提供产品与服务时，要满足客人合理的需求，尽力帮助客人，始终把客人置于关注的中心。随着社会的发展，人们的需要会不断发生变化。因此，酒店应不断地改善服务，以适应和满足客人的需求。满足需求不仅要从客人的角度出发，还应考虑到社会的需要，符合国家法律、法令、法规、环境、资源保护、能源利用等多方面的要求。当客人的需求与社会需求有矛盾时，应首先满足社会的需求。

3. 与客人的接触是服务的“关键时刻”

客人是从所接触到的员工身上认识酒店的。在他们眼里，员工是酒店的代表。每一次不良的服务，都有可能给酒店造成不可挽回的损失。因此，客房部的员工要树立每次与客人的接触和“面对面”的服务都是“关键时刻”的理念。客房服务既是为客人的利益进行工作的过程，又是酒店员工与客人感情“交融”的过程。

二、对客服务的模式和特点

（一）楼层服务台（见图3－1）

图3－1　酒店楼层服务台

楼层服务台是指酒店在客房区域各楼层设立的服务台，又称楼面服务台。它发挥着前厅部总台在楼面办事处的职能。同时，它后面还设有供客房服务员使用的工作间。

1. 楼层服务台的主要功能

（1）服务中心

楼层服务台是为本楼层的客人提供服务的基地，其主要的服务内容有：

①迎送客人。楼层服务台负责迎接每一位入住本楼层的新客人，向他们介绍客房的设施、设备及酒店的服务项目；负责欢送本楼层的每一位离店客人，并协助客人提拿行李。

②提供各项接待服务。应客人的要求，为客人提供各项接待服务，如茶水服务、回答客人的问题、访客服务等。

③处理客人的各项委托代办服务。受理和认真处理客人住店期间的各项委托代办事项，如洗衣服务、叫醒服务、客房用餐服务、物品代修服务等。

（2）联络中心

楼层服务台是客房部与酒店其他部门的联络中心，它要经常与酒店的其他部门发生联系。

①与总台的联络。一般情况下，客人办理入住与离店手续，楼面服务台与总服务台之间应互通情况；楼面服务台与总服务台之间每天至少要保证进行三次房态核对，以保证客房的正常出售；此外，客人住宿进房、住宿条件、住宿人数等的变动以及行李的进出、会客等情况，楼面服务台均应与总台及时取得联系。

②与工程部的联络。当客房设施发生损坏或出现故障时，楼面服务台负责向工程部报修，使“000”房尽快恢复正常。

③与洗衣房的联络。送洗衣房洗涤的客房布草和客人的衣服，都必须在洗衣房与楼层服务台之间做好交接记录。

④与餐饮部的联络。客人需要在客房用餐时，有时会直接向楼层服务台提出，此时，楼层服务台应及时通知餐饮部，协助做好客房送餐工作。

（3）安全中心

在楼层设立楼层服务台有助于消除安全隐患。楼层设立服务台可妥善保管客房钥匙；便于客房服务员随时掌握客人的动态；记住客人的姓名、特征和房号；密切注意楼层动静；做好访客的接待和登记工作；及时发现走廊可疑人员和火灾隐患等。

2. 楼层服务台的主要特点

（1）优点

①亲切感。这是楼层服务台最为突出的优点，也是最能体现和代表“中国特色”的对客模式的优点。楼层服务台为客房服务员提供了更多的与客人面对面接触的机会，有利于服务员与客人进行情感交流，容易使客人产生“宾至如归”感。

②服务更加方便、热情和周到。作为为本楼层客人提供服务基地的楼层服务台，能够随时解决客人的各种不便，能处理客人提出的各种随机性服务要求，客人有什么疑难问题需要帮助，一出门就能找到服务员，极大地方便了住客。

③能够有效地保障楼层安全。楼面服务台一般位于电梯出入口的位置，能纵观整个楼层的情况。服务台24小时有人值班，可以随时观察楼层情况，因此，在一定程度上起到保障楼层及客人的安全的作用。

（2）缺点

①劳动力成本高。楼层服务台一天24小时安排值班，人力花费较多，劳动力成本高。在劳动力成本日益昂贵的今天，这成为许多酒店淘汰这种对客模式的真正原因。

②管理点分散，服务质量较难控制。楼层服务台分布在各个楼层，势必会增加管理工作，对物品及员工劳动纪律的管理也会存在一定的困难，若服务员的素质参差不齐，就很难控制对客服务质量。

③使部分客人有受监视的感觉。西方客人不习惯于楼层服务台的对客模式，他们会感觉自己的行动受到了监视，认为是对客人隐私权的侵犯。

（二）客房服务中心

客房服务中心是从国外引进的一种对客模式，配备专职联络员，负责客房对客服务工作的联络协调。客人需要服务时，可用客房内的内线电话通知客房服务中心，联络员进行详细记录，并迅速将客人的需求通知有关楼层的服务员，服务员则根据有关要求和标准完成对客服务工作。客房服务中心大多24小时对客服务，如果夜间客房楼层没有服务员，可以设专职夜班服务员，负责夜间的对客服务工作。

1. 客房服务中心的主要功能

（1）信息处理。初步处理有关客房部工作的信息，保证有关问题能及时得以解决或分拣、传递。

（2）对客服务。保管和租借给客人用品，接受住客提出的各种合理要求，通知楼层服务员为客人提供及时的服务，同时还承担为VIP客人准备礼仪物品的责任。

（3）员工出勤控制。客房部所有员工的上、下班都必须到此处打卡签名，既方便了考核和对客服务工作的统一调控，又有利于加强员工的集体荣誉感。

（4）钥匙管理。客房服务中心统一签发、签收和保管客房部用于清洁整理客房的工作钥匙。

（5）失物处理。统一负责客房部的失物保管与认领工作。

（6）档案保管。客房服务中心保存着客房部所有的档案资料，并必须作及时补充和更新整理，这有利于客房部保持有关档案资料的完整性和连续性。

（7）投诉处理。接受客人的投诉，并及时进行处理和汇报。

（8）保持与其他部门的联络。客房服务中心是客房部与其他部门的联络中心，负责与业务相关部门如前厅部、餐饮部、工程部的业务联络。

2. 客房服务中心的主要特点

（1）优点

①营造了一个自由、宽松的入住环境。从对客的服务角度来看，这是客房服务中心最为突出的优点，它减少了对客人过多的干扰。

②让客人享受到“特别的爱给特别的你”的服务。客人的要求由专门的服务人员上门服务，能让客人感觉到更多的个人照顾，符合当今酒店服务行业“需要时服务就出现，不需要时就给客人一些私人空间”这一理念。

③降低了客房的劳动力成本。客房服务中心的对客模式大大减少了人员编制，降低了劳动力成本。

④有利于统一调度和控制。客房服务中心的对客模式加强了对客服务工作的统一指挥，提高了工作效率，强化了服务人员的时效观念，加强了客房部对物质、人员的统一控制，保证了服务质量。

（2）缺点

①缺乏亲切感。由于楼层不设专职的服务员，给客人的亲切感较弱，也弱化了服务的直接性。

②随机性服务较弱。客房服务中心对于客人一些急需性的服务，无法及时提供。

③易使部分客人产生不耐烦之感。遇到客人的服务要求较多时，让客人不停地拨打服务中心的电话，客人必定会产生不耐烦的情绪。

④削弱了客人的安全感。楼面不设服务台，则对于楼层的一些安全隐患无法及时发现和处理，因而在某种程度上会影响住客的安全感。

3. 客房服务中心设立的条件

客房服务中心的设立，必须具备一定设施、设备和人力条件，才能真正发挥效能。

（1）酒店要有较完备的现代化安全设施。客人住的楼面与其他区域严格分开，员工通道与客用通道分开。

（2）有较齐全的服务项目，且大部分已在客房内设立，使宾客能自己动手，满足起居的生活需要。

（3）建立一个独立的对讲机系统，加强信息传递，及时通知有关服务人员满足客人提出的各种合理要求。

小提示

对讲机的相关知识

对讲机的英文名称是two way radio，它是一种双向移动通信工具，在不需要任何网络支持的情况下，就可以通话。使用对讲机不会对人体产生伤害，使用时保持对讲机处于垂直位置，并保持话筒与嘴部2.5cm～5cm的距离。发射时，对讲机距离头部或身体至少2.5厘米。如果将手持对讲机携带在身体上，发射时，天线距离人体至少2.5厘米。为保证绝大多数用户通话不受干扰以及合理地利用频率资源，国家无线台管理委员会对频率的使用进行了划分，规定不同的行业使用相应的频率范围（见图3－2）。

图 3－2　酒店使用对讲机

案例分析

结账退房以后

一位住在酒店内的客人某日中午要乘火车回乡，提前在上午 10 时到总服务台办理了退房手续。他认为在中午 12 时以前客房的使用权仍旧是他的，因此把整理好的行李仍旧放在客房内，没有和楼层服务员打招呼，便外出购物去了。

接近中午时，他回酒店准备取行李，谁知客房门开着，已有新入住的客人了。他发现自己的行李已不知去向，便到楼层服务员处询问，才知道行李已放到总台。

他找到楼层服务员，不料反而遭到一阵抢白："你既然已办理退房手续，为什么不和我联系？放在客房内的行李如果遗失，你不能怪我！"

客人听后很生气，反问道："你怎么能开房门让新客人进入呢？我的行李为何搬动地方了呢？"

楼层服务员申辩道："新客人是经过我和总台联系后才进去的，我好意把你的行李寄存在总台，有什么不对。"

客人听后很不舒服，下楼到总台提意见，谁知总台不记得这位客人已经办理过结账手续，不同意把行李交出，经过一番折腾，客人离店时已经是下午了。他临行时愤愤地吐出一句话："我发誓，下次再也不住你们这个酒店！"

问题：你是怎样理解客房服务员与总台配合的重要性的？

知识链接

行政楼层

在当今酒店业中，特别是一些高档酒店在楼层服务台模式的基础之上进行改进，在客房区域设立了行政楼层，它集酒店的前台登记、结账、餐饮、商务中心及客房贴身管理服务于一身，为客人提供更为舒适的环境，让客人享受更优质的服务。行政楼层可以直接为客人办理入住、离店手续，并提供问询、留言等服务。房间的价格要高于普通楼层，可以提供专属的行政楼层待遇，比如说有行政酒廊、免费甜点和下午茶、免费洗衣、延时离店等。一般来说，住在行政楼层的客人大多是贵宾及愿意入住高房价的客人，入住客人的档次都比较高。特别是贴身管家服务最具特色。从客人进店开始，贴身管家便听从客人的吩咐和安排，包括为客人打扫房间、收送客衣、订餐送餐、发送传真、安排外出旅游等，使客人感到亲切而舒适。贴身管家的出现，可以说是楼层服务台模式的一项新举措（见图 3－3）。

图 3－3 行政楼层接待

任务思考与练习

一、填空题

1. 客房部对客服的模式有________和________。

2. 使用对讲机时应保持对讲机处于垂直位置，并保持话筒与嘴部________厘米的距离。

二、简答题

1. 客房服务的基本概念是什么？

2. 简述客房服务中心的主要特点。

任务二　客房服务语言

学习目标

●知识目标

1. 掌握客房服务用语的基本概念和规范要求
2. 掌握客房部常用接待语言

●技能目标

1. 掌握客房服务接待过程中各种语言的规范使用
2. 能配合适当的体态语言

知识要点

酒店服务离不开客房服务用语。好的客房服务用语是一种对客人表示友善和尊敬的语言，它有利于树立企业的形象。如果服务人员都能熟练掌握服务过程中常用的服务用语，并且成为其语言习惯，客人会满意很多，服务也会顺畅得多。所以，为了创造一流的服务，我们很有必要学习、掌握好客房服务用语。

一、客房服务用语

（一）概念

客房服务用语是指服务员在对客人入住期间提供服务时所使用的专业礼貌用语。

（二）规范要求

客房服务用语要求语言简明、文雅，句子完整、合乎语法，语气温和亲切，吐字清楚，语速适中，声音悦耳，音量适度，讲究语言艺术。

1. 学会使用标准普通话与客人交流。在客人面前和同事交流时，不可以使用客人听不懂的方言，这是不尊重客人的表现，而且使用方言容易造成误会。

2. 不要对客人讲客人不易理解的酒店专业术语，如 VIP（重要客人）、AM（副理）、DJ（音响操作员）、PA（公共区域清洁）等。

3. 与客人对话时宜保持一定距离，要注意使用礼貌用语，“请”字当头，“谢”不离口。

4. 当客人说话时，要等客人把话说完再回答，不能打断客人的谈话。客人和你谈话时，不要表现出任何不耐烦，要停下手中的工作，注视对方，面带微笑，站立服务；要不时地应答，表示你在听他说话，对没有听清楚的地方要礼貌地请客人重复一遍。

5. 要全神贯注地倾听客人说话，眼睛要望着客人面部，最好是眼睛和双肩之间的三角区域，不要紧盯着客人的眼睛，亦不可东张西望、心不在焉，这都是不礼貌的。

6. 当客人到达你前面时，要主动跟客人打招呼，询问是否需要帮助。对于熟客，要称呼客人姓氏。招呼客人时可以说一些适宜得体的话，但不可问一些客人不喜欢回答的问题。

7. 对客人的询问应圆满答复。如果遇到不知道、不清楚的事应查找有关资料或请示领导后尽量答复客人，绝对不能以“不知道”、“不清楚”作答，更不能不懂装懂、模棱两可、胡乱作答。

8. 说话时，特别是客人要求你服务时，你从言语中要体现出乐意为客人服务、不厌烦、不冷漠、没有看不起的神态，应说：“好的，请稍等，我马上来。”千万不能说：“你等一下，没看见我在忙吗?”

9. 在原则性很强、很敏感的问题上，态度要明确，但说话方式要委婉、灵活，既不违反酒店规定，也要维护客人的自尊心，切忌使用质问式、怀疑式、命令式的说话方式，杜绝蔑视语、嘲笑语、烦躁语、否定语、斗气语，要使用询问式、请求式、商量式、解释式的说话方式。

（1）询问式：“请问……”

（2）解释式：“酒店的规定是这样的……”

（3）商量式：“您看这样好不好?”

（4）请求式：“麻烦您……”

10. 当客人提出的某项服务你一时满足不了时，应主动向客人解释原因，并向客人表示歉意，同时要给客人一个解决问题的建议或主动协助联系解决。要让客人感到，虽然问题一时没解决，却受到了重视，并得到了应有的帮助。

11. 打扰客人的地方（或请求客人协助的地方），首先要表示歉意，应说：“对不起，打扰您了。”对客人的帮助或协助（如交钱、登记、配合了工作后）要表示感谢。客人对你表示感谢时，一定要回答：“请别客气，这是我应该做的。”对于客人的困难，要表示关心、同情和理解，并尽力想办法解决。

12. 若遇某问题与顾客有争议，可委婉解释或请上级处理，切不可与顾客争吵。

二、客房部常用接待英汉用语

（一）问候语

Good morning（afternoon，evening），sir（madam）. 早上（下午、晚上）好，先生（夫人）。

How do you do? 您好！（初次见面）

Glad to meet you. 很高兴见到您。

How are you？您好吗？

Fine，thanks. And you？很好，谢谢。您好吗？

Welcome to our hotel（restaurant、shop）. 欢迎到我们酒店（餐厅、商店）来。

Wish you a most pleasant stay in our hotel. 愿您在我们酒店过得愉快。

I hope you will enjoy your stay with us. 希望您在我们酒店过得愉快。（客人刚入店时）

I hope you are enjoying your stay with us. 希望您在我们酒店过得愉快。（客人在酒店逗留期间）

I hope you have enjoyed your stay with us. 希望您在我们酒店过得愉快。（客人离开酒店时）

Have a good time！祝您过得愉快！

（二）电话用语

Housekeeping department. Can I help you？酒店，客房部。我能帮您什么吗？

Sorry，I've dialed the wrong number. 对不起，我拨错号了。

May I speak to your general manager？我能和你们总经理说话吗？

Speaking. 我就是。

Sorry，he is not in at the moment. 对不起，他现在不在。

Would you like to leave a message？您要留口信吗？

Pardon？对不起，请再说一遍，好吗？

I beg your pardon. 对不起，请再说一遍，好吗？

（三）祝贺语

Congratulations！祝贺您！

Happy birthday！生日快乐！

Happy New Year！新年快乐！

Merry Christmas！圣诞快乐！

Have a nice holiday！假日快乐！

Wish you every success！祝您成功！

（四）答谢和答应语

Thank you（very much）. 谢谢您（非常感谢）。

Thank you for your advice（help）. 感谢您的忠告（帮助）。

It's very kind of you. 您真客气。

You are welcome. 不用谢。

Not at all. 不用谢。

Don't mention it. 不用谢。

It's my pleasure. 非常感谢为您服务。

（With pleasure.）（Mypleasure.）I am at your service. 乐意为您效劳。

Thank you for staying in our hotel. 感谢您在我们酒店下榻。

I'm sorry. 很抱歉。

Excuse me. 打扰了。

I'm sorry. It's my fault. 很抱歉。那是我的过错。

Sorry to have kept you waiting. 对不起，让您久等了。

Sorry to interrupt you. 对不起，打扰您了。

I'm sorry about this. 对此表示抱歉。

I apologize for this. 我为此道歉。

That's all right. 没关系。

Let's forget it. 算了吧。

（五）征询语

Can（May）I help you？我能帮您什么吗？

Yes，please. 好的。

What can I do for you？我能为您干点什么？

Is there anything I can do for you？有什么能为您效劳的吗？

Just a moment，please. 请稍等一下。

May I use your phone？我能借用您的电话吗？

Certainly. 当然可以。

Yes，of course. 当然可以。

（六）指路用语

Go upstairs/downstairs. 上楼/下楼。

It's on the second（third）floor. 我在二（三）楼。

Excuse me. 打扰了。

Where is the washroom（restroom，elevator）？请问盥洗室（休息室、电梯）在哪儿？

This way，please. 请这边走。

Turn left/right. 往左转/右转。

It's in the lobby near the main entrance. 在大厅靠近大门。

It's in the basement at the end of the corridor. 在地下室走廊尽头。

（七）提醒用语

Mind/（Watch）your step. 请走好。

Please be careful. 请当心。

Please don't leave anything behind. 请别遗忘您的东西。

Don't worry. 别担心。

Take it easy. 放心好了。

Please don't smoke here. 请不要在这边抽烟。

（八）告别语

Goodbye. 再见。

See you later. 再见。

Good night. 晚安。

See you tomorrow. 明天见。

Goodbye and thank you for coming. 再见，谢谢您的光临。

Goodbye and hope to see you again. 再见，希望再见到您。

Have a nice trip！一路平安！

Wish you a pleasant journey！Good luck！祝您旅途愉快！祝您好运！

（九）洗衣服务（见图3－4）

Excuse me. Have you any laundry？打扰了，请问有没有要洗的衣服？

The laundryman is here to collect it. 洗衣房服务员来这儿收要洗的衣服了。

If you have any laundry，please just leave it in the laundry bag behind the bathroom door. 如果您有衣服要洗，请放在浴室门后的洗衣袋里。

Please tell us or notify in the list whether you need your clothes ironed，washed，dry－cleaned or menged and also what time you want to get them back. 请告诉我们或在洗衣单上写明您的衣服是否需要熨烫，水洗，干洗或缝补，还要写明何时需要取衣服。

What if there is any laundry damage？如果你们洗衣时损坏了衣服怎么办？

In such a case，the hotel should certainly pay for it. 如果是这样，酒店当然应该赔偿。

Could you send someone up for my laundry，please？请问，你们能派人来收要洗的衣服吗？

A valet will be up in a few minutes. 洗熨工马上就到。

Will the color run in the wash？洗衣时会掉色吗？

We'll dry－clean the dress. 我们将干洗这条裙子。

We'll stitch it before washing. 我们会在洗之前把衬里缝好。

When can I have my laundry back？我何时能取回洗的衣服呢？

But would you like express service or same－day？不过，您是要快洗服务还是当日取？

I'd like this sweater to be washed by hand in cold water. 这件毛衣要用冷水手洗。

Leave your laundry in the laundry bag behind the bathroom door. 请把要洗的东西放在浴室门后的洗衣袋中。

（十）叫醒服务（见图3－5）

I'm going to ××early tomorrow morning. 我明天一大早要去××。

So I would like to request early morning call. 因此我想让你们明天早上叫醒我。

At what time would you like us to call you tomorrow morning？您想让我们明天早上什么时候叫醒您？

But I have to be at the conference room of the ×× by 10 o'clock. 但我10点钟必须赶到××会议室。

That means that I'll have to be on the road by 7 o'clock at the latest. 就是说我明天最迟也

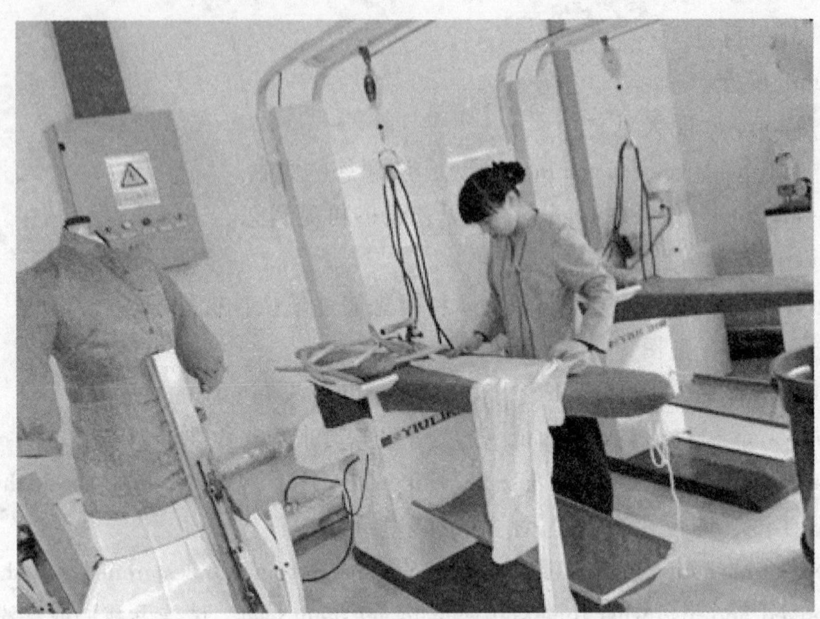
图3-4 酒店洗衣服务之熨衣

要7点钟上路。

In that case, I would like you to call me at 5：45. 如果那样，你们明早5点45分叫醒我。

OK. So we will wake you up at 5：45 tomorrow morning. 好，那么我们明早5点45分叫醒您。

Will you do me a favour, Miss? 小姐，能帮个忙吗？

I wonder if your hotel has the morning call service. 不知道你们酒店是否有叫醒服务。

Would you like a morning call? 您要叫醒服务吗？

（十一）日常服务

May I come in? 我可以进来吗？

I'm sorry to disturb you. May I clean the room, sir? 对不起打扰您了，我来打扫一下房间好吗？

Well, we'll send tea into the room when the visitors come. 好，客人来访我们会送茶进来的。

I come and make the bed. Shall I do it now or later? 我来做夜床，您看是现在做还是等会儿做？

I am collecting the fee of the long distance call. 我来收长途电话费。

Look, is this wallet yours? 看，这只钱包是不是您的？

All right, I'll get it for you right away. 好的，我就去拿。

Just a moment, I'll do it right now. 请稍等一下，我马上给您办好。

I'm sorry I was so careless. 很抱歉我太粗心了。

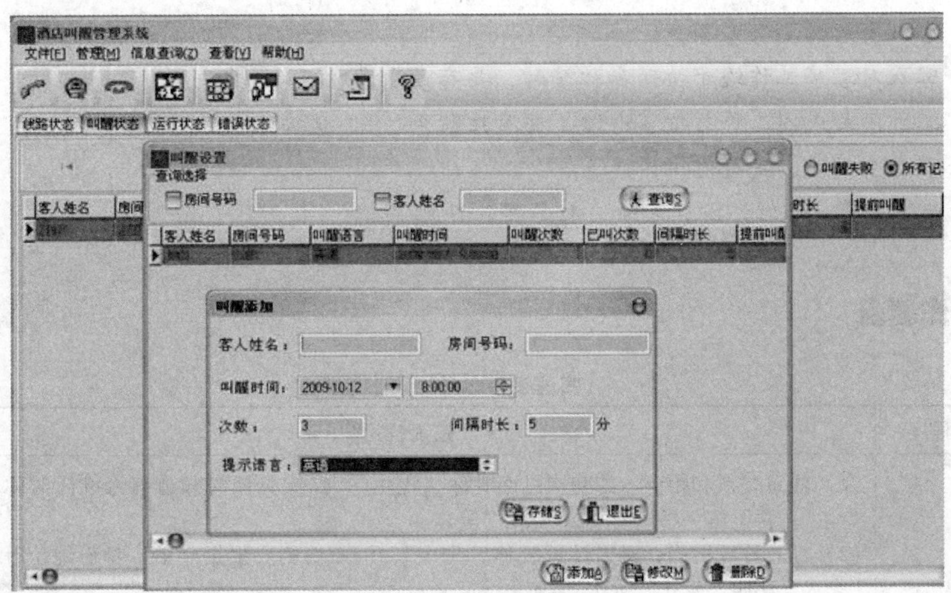

图 3－5　酒店叫醒服务系统

Just a minute. I'll bring it to you. 请稍等，我马上为您送来。

We hope service to you again. Good bye. 希望能再次为您服务。再见。

It's free of charge. 这是免费的。

You're welcome and I hope you have a good dream. 不用谢，祝您做个好梦。

Let me adjust the air condition for you. 让我为您调节空调。

If there is anything I can do for you，just let me know. 如果有什么能够帮上您的，尽管告诉我。

We are very glad to service for you. 我们非常乐意为您服务。

Is there anything else I can do for you？您还需要我再做些什么吗？

If you need to clean your room，put the clean card on door. 如果您需要清理房间，把“清洁牌”挂门外。

Our hotel has very good housekeeping service. 我们酒店有很好的客房服务。

Get a taxi at the reception desk when you get one. 如果您需要出租汽车，对服务台说一下就成了。

I'm always at your service. 乐意效劳。

小提示

客房接待服务礼貌用语的“五声”和“十一字”

五声是指：

1. 客人来店时要有欢迎声。

2. 客人离店时要有告别声。

3. 客人对客房工作给予协助和称赞时，要有致谢声。

4. 工作不足或因工作打扰客人时，要有致歉声。

5. 客人生病时，要有慰问声。

十一字：您，您好，请，谢谢，对不起，再见。

操作要点

表 3－1　客房接待服务用语

任务程序	技能标准
招呼用语	（1）注意关系和距离。如初次见面时称“先生”，二次见面时知道客人姓氏时称“×先生”，再了解一些时称“×经理”等。 （2）注意称呼得当：对男性可统称“先生”，但女性则要根据年龄、身份地位等称呼“夫人、小姐、女士、太太”等。 （3）不要忘记别人的姓名，如不小心忘了，应随机应变，可以说：“您能向我的朋友介绍一下自己吗?” （4）注意不同的称呼方式：对地位高的官方人士一般称“阁下”或职衔加先生；对来自君主制国家的贵宾，按其习惯称国王、皇后为“陛下”，称王子、公主、亲王等为“殿下”；对有职业或职务和学位的人可称呼其职业名称。 （5）问候语要给人真诚、亲切、自然的感受。常用问候语有“您好”、“早上好”、“下午好”、“晚上好”、“晚安”、“路上辛苦了”、“需要帮忙吗”等
接待用语	（1）迎接：客人到达楼层时，首先要表示欢迎。例如，客人到达时，服务员应迎上去礼貌地说：“您好，欢迎光临，请将您的房卡给我看一下好吗（核实房号、客人姓名、入住日期十分正确）？王先生（看卡后可改称客人姓加敬语），您的房间在这边，请跟我来（引领客人到客房）……打扰您了，再见。” （2）注意西方人的“七不问”，即年龄、婚姻、收入、住址、经历、工作和信仰。 （3）注意倾听、圆满回答
服务过程用语	（1）语言表达得当。 （2）表达要委婉
处理投诉用语	（1）接待：面带真诚的微笑，上前询问：“您好，有什么需要帮助吗?” （2）倾听：边倾听边观察客人表情，分析事件给客人带来的影响程度，不时点一下头，表示你在听，在关注此事。 （3）表示同情和关心，用适当的语言给客人以安慰，如“谢谢您告诉我这件事”，“对于发生这样的事情，我感到很遗憾”等。 （4）不附和客人：当客人向你询问：“你说是不是这样”，“你说对不对”等这类的话时，不要附和客人，正确的表达是：“我感到很遗憾，我会调查清楚，尽快给您一个满意的答复。” （5）安慰客人：要从客人的角度出发，做好安慰工作，可以说：“您别着急，我们已经派人和××公司联系了，马上就会有消息的。” （6）征求客人意见：听完客人投诉，要向客人表明你将会怎么做时，别忘了向客人征询意见，让客人赞同你的处理意见

续 表

任务程序	技能标准
送别用语	客人离店时，应协助客人提一些小件行李，将客人送至电梯门口，帮助客人叫电梯，向客人道别，如“×先生，请走好，祝您旅途愉快”，“请慢走，欢迎您再次光临”，“×小姐，祝您一路平安”等
接电话用语	（1）电话铃响不得超过三声，如超过，拿起电话就要向客人道歉：“对不起，让您久等了。” （2）先问候，再报单位，接着询问是否需要帮助，如“您好，××酒店，这里是服务中心，请问我能帮您吗?” （3）应答语言：语气上要带有诚意和谢意，在任何时候都不能对客人的要求和意见断然拒绝和否定，即使是对难以满足的要求，也只能婉言谢绝。如“很高兴能够为您服务!”“谢谢，请多提宝贵意见!”“对不起，我未能听清楚您的话，请您再重复一遍好吗?”等。 （4）感谢语。如“谢谢您打电话来!”“多谢您的提示!”“谢谢您的关照!”等。 （5）道别。如“好的，清楚了，再见。”“好的，放心，我会马上替您安排这件事，再见。”等

案例分析

“请慢走”得罪了客人

一次，某位客人离开时，服务员礼貌送客，说了一句：“请慢走!”没想到客人立即回敬她：“小姐，你不是存心让我迟到吗？我赶着去开会，你请我慢走到什么时候?”弄得这位服务员很尴尬。

问题：

1. 案例中的服务员在使用服务用语时犯了什么错误?
2. 服务用语的基本要求是什么?

任务实训

一、任务目标

1. 熟练掌握服务用语使用技巧
2. 掌握客房服务语言在各种服务场合的灵活运用

二、活动内容

1. 掌握客房部常用接待英汉用语

2. 能根据接待程序使用正确的服务语言
3. 掌握特殊情境下服务用语的灵活运用

三、步骤

1. 基本功训练

2. 纠错训练

采用一对一或多对一方式相互提醒，互相纠错，控制讲话时的不良习惯，如抢话、打岔、结巴、口头禅、心不在焉、语意不明、口沫横飞、手势夸张等。

3. 情境训练

创设各种服务情境，让学生投入角色，模拟对话。

4. 特殊语境应对

创设道歉、提意见、争吵、拒绝、消除尴尬、劝服安慰、解除误会、拒收小费等特殊语境，训练学生灵活应对的能力。

任务评价

评价内容	评价标准	配分	得分
基本功训练	（1）语气要求亲切、柔和、自然 （2）语音要求口齿清楚、发音正确 （3）语调要求有节奏感，重点突出，停顿恰到好处，富有感染力 （4）语义要求能确切表达思想，明确说明事情 （5）语速要求适中，稍有起伏	30	
纠错训练	（1）要求不抢话、打岔 （2）要求不结巴 （3）要求没有口头禅 （4）要求语意明确 （5）配合适当的手势	30	
情境训练	要求根据服务情境，投入角色，模拟对话	20	
特殊语境训练	要求根据特殊语境，灵活应对	20	
合　计		100	

知识链接

常见体态语言的基本要求

体态语言又称形体语言。它是人类通过身体的部位（如头、手、肩、胸、腰、脚等）所呈现出的不同姿势来表达某种含义，是人们经过长期实践积累，约定俗成的一种特殊语言。常见体态语言的基本要求：

1. 表示“请（进、先行）的正确体态是：如示意的方位在右边，服务员应右臂屈肘小臂前抬，五指并拢，掌心朝上成45度，手指指向右前方，手腕与腰带平高。同时上身也向右前方移动4～5cm，胸和面部再偏转左侧朝向客人。

2. 回答客人问询的正确体态是：服务员立腰、肩平、收腹、上体略微前倾，以示谦恭。当客人坐着问时，服务员立正站好，两手在前交叉，上体前倾10度左右，微笑着聆听和回答询问。

3. 体态语言中，手势是最常见的，几乎处处有人使用。而掌心的朝向含义很重要，一般认为，掌心向上表示诚恳，尊重人；掌心向下意味着不够坦率，缺乏诚意；攥紧拳头暗示愤怒；用手指指点点，含有教训人或傲慢之意。

4. 服务员也要掌握一些外国人的常用体态语言，以增进交流，避免误会。例如中国招呼人是手臂前伸，弯动手指。但在英美国家这是招呼动物的举止。英美人招呼人是手掌向上伸开，伸曲手指数次。

任务思考与练习

一、填空题

1. 客房接待服务礼貌用语的“十一字”是指您、您好、________、________、________和________。

2. 服务接待用语中应注意西方人的“七不问”，即年龄、________、________、________、________、工作和________。

3. Housekeeping department. Can I help you? 的中文含义是____________________。

二、简答题

1. 什么是体态语言，回答客人问询的正确体态要求有哪些？

2. 服务员在处理投诉时，语言上应注意哪些问题？

任务三　客房的标准化服务

学习目标

●知识目标

1. 掌握客房标准化服务程序与服务标准
2. 了解客房服务的相关延伸知识

●技能目标

1. 能运用客房服务程序和服务标准来应对客人的常规服务需求
2. 掌握各项常规服务的技巧
3. 具备热情、准确地为住店客人提供服务的能力

知识要点

熟悉客房标准服务项目的服务程序和方法，最大限度地满足客人的需求，做到让客人舒心住店，满意离开。

一、客房标准化服务的概念

客房标准化服务是指在岗位职责中明确规定的服务项目，是满足入住客人普遍的、重复的、有规律的基本需求的日常服务工作，是向客人承诺的服务。

二、客房标准化服务的要求和内容

1. 要求

标准化服务要做到仔细、齐全、便利和完好。它是服务的基础，是客人满意的基本保证。

2. 内容

（1）梯口迎宾服务（具体操作见表3－2）

（2）送欢迎茶服务（具体操作见表3－3）

（3）洗衣服务（具体操作见表3－4）

（4）会议服务（具体操作见表3－5）

（5）擦鞋服务（具体操作见表3－6）

（6）客房小酒吧服务（具体操作见表3－7）

（7）托婴服务（具体操作见表3－8）

（8）物品租借服务（具体操作见表3－9）

（9）访客接待服务（具体操作见表3－10）

（10）送客服务（具体操作见表3－11）

小提示

曾有业内人士对“服务”一词进行过分析，认为它由七重含义组成，并且这七重含义的英文开头字母刚好构成了“service”（服务）。它们分别是真诚（sincere）、效率（efficient）、随时做好服务准备（ready to serve）、可见（visible）、有问必答（informative）、礼貌（courteous）、出色（excellent），这七重含义贯穿着对客服务的全过程。

操作要点

表3－2　　梯口迎宾服务

任务程序	操作技能	目　的
准备工作	（1）宾客到达前，应调节好室温。 （2）若宾客晚上抵达，服务员应为客人开好夜床。 （3）接到总台或客房服务中心关于客人入住的通知后，应将客人的房号、进房时间、人数、姓名、性别等记录在工作日报表上。 （4）以最快的速度检查客人入住的房间是否是“OK”房，以免总台排房出错。 （5）整理仪容仪表，站在电梯口迎候	以充分的准备和规范的仪容仪表迎接客人
楼口迎宾	（1）站在电梯口斜前方30度角的位置，离电梯约1.5米远。 （2）不倚不靠，挺胸、收腹、两腿并拢，平视前方，双手自然交叉放在身体前	随时做好欢迎客人到来的准备
问候客人	（1）当电梯到达时，侧身扶梯（用手挡住电梯门），微笑着向客人问好：“×先生/小姐，早上好！/中午好/晚上好！”。 （2）征求意见后接过客人行李，询问客人房号	体现热情友好

续 表

任务程序	操作技能	目 的
带客进房	(1) 走在客人左前方1~1.5米处，身体右倾，合着客人的步伐行走。 (2) 到达房门前，放下行李，请客人出示钥匙，接过客人的钥匙（如果是VIP客人则由大堂副理带房）。 (3) 按照敲门进房程序进房：敲门并通报，两次后无人应答时再用客人钥匙打开房门30度角，询问："可以进来吗?"无人应答后将房门打开90度角，后退半步，请客人先进房间。 (4) 进房后征求客人意见摆放行李（"您的行李放在这里，可以吗?"）	体现待客的礼遇规格，同时方便客人
介绍情况	向第一次入住的客人简要介绍房间设施，介绍客房服务电话，当如果客人此时显得疲倦或不便，可省去这一程序，另选适当的机会向客人作补充介绍	使客人了解酒店的设施与设备，方便客人使用
征求客人意见	征求客人的意见，是否还需要其他的协助	让客人体会到酒店服务的全面周到
退出房间	(1) 祝客人住店愉快。 (2) 提醒客人将贵重物品寄存在总台或房内保险箱中，晚上睡觉要拴上防盗链。 (3) 面带微笑，面向客人后退一步，转身向房门走去，在离房门1米处转身，面向客人，与客人致告别语（"祝您住店愉快"），退出房间，轻轻关上房门	体现热情有礼
做好记录	回到服务台或工作间做好迎客记录	使工作开展有条不紊

表3-3　送欢迎茶服务（见图3-6）

任务程序	操作技能	目 的
准备工作	(1) 在工作间内根据所泡的茶选择合适的、已消毒的杯具，检查杯具是否干净，有无破损。 (2) 准备好托盘，在托盘内放一条托盘垫做垫布	做好物品准备，保证茶具干净，无破损
冲泡欢迎茶	(1) 如果用茶叶泡茶，应根据茶叶品种差异放置4~8克茶叶在茶杯中，选择不同水温的开水，按要求进行冲泡。 (2) 如果用茶包冲泡，应去除茶包包装，把小茶包放入茶包内，把线头缠在杯柄上，防止冲水时茶包提线落入茶杯中。 (3) 茶杯内茶水不要冲泡过多，放八分满。 (4) 泡好茶后，把茶杯、茶碟放入准备好的托盘内	保持茶汤最佳的味、形、色、香

续　表

任务程序	操作技能	目　的
欢迎茶送进房间	轻轻敲门3下，报自己身份，按照正确进房程序进入客房，随即将茶水送入房间，征求客人意见是否将茶水放在客人座椅前	按礼节进入客人房间
放置茶杯	（1）走到客人座椅前，下蹲，放置茶杯时要轻、稳，把茶杯放置客人的右手边，并用手势或说“先生/小姐，请用茶”。 （2）如果客人是首次入住的客人，除注意以上事项外，还应使用欢迎语：“先生/小姐，这是您的欢迎茶，请慢用!”	操作准确、姿态优雅、语言得体
离开房间	（1）起立，面向客人后退一步，礼貌地询问客人是否有需要服务的其他事项，把客房服务中心或服务台内线电话告知客人，表示服务人员将随时提供帮助。 （2）面带微笑，转身向房门走去。 （3）在离房门1米处转身，面向客人，与客人致告别语“再见”、“晚安”、“祝您住店愉快!”等，征求客人意见，退出房间，轻轻关上房门	体现热情有礼

图3－6　酒店送欢迎茶服务

表 3－4　洗衣服务

任务程序	操作技能	目　的
收取客衣	(1) 客人电话通知收取洗衣或客人将需洗的衣物装入洗衣袋内放在门边，服务员发现后及时收取。 (2) 早班服务员清洁房间时，首先要查看客人是否有需要清洗的衣物。 (3) 每天 10：00 开始，楼层早班服务员使用电话或敲门询问客人有无洗衣，挂有“请勿打扰（DND）”的房间例外	保证及时收取客人洗衣，满足宾客需求
检查登记	(1) 收取洗衣时，要认真检查洗衣单上的房号、日期、客人签名、洗衣件数是否填写齐全。 (2) 认真清点检查客人填写的洗衣件数是否与洗衣袋内实际件数相符，若有不符，应及时与客人取得联系。 (3) 认真检查衣物，看衣物是否有破损、污点、纽扣不全等问题，如有，应登记在洗衣单上并及时联系客人。 (4) 掏清口袋，检查口袋内是否有遗留物品，若有，应登记在工作本上，及时交还给客人。 (5) 注意客人的特殊要求，同时，检查客人的要求是否与衣物本身的洗涤要求一致。如有不符，应与客人当面说明	检查仔细，做好登记，无漏项，给客人以方便，同时维护酒店利益
通知收取	(1) 正常洗衣服务，每天 11：00 前洗衣房客衣组派专人收取客衣，上午收取，当天送回。 (2) 如有加快或特快洗衣服务，应及时通知洗衣房马上收取，加快洗衣 4 小时送回，但需加收 50% 的加快洗衣费；特快洗衣 2 小时送回，需加收 100% 的特快洗衣费。 (3) 没有填写洗衣单的洗衣不予送洗，留下“致客信”或与客人电话联系	按要求洗涤送回，方便客人更换
送回楼层	(1) 每天 17：00 左右，洗衣房客衣组将洗好的客衣送到楼层。 (2) 楼层服务员根据洗衣单客人联上的房号将洗好的衣物送入客房，按酒店规定放在指定位置。或者洗衣房客衣组员工在楼层服务员陪同下将洗好的衣物送入客房，按酒店规定放在指定位置。 (3) 如果送还时间延迟，需要通知客人。 (4) 如果污渍不能被清除，必须书面告知客人。 (5) 所有需要悬挂的衣物送还时都应加附外套，悬挂在高质量的衣架上。 (6) 折叠的衣物送还时都应加附包装，放置在盛器中。 (7) 脱落或松动的衣扣在归还时已被缝好，破损的部分已进行修补。 (8) 所有送洗衣物应同时送回，如因洗涤时间不同无法送回时，应书面告知客人	保证洗好的衣物干净、挺括，体现高质量的洗衣服务

表 3－5　　会议服务

任务程序	操作技能	目　的
会前准备	（1）了解客人对会议服务的具体要求，开展相应的组织工作。 （2）检查会议所需各种设备能否正常运行。 （3）做好相应的物质准备。 （4）按照客人的要求提前打扫卫生，摆放茶杯、饮水、毛巾、资料等物品。 （5）服务员提前半小时统一着装、仪表整洁到达服务地点，打开扩音设备并调整至最佳状态，打开照明设备，调节好会场温度	保证及时收取客人洗衣，满足宾客需求
会议服务	（1）会议开始前 10 分钟，服务员打开会议室大门，站立在大门两侧，迎候客人。 （2）会议客人到达时，主动打招呼问候，礼貌地引领客人入座。 （3）客人入座后，按顺序为客人冲泡茶。冲泡茶时将杯盖反扣在桌上，再将茶杯端起，侧身冲水，以八分满为宜，然后放回桌上，杯把朝右，盖上杯盖。 （4）从客人右侧送上香巾，放在酒店规定的位置上。 （5）每 30 分钟续水一次，续水时注意操作轻，不影响客人。续水时注意观察烟缸，烟头超过两个时要及时予以更换。 （6）会议过程中，要注意会议动静，当宾客有事招呼时，要热情服务。 （7）客人点了果盘、叫了送餐，如已用完餐，要马上撤走空盘，以免影响客人开会。 （8）如果属于保密性质的会议，服务员应撤离会议室，待客人召唤时才提供服务	保证会议期间对客服务，同时不影响会议进行
会议结束服务	（1）打开会议室大门，为客人叫梯、扶梯、与客人告别。 （2）认真检查会议现场，如发现客人遗漏物品，立即与客人取得联系；如发现设施与设备有损坏，要立即报告领班、主管	会议结束欢送客人
后续工作	（1）清理会议桌，清空会议室，收回（送洗）台布、台呢，清洁、消毒茶杯，清洗烟灰缸，对地毯进行吸尘。 （2）各类物品分类放置，保管	会议室保持干净、美观，各类物品分类、有序保管

表3－6　擦鞋服务

任务程序	操作技能	目　的
收取擦鞋篮	(1) 在接到客人要求后，要及时前往客房收取擦鞋篮。 (2) 在过道巡视时，发现住客房门前的擦鞋篮，应立即拿到工作间进行擦拭。 (3) 服务员在小纸条上写清楚房间号码放入鞋内，以便擦鞋后能准确送回房间，防止出现差错	及时收取，避免错误
擦鞋	(1) 在工作间的地面垫上废报纸或废布件，准备好擦鞋工具。 (2) 用废牙刷蘸少许水将鞋跟部分污渍、杂物刷去，抹干。 (3) 用软布或软毛刷将鞋面灰尘擦去。 (4) 上鞋油或用碧丽珠擦拭鞋面。 (5) 用软布将上过油的鞋面打磨光亮。 (6) 鞋底和鞋口边沿要擦干净，不能有鞋油，以免弄脏地毯和客人的袜子	根据鞋子材质差异，使用正确的方法和工具擦鞋，鞋子需擦净、擦亮
送还	(1) 一般应在半小时后、两小时之内，将擦好的些送入客人房内。 (2) 对于提出特别时间要求的客人，应及时将鞋送回。 (3) 送还时如果客人不在房间，应将擦好的皮鞋放于行李柜侧	及时送回，方便客人
雨雪天气客人从酒店外回房	服务员应主动为客人擦鞋，一方面体现了优质服务，另一方面可防止弄脏地毯	为客人提供超常服务
注意事项	(1) 要避免将鞋送错房间。 (2) 对没有相同颜色鞋油的待擦皮鞋，可用无色鞋油。 (3) 电话要求服务的客人，通常是急于用鞋，所以要尽快提供服务，并及时将鞋送回	注意细节

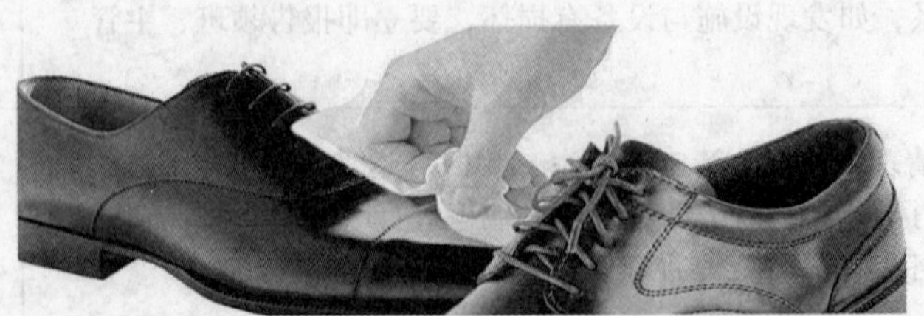

图3－7　擦鞋服务

表 3－7　　客房小酒吧服务

任务程序	操作技能	目　的
检查、输账	（1）客房服务员每天清扫客房时，须检查客人是否饮用过客房小酒吧的酒水。 （2）根据客人饮用的酒水种类、数量，将费用及时通知客房服务中心进行输账。 （3）输账时核对清楚房间号码及消费金额。 （4）在交班前由专人将填写好的客房小酒吧账单送至房间	准确报单、防止跑单
补充、领取	（1）根据酒店的规定，及时补充客房小酒吧的酒水消费品。 （2）在补充时，要注意检查饮料和食品的有效期	及时补充，方便客人
客房小酒吧账单的填写	（1）客房服务员每天清扫客房时必须检查客房小酒吧的消耗量，并如实填写酒吧账单（或由客人填写）。 （2）客房小酒吧账单通常是一式三份，两份交结账处，另一份作为对客房酒水食品进行补充的凭证	完善服务环节
注意事项	（1）按照酒店要求摆放好酒水、小食品、酒具及酒单。 （2）注意检查酒水和食品是否在有效期内，检查酒水、食品外包装是否完好、清洁，不能有破损。 （3）客人离店时要及时进房检查，防止跑账情况的出现。 （4）因特殊情况，小酒吧物品不能及时补充的，要做好交接班	注意细节

图 3－8　酒店小酒吧

表 3－8　托婴服务

任务程序	操作技能	目　的
接受服务要求	(1) 看护婴儿服务由客房楼层提供，客人需要托婴服务时，需提前3小时通知客房服务中心，并由客房服务中心请客人填写一张《托婴服务申请表》，告知客人收费标准。 (2) 详细核对客人所填表格，了解有关婴儿的生活习惯，是否有特殊要求，并特别注意客人在表格中填写的有关吩咐	做好托婴服务的准备工作
安排服务	当值经理根据婴儿的性别、年龄情况安排适合人员提供看护服务	体现酒店专业和周到。
精心看护婴儿	(1) 看护人员要按时抵达看护地点，并留意客人的有关吩咐，处理交接事宜。 (2) 服务中务必小心谨慎，不能离开小孩，不能随意给小孩吃东西，不让小孩接近容易碰伤的东西，不能把小孩带离指定的地点。 (3) 客人外出时，请他留下联系电话，以便出现特殊情况进行联系	精心、细致，体现高度的责任心
结束服务，完成交接	(1) 将婴儿安全地交还给客人后，请客人签单确认付费。 (2) 完成托婴服务后，及时通知客房服务中心并由客房中心处理有关费用问题	保证酒店和客人双方的利益

图 3－9　酒店人员与被托管儿童

表 3－9　　物品租借服务

任务程序	操作技能	目　的
接受服务要求	（1）客人打电话到客房服务中心或向楼层服务员提出要求。 （2）详细询问客人租借物品的品名、型号、数量、使用时间	准确掌握与及时传递信息
准备物品	客房服务中心将宾客所需物品名称、数量、型号及房间号记录好，填写物品租借登记表，准备好物品并通知楼层服务员领取	按客人要求即刻准备
送进客房	楼层服务员尽快将物品送到客人房间，请客人在物品租借登记表上签名，并将物品租借情况记录在工作表上	尽快传递给客人
归还物品	（1）检查归还物品的品名、数量是否与租借的一致，无差错后做好归还记录。 （2）如超过归还时间，客人仍未归还物品，则可主动询问，但要注意询问的方式和语言	做好归还记录

表 3－10　　访客接待服务

任务程序	操作技能	目　的
接受服务要求	客房服务中心接到客人要求访客接待服务的信息，问清客人的房号、访客人数及特殊要求等，认真做好记录	准确了解服务信息
迅速传递信息	马上通知楼层服务员，将记录的信息逐一告知，楼层服务员在工作表上做好记录	快速、准确传递信息
准备工作	（1）楼层服务员接到通知后，到茶水间准备好茶杯和茶叶，做好冲泡茶的准备工作。 （2）根据掌握的访客数量提前准备好座椅并加到房间。 （3）根据客人要求做好准备工作，如鲜花、果篮、点心、饮品等	为快速、准确提供服务做好准备
在房间的服务	（1）按照规定的送茶服务程序，进房为客人送礼貌茶。 （2）在房间客人较多的情况下，楼层服务员还应继续主动为客人加椅。 （3）根据客人要求，提供相应服务	周到、热情，不仅服务于住客，还要服务于住客的客人
访客离开后的服务	（1）密切关注有访客的房间，待访客离开后及时撤出加椅、茶具等物品，收拾房间，消毒茶具。 （2）在工作表上做好记录	完成后续工作，为下一次服务做好准备
注意事项	（1）如因访客来访造成楼层喧闹，要及时提醒客人，但要注意措辞和语气。 （2）访客在房间逗留至 23：00 之后，为了保持楼层的安静，建议客人到酒店的咖啡厅、酒吧等场所，以免影响其他客人休息。 （3）访客来访而住店客人不在房间，服务员应礼貌地请客人到大堂或酒店的其他公共区域等候，不得在楼层逗留	注意细节

表 3－11　　送客服务（见图 3－10）

任务程序	操作技能	目　的
客人离店前的准备工作	(1) 掌握客人离店的准确时间。 (2) 检查代办事项，看是否还有未完成的工作。要注意检查账单，如洗衣单、饮料单、长途电话费用单等，必须在客人离店前送到前台收银处，保证及时收款。同时，要询问客人离店前还需要办理哪些事情，如是否要用餐、叫醒服务、帮助整理行李等。 (3) 征求即将离店客人的意见，并提醒客人检查自己的行李物品，不要遗漏	及时了解客人动态，以便准确为客人提供服务
送别客人	(1) 协助行李员搬运行李。 (2) 主动热情地将客人送到电梯口，代为按下电梯按钮，以敬语向客人告别。 (3) 对老弱病残客人，要专人护送	体现热情友好
善后工作	(1) 迅速进房仔细检查。如有客人遗留物品，立即派人追送；来不及送还的，交客房中心登记处理。 (2) 检查客房设备和用品有无损坏和丢失，如有应及时报告主管。 (3) 处理客人遗留事项。有些客人因急事提前离开房间，会委托服务员替其处理一些遗漏事项，如有人来访、给有关单位打电话等。 (4) 迅速整理、清洁客房。 (5) 填写房务报告表	保证酒店和客人双方的利益，体现善始善终的良好服务态度

案例分析

楼道里，服务员小李遇见了两位刚出电梯的客人，她忙主动热情地上前招呼客人，为客人打开房门。客人一开门便开始商量工作事宜。小李给客人送上茶后，便开始一一向客人介绍客房的服务设施，当介绍到柜子里有衣架时，客人明显露出了不耐烦的神情，但小李还是按服务规程不厌其烦地向客人介绍，结果客人误会她是想借机索要小费。热情的小李委屈极了，她不是想要小费呀！

问题：

1. 小李错在哪里？

2. 如果是你为宾客服务，你会怎样做？

图 3-10　酒店送客服务——为客人拿行李

任务实训

一、任务目标

1. 熟练掌握标准化服务的服务内容
2. 掌握各项服务的操作步骤和技能要求

二、活动内容

掌握客房部十项服务的实际操作任务

三、步骤

1. 教师先对十项服务项目进行简单讲述
2. 将同学分成十个小组，每组 3～5 人，每组模拟一项服务项目
3. 每组轮换交替进行服务项目的操作训练
4. 对每项任务进行评价

任务评价

评价内容		评价等级				评价人		
		优	良	中	差	自评	小组互评	教师评
梯口迎宾服务	准备工作							
	楼口迎宾							
	问候客人							
	带客进房							
	介绍情况							
	征求客人意见							
	退出房间							
	做好记录							
送欢迎茶服务	准备工作							
	冲泡欢迎茶							
	欢迎茶送进房间							
	放置茶杯							
	离开房间							
洗衣服务	收取客衣							
	检查登记							
	通知收取							
	送回楼层							
会议服务	会前准备							
	会议服务							
	会议结束服务							
	后续工作							
擦鞋服务	收取擦鞋篮							
	擦鞋							
	送还							
	雨雪天气客人从酒店外回房							
	注意事项							

续 表

评价内容		评价等级				评价人		
		优	良	中	差	自评	小组互评	教师评
客房小酒吧服务	检查、输账							
	补充、领取							
	客房小酒吧账单的填写							
	注意事项							
托婴服务	接受服务要求							
	安排服务							
	精心看护婴儿							
	结束服务，完成交接							
物品租借服务	接受服务要求							
	准备物品							
	送进客房							
	归还物品							
访客接待服务	接受服务要求							
	迅速传递信息							
	准备工作							
	在房间的服务							
	访客离开后的服务							
	注意事项							
送客服务	客人离店前的准备工作							
	送别客人							
	善后工作							

知识链接

1. 泡茶与沏茶（见图 3－11）

泡茶：就是将开过的热水（80℃～90℃）倒入已放好茶叶的茶杯（壶）里，盖好盖闷一会儿，即可饮用。

沏茶：沏茶又叫冲茶。就是将沸水倒入放好茶叶的茶杯（壶）里，然后盖上盖闷一会儿，即可饮用。

从茶叶本身的营养成分考虑，这两种方法比较起来，泡茶较为合理。因为茶叶内含有的维生素 C 最怕高温，它在50℃就会遭受破坏，滚沸的开水一般都在100℃，用这样的热水冲出的茶，维生素将受到大量的破坏，所以，喝茶最好选用泡茶的方法。

2. 泡茶的注意事项

- 注意茶叶的保管，不要放在潮湿的地方，要选择阴凉、干燥的避光处，装在密封的器皿里放置；
- 茶叶不要与异味物品一同存放；
- 用茶壶倒完茶，放下时壶嘴不要对着客人。

图 3－11　茶具

任务思考与练习

一、填空题

1. 在敲门进房程序中，服务员先敲门并通报，________次后无人应答时再用客人钥匙打开房门________角，询问：“可以进来吗?”无人应答后将房门打开________角，后退半步，请客人先进房间。

2. 客房服务员在接受客人租借物品服务后，一定要详细询问客人租借物品的品名、________、________和________。

3. 洗衣服务的操作流程主要包括会前准备、________、________、和________。

4. 客房小酒吧账单通常是一式三份，两份交________，另一份作为对客房________进行补充的凭证。

二、选择题

1. 会议服务会前准备工作中，服务员应提前（　　）统一着装、仪表整洁到达服务地点。

A. 1 小时　B. 2 小时　C. 3 小时　D. 0. 5 小时

2. 服务员冲泡欢迎茶时，茶杯内茶水不要冲泡过多，一般放（　　）分满。

A. 5　　B. 6　　C. 7　　D. 8

3. 宾客退房离开房间，服务员应迅速（　　）。

A. 打扫房间　　B. 检查房间、卫生间

C. 通知接待处　　D. 通知收银处

4. 下列对于洗衣服务的叙述错误的操作步骤是（　　）。

A. 收取洗衣时，要认真检查洗衣单上的房号、日期、客人签名、洗衣件数是否填写齐全

B. 加快洗衣 2 小时送回，但需加收 50% 的加快洗衣费

C. 如果污渍不能被清除，必须书面告知客人

D. 折叠的衣物送还时都应加附包装，放置在盛器中

三、操作训练题

1. 组织学生进行给客人端送茶水的训练。

2. 组织学生进行给客人擦鞋的训练。

任务四　客房的超常服务与个性化服务

学习目标

●知识目标

1. 掌握超常服务程序与服务标准

2. 掌握个性化服务程序与服务标准

●技能目标

通过对客房楼层超常服务与个性化服务操作的描述，使学生初步了解超常服务与个性化服务的技能，能模范优秀服务案例，提供超常服务与个性化服务，使学生具备热情、准确、熟练地服务好住店客人的能力。

知识要点

要使客人高兴而来，满意而归，仅凭标准的、严格的、规范化的服务是不够的，只有在规范化的基础上，逐渐开发和提供超出常规的、个性化的服务项目，才能真正满足客人的各种需要，给客人以惊喜；才能让客人感觉到“宾至如归”，甚至“流连忘返”；也才能打造酒店的特色和品牌。

超常服务与个性化服务的概念

（一）超常服务

超常服务是指超过酒店经营范围和一般顾客正常需求的服务。超常服务一般是被动地接受客人的要求，积极地去满足客人的需求。超常服务可以丰富服务项目，使酒店的竞争力增强。

（二）个性化服务

个性化服务是指在常规服务的基础上，根据服务对象的不同个性和要求，采用灵活的服务方法，使客人获得最满意的服务。个性化服务是服务的提高，是高水平服务质量的体现，是使客人获得特别满意的核心因素，也是形成酒店核心竞争力和服务特色的重要途径。

操作要点

一、客房超常服务项目及操作流程

（一）秘书配置服务

随着商务楼层的设立和商务客人的增加，秘书配置也成了一种专项服务。越来越多的商务客人希望酒店能为其配置临时秘书，以满足其业务需要。通常临时秘书由办公室秘书或文员担任，根据客人需要安排好日程及工作时间。其工作内容及操作流程如下：

1. 帮助客人打印报告、书信、备忘录、表格和信函，并将之归档，其中包括需作保密处理的文件。
2. 为客人接听电话或回复电话，安排预约并及时提醒其预约时间。
3. 记录并打印客人口授和会议记录。
4. 接待来访者，并安排来访者与客人的会见时间。
5. 随时向客人汇报与之有关的事情和相关信息（来自报刊、电视、广播、网络等）。
6. 负责与客人的客户联络和沟通。
7. 转交所有有关信函、邮件给客人。

8. 根据客人需要，陪同客人完成外出洽谈、签约等活动，并做好记录和备注。

9. 执行由客人所委托的其他合理、合法的任务。

10. 反应迅速，能按客人要求与客户交谈，做好公关工作。

11. 严守保密制度，客人的所有资料、信息一律不许外传。

12. 不能由一个员工同时为两个有商业往来的客人或商业竞争对手服务，以免发生无谓的纠纷。

13. 一旦成为客人的临时秘书，在不违反酒店制度及影响酒店利益的前提下，应尽心维护客人的利益，圆满完成客人安排的工作。

（二）贵宾服务

各个酒店对于贵宾服务范围规定不一，大致包括：对酒店的业务发展有极大帮助，或者可能给酒店带来业务者；知名度很高的政界要人、外交家、艺术家、经济界人士、学者、影视明星、社会名流；本酒店系统的高级职员；其他酒店的高级负责人；酒店董事会高级成员等。

1. 接到酒店的贵宾接待通知书后，要选派责任心强的服务员对指定房间进行彻底清扫，按规格配备好各种物品，并协助有关部门在客房内摆放有总经理签名的欢迎信、名片，摆放酒店的赠品，如鲜花、果篮、饮料等。

2. 布置完毕，应由客房部经理或主管进行严格检查，然后由大堂副理最后检查认可。

3. 贵宾在酒店有关人员陪同下抵达楼面时，客房部主管、服务员要在梯口迎接问候，并陪同进房。

4. 服务员要及时送上欢迎茶。

贵宾享有在房间登记的特权，由总台负责办理。贵宾在住期间，服务员应特别注意房间卫生，可以增加清扫次数。管理人员也要注意巡视检查。对特别重要的贵宾，应提供专人服务，随叫随到，绝对保持高水准的服务。一切接待服务工作要严格按照酒店的规定进行。

（三）病客服务（见图 3－12）

酒店中的病客问题经常发生，而其处理方法应因人而异，采取适当的处理方法。一般处理方法为：

1. 如遇客人患上重病或急症，应立刻通知大堂副理及值班经理，把患病客人送到附近医院治疗。未到医院之前由驻店医生进行急救处理。

2. 若发现客人休克或有其他危险情况时，应立即通知上级采取相应措施，不得随意搬动客人，以免发生意外。因为脑溢血、心脏病等病人是不能随意移动的。

3. 若有客人要求服务员代买药品，服务员首先应婉言向客人说明不能代买药品，并推荐酒店内的医务室，劝客人前去就诊。若客人不想看病，坚持让服务员代买药品，服务员应及时通知大堂副理，并由其通知驻店医生到客人房间，由医生决定是否从医务室为客人取药。

4. 在日常对病客的照料中，服务员只需做好必要的准备工作即可离去，不得长时间留在病人客房间打扰客人，病客若有需要可电话联系，服务员要保证随叫随到。

5. 若发现客人有传染病时，应关心安慰客人，稳定客人情绪；请驻店医生为其诊断；确认后将客人转到医院治疗；客人住过的房间应请防疫部门进行消毒；彻底清洁客房，客人用过的棉制品及一次性用品给予销毁。

图3－12　酒店人员急救培训

（四）醉客服务

酒店中的醉客问题经常发生，应视醉客的情绪，适时劝导，令其安静。一般处理方法为：

1. 马上通知保安人员及楼层领班，并保持理智、善辩与机警，必要时协助保安人员将其制伏，以防对其他住客或自己构成危险。

2. 通常情况应及时安置醉客回房休息，不再供应酒类饮品。醉客回房后，仍要关注房内动静以防家具受到毁损或因吸烟而发生火灾。

3. 当发现客人在房内不断饮酒时，客房服务员应特别留意该房客人的动态，并适时通知领班。在适当情况下，与当班其他服务人员或领班借机进房查看，千万不可独自进房及帮助客人宽衣解扣，以免产生不必要的误会及不可预知的后果。

4. 在楼层过道发现醉酒客人，要验明其身份。如是住店客人，则联络同事一起将其带回房间；如不是住店客人，应通知保安将其带离楼层并控制其行为，以免对他人造成影响。

5. 若客人饮酒过量造成轻度昏迷，则应扶客人上床后马上联系驻店医生为其治疗。

6. 将纸篓、面巾纸、开水、漱口水放在客人床边，以备客人呕吐时使用。若发生呕吐，应及时对地面进行处理。

7. 在客人同意的情况下，泡一杯白开水或醋兑水，帮助客人醒酒。

8. 要留意观察，因醉酒而大吵大闹的客人在其不影响其他客人的情况下一般不予以干涉。如造成物品损坏，应做好记录，等客人醒酒后让其按规定赔偿。

9. 在工作服务表上填写醉客房号、客人状况及处理措施，及时做好相关记录。

（五）残疾人服务（见图3－13）

1. 若酒店有残疾人专用房间的话，应尽量给客人提供此类客房。

2. 在客人进店前，根据前厅等部门提供的资料了解客人的姓名、残疾情况、生活规律、有无家人陪同及特殊要求等，做好相应的准备工作。

3. 客人抵店时，在楼梯口迎接，问候客人并主动搀扶客人进入房间，帮助提拿行李等物品。

4. 仔细地向客人介绍房内设施设备和配备物品，帮助客人熟悉房内环境，对盲人和视力不佳的客人，这点更加重要。

5. 在客人住店期间，对其进出应特别关注，并适时予以帮助，如搀扶进出电梯、客房，提醒客人注意安全等。当客人离开楼层到酒店其他区域时，应及时通知相关部门的有关人员给予适当的照料。

6. 服务员应主动询问客人是否需要客房送餐服务，并配合餐饮服务人员做好服务工作。

7. 应尽力承担客人委托的事项，通过有关部门的协作及时完成并回复，使客人在住店期间备感方便、愉快。如客人需代寄包裹、修理物品等，要及时通知大厅服务处为客人办理。

8. 当客人离店时，服务员应主动征询客人的意见和要求，并通知行李员帮助客人提拿行李，送客人进入电梯后方可离开。

图 3－13　残疾人服务

（六）客人特别情况处理

1. 客人带朋友回房，服务员须马上通知楼层组领班，并做好记录，以防止客人日后报失财务。根据公安局的规定，访客若超过午夜 23：00 时，必须注册登记。

2. 如果住客登记时只登记一人，而居住后则带一些亲友来居住，不停索要客房用品。

这时，服务员须向领班报告，领班报至大堂副理加以处理。

3. 住客要求服务员下班后做其向导，服务员应礼貌地婉拒并强调酒店设有专门负责提供市内旅游服务的部门。

4. 住客提出一些无理要求时，服务员应礼貌地婉拒，因为这种要求是违反酒店规定及国家法律的。

二、个性化服务项目及服务流程

个性化服务分为两个层次：第一层次是被动的，是由客人提出的非规范需求；第二层次是主动的，是服务人员主动提供的有针对性的服务。个性化服务的内容相当广泛且琐碎细小，大致可归纳为6类：

1. 灵活服务。这是最普遍的个性服务，只要客人提出要求就尽量满足。

2. 癖好服务。这是比较规范、有针对性的服务。酒店建立客史档案就是为了保证为有某种特殊偏好的客人提供所需的服务。

3. 意外服务。这并不是客人本来就有的需求，但发生了意外情况，就要尽力帮助客人排忧解难，如查找失物等。

4.（电脑）自选服务。随着电脑技术的发展，发达国家酒店的许多种个性服务通过电脑的宾客自选装置来完成，例如个人留言、叫醒服务、点歌、点影视片、结账、确定银行账目等，都可以在客房内自由选择并处理。这种服务方式效率高、质量好，被称为“高效服务装置”。

5. 心理服务。心理服务是指以满足客人心理需要为目的的服务。有时客人有某种需求，却并未提出，属于隐含的需求。服务员要具有一定的心理学知识，揣度客人心理，适时提供服务。

6. 代办服务。代办服务是指酒店的委托代办服务。代办服务在国际上已成为高档酒店个性服务的重要标志。

案例分析

一位首次到上海锦江酒店下榻的女富商，为一件事情深受感动：在她住进酒店的第二天，她发现所住酒店的床单和窗帘都换上了她非常喜欢的大红色。高兴之余她感到很诧异——他们是如何知道我喜欢这种颜色的呢？酒店的经理向她解释了原因。这位女士一进入酒店，工作人员就发现她对大红色的偏爱，手包、皮鞋、套服多为红色，所以第二天就专门为她的房间换上了红色的床单和窗帘。女富商对酒店的做法非常感动，感动之余，包下了锦江酒店一年的房间。

问题：

1. 酒店的这种服务属于什么服务？

2. 有人说酒店的这种服务是多此一举，你也这样认为吗？

任务实训

一、任务目标

1. 熟练掌握客人超常服务的主要项目
2. 掌握各项服务项目的操作流程

二、活动内容

掌握客房部超常服务的实际操作任务

三、步骤

1. 教师先对超常服务项目进行简单讲述
2. 将同学分成若干小组，每组 3 ~ 5 人，每组模拟一项服务项目
3. 每组轮换交替进行服务项目的操作训练
4. 对每项任务进行评价

任务评价

评价内容	评价等级				评价人		
	优	良	中	差	自评	小组互评	教师评价
秘书配置服务							
贵宾服务							
宾客服务							
病客服务							
醉客服务							
残疾人服务							
客人特别情况处理							

知识链接

客史档案的作用

1. 有助于酒店了解客人，掌握客人的需求特点，是酒店提供个性化、定制化服务必不可少的依据。

2. 有助于酒店做好有针对性的促销工作，与宾客保持良好、稳定的关系，争取更多的回头客，培养忠诚顾客。

3. 有助于酒店研究客源市场动态，不断改进酒店产品与服务质量，提高经营管理水平。

任务思考与练习

一、简答题

1. 个性服务包括哪些内容？
2. 酒店遇见住客醉酒时应如何服务？

二、案例分析题

温暖你心——关注生病的客人

下午，客房服务中心内显得特别忙碌，台面上的几部电话铃声此起彼伏，服务员小张紧张而又娴熟地接听着一个又一个电话，接收—处理—传递，忙个不停。“小姐，请给我送瓶开水。”“小姐……”对客服务的专线电话频频被拨响，小张温和耐心地应答每一位客人，并及时做出相应的呼叫服务。这时服务专线电话又响起，电话听筒里传来对方低哑无力的声音：“小姐，我在房间里感觉特别冷，空调关了，依然很冷，你能帮我解决一下吗？”“原来是1515房的袁小姐第二次来电，小张想刚才客人称感觉冷，已通知楼层服务员送去一床棉被，现在客人仍然觉得冷，而从声音听上去，袁小姐好像是病了。小张立刻答应客人马上帮她想办法解决，可客人房间加了棉被，空调也关掉了，怎样帮助这位可能是生病的客人呢？一想到“生病”两字，小张立即想起服务中心备有暖水袋专供身体不适的客人使用。

当小张拿着加好热水的暖水袋来到袁小姐的房间，看到虚弱的客人，刚才的猜测被证实了，袁小姐病得可不轻呢！小张一边将暖水袋放入客人被内，帮客人盖好被子，一边轻声细语安慰客人并询问是否需要酒店医生来诊治，备受感动的袁小姐说：“谢谢你，我已经去医院看过医生了，现在有你的关心，有你送来的暖水袋，我已经不觉得很冷了。”

晚饭过后，小张心里还惦记着袁小姐，她拨通电话再次询问袁小姐的病情，嘘寒问暖，电话的这一边传送着关怀和真情，电话的另一端接受着温暖和关切。

问题：

1. 客房服务中心接听电话有哪些技巧和要求？
2. 服务员小张是怎样温暖袁小姐的心的？

任务五　客房的 VIP 客人服务

学习目标

●知识目标

1. 掌握客房 VIP 客人服务的内容
2. 掌握 VIP 客人服务程序与标准，为提供服务奠定基础

●技能目标

1. 通过 VIP 客人服务操作训练，使学生了解客房 VIP 客人服务的技巧
2. 能初步运用 VIP 客人服务程序与标准接待重要客人，具备提供 VIP 客人服务的能力

知识要点

一、VIP 客人服务的概念

VIP 是 Very Important Person 的简称，意为非常重要的客人。VIP 客人往往具有较高的社会地位，为此，酒店要为 VIP 客人提供充足的享受空间，给予其特殊待遇，让 VIP 客人在酒店多一份优越感和自豪感，以显示其身份和地位。酒店一般会为 VIP 客人提供更专业和个性化的一站式酒店服务，以满足贵宾的需要。

二、客房 VIP 客人服务的内容

1. VIP 客人到达前的准备工作（具体操作见表 3－12）
2. VIP 客人到达时的接待服务（具体操作见表 3－13）
3. VIP 客人的住店服务（具体操作见表 3－14）
4. VIP 客人的离店服务（具体操作见表 3－15）

小提示

VIP 客人的等级划分

1. VIP A：党和国家领导人，外国的总统、元首、首相、总理及议长等。
2. VIP B：我国及外国的各部部长，世界著名大公司的董事长或总经理，各省、市、

自治区的负责官员。

3. VIP C：各地、市的主要党政官员；各省、市、自治区旅游部门的负责官员；国内外文化艺术、新闻、体育等方面的负责人或知名人士；各地星级酒店总经理；各地物资部门负责官员；国内外著名公司、企业及合资企业、外资企业的董事长或总经理；与酒店有重要协作关系的企业厂长或总经理；酒店总经理要求按贵宾规格接待的客人。

操作要点

表 3－12　　VIP 客人到达前的准备工作

任务程序	操作技能	目　的
VIP 客人抵店通知	接到客房中心通知后应立即核对客人信息，详细掌握 VIP 客人的等级、到客人数、房间数量，以及宾客的姓名、性别、抵离店时间等客史资料	以便更好地完成接待工作
进行相关工作的部署及准备	（1）清洁房间：楼层服务员应严格按照清洁程序清扫客房。 （2）物品准备：按照 VIP 客人等级准备欢迎卡、鲜花水果、餐具和客用物品。 （3）布置房间：将 VIP 客人所需物品备齐，并确认有无特殊客人的专属物品。 （4）检查房间：布置好的房间由楼层领班、楼层主管、前厅经理、客房经理进行逐级检查，如发现问题应及时解决。 （5）迎宾准备：根据气温调节好室内温度，准备好香巾、欢迎茶。如贵宾晚上抵店，应做好夜床服务。整理好个人仪表，在楼层服务台迎候	随时做好欢迎客人到来的准备
VIP 客人的物品准备	（1）VIP A 级：客房内摆放盆花、插花和瓶花；赠送酒店纪念品和工艺品；每日一篮水果（4 色）、4 种糕点及水果刀叉等物品；客房客用品一律是豪华包装、布草特供；客房内放总经理欢迎信及名片；每天摆放两种以上的报纸。 （2）VIP B 级：客房内摆放插花和瓶花；赠送酒店特别纪念品；每日一篮水果（2 色）、2 种糕点及水果刀叉等物品；客房内放总经理欢迎信及名片；每天摆放两种以上的报纸。 （3）VIP C 级：客房内摆放插花和瓶花；每日摆放水果（2 色）及水果刀叉等物品；客房内放总经理欢迎信及名片；每天摆放 1～2 种以上的报纸；做床时赠送一枝鲜花或一块巧克力	体现热情、周到及友好

表 3－13　**VIP 客人到达时的接待服务**

任务程序	操作技能	目　的
整理仪容仪表	着工作制服，服装整洁得体、无破绽、纽扣齐全。鞋袜整洁。不留长指甲。不佩戴过于醒目奇特的饰物。男服务员不留胡须，长发不盖耳；女服务员前额刘海不能超过眉毛，脑后长发盘起，化淡妆	以规范的仪容仪表迎接客人
梯口迎宾	根据 VIP 客人等级，由部门经理主管、领班及接待人员站在电梯厅服务台迎接 VIP 客人	随时做好欢迎 VIP 客人到来的准备
问候客人	当电梯到达时，侧身对着扶梯，微笑着向 VIP 客人问好："××先生/小姐，早上好！/中午好/晚上好！"主动帮助提拿随身行李（一般易碎和贵重物品让 VIP 客人或其随从人员拿）	体现热情有礼
带客进房	走在 VIP 客人左前方 1～1.5 米处，身体右倾，合着客人的步伐引领宾客至客人房间，按照敲门程序敲门，用专用钥匙开门后请客人先进。进房后征求客人意见摆放行李	体现待客的礼遇规格
送欢迎茶	客人进房间后，将香巾及欢迎茶送上。送茶时，应按照先上级后下级、先宾后主、先老后少、先女士后男士的顺序进行。如房间客人较多，应立即补充茶具，并征询客人意见，是否需要增加会客椅	体现待客的礼遇规格
介绍酒店及房间设施设备	介绍酒店概况，向客人介绍酒店的产品，注意简明扼要、恰到好处。为客人介绍房间设施设备，并征求客人意见，是否还有其他事情需要帮助	方便客人
向客人告别	向客人告别，祝客人居住愉快。退出房间，并轻轻关上房门	体现礼貌有礼

表 3－14　**VIP 客人的住店服务**

任务程序	操作技能	目　的
整理房间	（1）服务设专人，每天安排优秀服务员进行卫生清扫。日常大清扫需高于整理房间的规格要求。 （2）小整服务，做到客人一离开客房就清扫整理，清理垃圾、清洗烟缸、更换使用过的低值易耗品及棉质品。 （3）在客人午餐结束前开好午休床，晚餐结束前开好夜床	使客人回到房内有一种整洁舒适之感

续表

任务程序	操作技能	目的
送茶服务	(1) VIP客人外出活动回来，应视情况送茶递毛巾，晚上一般不要送浓茶，以免影响睡眠。 (2) 对于爱喝自带咖啡或茶叶的VIP客人，应掌握其习惯，适时开启房内电热水壶。 (3) 如VIP客人有访客，须适当增加饮水的供应和水杯	体现对VIP客人的礼遇
其他服务	(1) 确切了解VIP客人的风俗习惯，在对客服务中采取针对性服务。 (2) 对VIP客人的行踪、言论、住店情况进行保密。 (3) VIP客人参加在酒店内的正式活动，所经路口、门口都要有服务员站立，行注目礼	保障VIP客人的安全，方便客人

表3－15　VIP客人的离店服务

任务程序	操作技能	目的
准备工作	(1) 掌握客人离店的确切日期及时间，检查是否有未完成的代办事项和各种账单，以防遗漏。 (2) 核实客人是否需要叫醒服务及早餐服务。 (3) 问清客人是否需要打包行李	更好地做好送客准备
送客服务	(1) 客房部经理提前安排专人负责，接到客人离店通知后立即安排相关人员进行送客服务。 (2) 楼层经理安排专人或亲自在电梯厅等候客人。 (3) 客人到达电梯厅后，为客人按梯。 (4) 向客人道别，并祝客人旅途愉快。 (5) 客人离开楼层后，迅速将信息汇报给客房部经理。 (6) 客房部经理及时联系相关岗位或人员，确认客人是否已经全部离店。 (7) 客房部经理将客人离店信息通知管家部电脑中心	体现热情友好
善后服务	(1) 客人离店后，应迅速检查客人房间。 (2) 检查房间时，应及时、迅速、细致、避免遗漏。 (3) 核对客人酒水消费情况报前台收银。 (4) 检查房间是否遗留客人物品、文件等。若未发现有遗留物品，将检查房间结果汇报给客房部经理。 (5) 如发现有客人遗留物品，应立即取出。迅速汇报客房部经理或联系接待单位负责人。 (6) 按照客服部经理或接待单位的要求，保管好遗留物品，或按照要求将遗留物品送到指定地点。处理完毕后，将处理结果汇报给客服部经理	注意细节

续 表

任务程序	操作技能	目 的
总结建档	（1）客房部经理应对所属管区的接待工作进行总结。 （2）总结接待服务中的不足。 （3）总结接待服务中的信息传递及反馈是否到位。 （4）总结接待服务中相关岗位的协调和沟通是否顺畅。 （5）总结接待服务中是否有需要改进的地方。 （6）对客人提出或我们发现的客人的一些特殊要求或喜好，认真地做好客史记录	总结经验，找出不足，以便下次更好地为客人服务

案例分析

里根夫妇的晨衣

1984年美国总统里根到某市访问，下榻某酒店。里根总统和夫人南希早上起来，服务人员已经准备好了晨衣，里根和夫人穿上一试不由得惊讶起来："哦，这么合身！就像为我们量了尺寸定做的。"里根和夫人没有想到，某酒店早已留有他们这方面的档案资料，而且还知道南希喜欢鲜艳的红色服饰，事先专门为她定做了大红缎子的晨衣。为了感谢某酒店出色的服务，里根在离开某酒店时，除了在留言簿上留下他的赞誉之词外，还特地将他们夫妇合拍的照片夹在留言簿内，并在照片的背面签赠给某酒店留念。

问题：

1. 怎样才能做好 VIP 客人的服务？
2. 为什么要重视细节服务？

任务实训

一、任务目标

1. 熟练掌握 VIP 客人主要的服务项目
2. 熟练掌握各项服务项目的服务接待流程

二、活动内容

1. 客房部 VIP 客人服务的实际操作任务
2. 具备较强的运作能力和积极的服务态度

三、步骤

1. 教师先对 VIP 客人服务项目进行简单讲述

2. 将同学分成若干小组，每组 3 ~ 5 人，每组模拟一项服务项目
3. 每组轮换交替进行服务项目的操作训练
4. 在操作训练中进行运作能力和服务态度的培养训练
5. 对每项任务进行评价

任务评价

<table>
<tr><th colspan="2" rowspan="2">学习目标</th><th rowspan="2">评价内容</th><th colspan="3">组内互评</th><th colspan="3">组间互评</th><th colspan="3">教师评价</th></tr>
<tr><th>优</th><th>良</th><th>差</th><th>优</th><th>良</th><th>差</th><th>优</th><th>良</th><th>差</th></tr>
<tr><td rowspan="3">知识</td><td rowspan="3">应知应会</td><td>了解 VIP 客人服务的准备工作</td><td></td><td></td><td></td><td></td><td></td><td></td><td></td><td></td><td></td></tr>
<tr><td>掌握 VIP 客人服务的接待内容</td><td></td><td></td><td></td><td></td><td></td><td></td><td></td><td></td><td></td></tr>
<tr><td>掌握 VIP 客人的离店服务内容</td><td></td><td></td><td></td><td></td><td></td><td></td><td></td><td></td><td></td></tr>
<tr><td rowspan="2">专业能力</td><td rowspan="2">熟练掌握 VIP 客人的服务接待</td><td>能熟练针对不同级别进行客房布置</td><td></td><td></td><td></td><td></td><td></td><td></td><td></td><td></td><td></td></tr>
<tr><td>能熟练完成 VIP 客人的离店服务程序</td><td></td><td></td><td></td><td></td><td></td><td></td><td></td><td></td><td></td></tr>
<tr><td rowspan="5">运作能力</td><td colspan="2">组织能力</td><td></td><td></td><td></td><td></td><td></td><td></td><td></td><td></td><td></td></tr>
<tr><td colspan="2">合作能力</td><td></td><td></td><td></td><td></td><td></td><td></td><td></td><td></td><td></td></tr>
<tr><td colspan="2">解决问题能力</td><td></td><td></td><td></td><td></td><td></td><td></td><td></td><td></td><td></td></tr>
<tr><td colspan="2">自我调节能力</td><td></td><td></td><td></td><td></td><td></td><td></td><td></td><td></td><td></td></tr>
<tr><td colspan="2">创新能力</td><td></td><td></td><td></td><td></td><td></td><td></td><td></td><td></td><td></td></tr>
<tr><td>态度</td><td colspan="2">真心实意，主动热情
有问必答，通力合作</td><td></td><td></td><td></td><td></td><td></td><td></td><td></td><td></td><td></td></tr>
<tr><td>评价总结</td><td colspan="11"></td></tr>
<tr><td>改进方法</td><td colspan="11"></td></tr>
</table>

知识链接

表 3－16 **VIP 客人申请接待表**

<table>
<tr><td>VIP 客人</td><td colspan="2"></td><td colspan="2">国籍</td><td></td></tr>
<tr><td>接待单位</td><td colspan="5"></td></tr>
<tr><td>抵店时间</td><td colspan="2"></td><td colspan="2">离店时间</td><td></td></tr>
<tr><td rowspan="2">接待要求</td><td colspan="5">接待等级 ○VA ○VB ○VC</td></tr>
<tr><td colspan="5">特别说明：</td></tr>
<tr><td>申请部门</td><td>申请人</td><td></td><td>申请时间</td><td colspan="2"></td></tr>
<tr><td>批准人</td><td colspan="2"></td><td>批准时间</td><td colspan="2"></td></tr>
</table>

任务思考与练习

一、填空题

1. 接到客房中心关于 VIP 客人抵店的通知后应立即核对客人信息，详细掌握 VIP 客人的________、________和________。

2. 对 VIP A 级客户，客房内应摆放盆花、________和________；赠送酒店纪念品和工艺品；每日一篮水果（4 色）、________种糕点及水果刀叉等物品。

3. VIP 等级划分中的 VIP A 主要包括________，外国的总统、元首、________、________及议长等。

二、操作训练题

1. 对照镜子，进行微笑服务训练。

2. 五个同学一组，相互纠正走姿、蹲姿。

项目四　客房服务质量管理

客房是现代酒店不可缺少的基本设施，是酒店的主体，客房收入是酒店经济收入的主要来源。客房服务质量是酒店服务质量的重要标志，是一项全员、全方位、全过程的工作。客房部的管理对酒店的整体管理关系重大，是影响整个酒店管理的关键部门之一，客房服务质量管理在酒店运营中显得尤为重要。

任务一　客房服务质量概述

学习目标

●知识目标

1. 了解客房服务质量的内涵
2. 掌握客房服务质量的构成要素
3. 熟悉客房清洁保养质量和对客服务的控制要点

●技能目标

对照客房清洁标准进行清洁

知识要点

一、客房服务质量概说

（一）客房服务质量的内涵

客房服务质量是指客房部凭借设施设备为宾客所提供的服务在使用价值上适合和满足宾客物质和心理需要的程度，简单地说，即宾客享受服务以后感受的好坏体现了该酒店服务质量的优劣。客房部应尽可能从客房服务的时间性、经济性、安全性、舒适性、文明性和客房部安全管理场所的功能性等方面提高其服务质量。

（二）客房服务质量的构成要素

客房服务质量的构成要素一般有以下六个方面：

1. 服务态度

服务态度是提高服务质量的基础。它取决于服务人员的主动性、积极性及创造性，取决于服务人员的综合素质、职业道德和对本职工作的热爱程度。在客房服务实践中，良好的服务态度应为热情服务、主动服务和周到服务。

2. 服务方式

服务方式是指酒店采用什么形式和方法为客人提供服务，其核心是如何方便客人，使客人感到安全、方便、舒适。服务方式随客房服务项目而变化。服务项目反映了酒店的功能和为顾客着想的程度。因此，客房服务质量管理必须结合每个服务项目的特点，认真研究服务方式。客房服务员必须从住店客人的活动规律和心理特点出发，有针对性地提供服务。如客人入住时登记的手续是否方便客人，客房清扫的顺序和时间安排是否合理等。总之，每一服务项目都要根据实际需要选择服务方式，以提高服务质量为根本出发点。

3. 服务技巧

服务技巧是提高服务质量的技术保证。它取决于服务人员的技术知识和专业技术水平。客房服务员在为宾客提供服务时总要采用一定的操作方法和作业技能。服务技巧是指在不同场合、不同时间对不同对象灵活而恰当地运用操作方法和作业技能，从而取得最佳的服务效果。服务员只有熟悉业务、掌握服务规程和操作程序、不断提高接待服务技术、具备灵活的应变能力，才能把自己的聪明才智和酒店服务工作有机结合起来，为客人提供高质量、高效率的服务。服务技巧作为服务质量的重要组成部分，关键是抓好服务员的专业技术培训。其基本要求是：加强专业知识培训和实际操作训练，不断提高技术水平和接待艺术，全面提高客房服务质量。

4. 服务效率

服务效率是服务工作的时间概念，是提供某种服务的时限。等候对外出旅行的人来说是一件很头疼的事情，因为等候使人产生一种心理不安定感，本来旅客离家外出就存在不安全感，而等候则强化了这种心理。所以，客房服务要尽量减少等候，要讲究效率。效率把服务过程和时间联系在一起，成为影响服务质量的又一因素。

服务效率有三类：第一类是用工时定额来表示的固定服务效率，如打扫一间客房用半小时等；第二类是用时限来表示的服务效率，如总台登记入住每人不超过3分钟，客人衣服洗涤必须在若干小时内送回等；第三类是指有时间概念，但没有明确的时限规定，是靠客人的感觉来衡量的服务效率，如日光灯坏了报修后多长时间有专人来修理等。服务效率在客房服务中占有重要的位置，酒店要针对这三类情况，用规程和具体时间来确定效率标准。

5. 礼节、礼貌

礼节、礼貌是提高服务质量的重要条件。礼节、礼貌是以一定的形式通过信息传递向对方表示尊重、谦虚、欢迎、友好等的一种方式。礼节偏重于礼仪，礼貌偏重于语言行动。礼节、礼貌反映了一个酒店的精神文明和文化修养，体现了酒店员工对宾客的基本态度。酒店礼节、礼貌的内容丰富，同时也具有很大的灵活性。礼节、礼貌主要表现在：仪表仪容即个人形象、态度、礼仪、服务方式、语言谈吐、行为动作。具体来说，要求服务员衣冠整洁、举止端庄、待客谦恭有礼；尊重不同客人的风俗习惯；坐、立、行要讲究姿势，动作要优美，语言要文雅动听；各种礼仪要运用得当；坚持微笑服务等。

6. 清洁卫生（见图4-1）

客房的清洁卫生体现了酒店的管理水平，也是服务质量的重要内容。客房的清洁卫生要求高，必须认真对待。首先要制定严格的清洁卫生标准，岗位不同，接待内容不同，清洁卫生标准也不同；其次要制定明确的清洁卫生规程和卫生操作规程，并要健全检查保证制度。

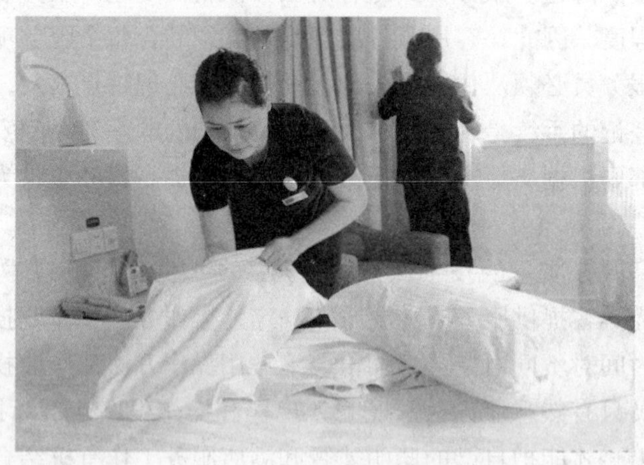

图4-1 清洁卫生

（三）客房服务质量管理的内涵

客房服务质量的管理是客房管理工作的重要环节，它包括工作数量检查、工作质量检查和物品消耗检查。检查工作一般采取内部抽查和外部抽查等方式进行，在完成工作定额的前提下，要确保服务质量，降低物资消耗。搞好客房原始记录管理，也是控制服务质量的一项有效措施。客房部的原始记录，就是用一定的报表和文字说明将客房部在接待服务过程中发生的具体事实进行记录。这种记录具有经常性、广泛性和真实性，对管理人员掌握接待服务情况，提高客房管理水平有重要作用。

(四) 客房服务质量管理的基本原则

1. 全过程管理的原则

全过程是指服务工作的全部过程，包括服务前、服务中和服务后三个阶段。客房服务的全过程管理不仅仅是指针对客人所进行的服务管理，还包括对服务前准备工作的管理、服务后善后工作的管理，三者缺一不可。

2. 全方位管理的原则

客房工作质量的高低取决于各分支机构、各岗位每一个员工工作努力的结果。因此，客房部的每一个岗位都应参与质量管理。客房工作全面质量管理的对象是全方位的，即不仅要对被服务者的需求质量进行管理，而且要对全部门各种工作的质量进行管理；不仅要对功能性质量进行管理，而且要对经济性、安全性、时间性、舒适性和文明性等方面的质量进行管理；不仅要对物质需求质量进行管理，而且要对精神需求质量进行管理；不仅要对物进行管理，更重要的是对人进行管理。

3. 全员管理的原则

优质服务不仅是酒店客房部管理人员工作的结果，也是客房部全体服务人员共同努力的结果；不仅是一线服务人员努力的结果，同时也是后台人员提供良好保障的结果。由此可见，服务质量控制不仅是客房管理人员的任务，也是客房部全体员工的职责。

二、客房清洁保养的质量控制

客房清洁保养工作包括客房的清洁工作和维护保养两方面的内容，是客房部的中心任务。这项工作做得好坏直接影响酒店的主要产品——客房的质量。因此，客房部必须加强对客房清洁保养工作的质量控制。

(一) 贯彻“预防为主”的质量控制方针

“预防为主”的管理是全面质量管理与传统质量管理的重要区别点。客房清洁质量的控制必须以“预防为主”，就是要变客房清洁质量的“事后把关”为以“事前预防”为主，把管“结果”变为管“过程”和管“因素”，使清洁卫生的质量问题消失在质量形成过程中，做到防患于未然。

客房清洁保养之所以成为必要，是因为“脏”的存在。客房“脏”的存在形态不外乎四种：一是尘土；二是污垢；三是渍迹；四是锈蚀。酒店客房80%以上的污染都是人为因素造成的，如客人穿了不干净的鞋、随便向地上吐痰、乱扔垃圾，以及酒水饮料滴洒在地上等。有20%左右的污染是自然因素，即空气中的尘埃所致。因此，客房清洁卫生质量控制的关键点是要采取预防性的清洁措施，将客房的主要污染截留在客房区域之外。

1. 在酒店的大门前铺设隔尘垫（蹭鞋垫）

酒店既要舍得花钱买大理石、花岗石及羊毛地毯等豪华的地面材料，又要舍得花钱买相应的高效率的清洁工具和设备。选择耐磨性强，吸水性、贴地性好、长4～6米的深色隔尘垫铺在酒店大堂的门外，即可去掉客人脚上所带来的80%以上的泥垢和污物。在雨天，还应增加隔尘垫的长度，并及时更换被雨水和泥水弄脏的隔尘垫。

2. 随时清洁大堂地面和电梯轿厢

大堂地面面积较大，主要随时用经纤尘剂处理过的尘拖清洁大堂地面，及时清除脚印及其他污染痕迹；用吸尘器及其他清洁工具定时清洁电梯轿厢，客房区域被污染的机会就会大大减少。

3. 及时去除污迹

客房区域的地面一般用地毯铺设。由于地毯是用纤维制成的，很容易吸附灰尘及沾染污垢，日久污垢会渗入地毯底部，从而滋生细菌，发霉发臭，不仅破坏地毯，而且危害人体健康。而且地毯上约70%以上的灰尘小于3微米（正常人的眼睛一般可以看清10微米的东西），因此，当人们可以用肉眼看见地毯上的灰尘时，地毯已被严重污染了。客房部应建立相应的制度：只要有人使用过的地毯，每天都必须吸尘，一旦发现污迹，必须当天清除。因为污迹留在地毯上的时间越长，就会越难清除。

4. 做好计划性的清洁保养工作

任何酒店的设施设备都应有预防性的清洁保养计划，抓好事前控制，坚持计划卫生和计划保养制度，坚持有计划、定时、定人的清洁保养，不仅能省时、省力，保洁效果好，还能有效地延长客房设备和用品的使用寿命。

（二）制定科学实际的质量标准

客房部要对客房清洁保养工作进行质量控制，首先必须制定一整套相关标准，有了标准才能使质量控制有章可循、有据可依。客房清洁保养的质量标准应该包括结构性标准、时效性标准和功能性标准，同时要以本酒店的经营方针和市场行情为依据，而不能简单照搬别人的东西，力求制定的标准既符合科学管理的要求，又符合本酒店的实际情况，具有可操作性。客房清洁保养的质量标准包括以下几个方面：

1. 客房清扫整理的次数

按大多数酒店的传统做法，一般住客房每天清扫整理三次，即上午全面清扫整理、午后简单整理、晚间做夜床（寝前整理）。一般来说，客房清扫整理的次数与此项工作所投入的费用是成正比的，次数越多，费用也就越高。但是，确定客房清扫整理的次数，要综合考虑各种因素，不能顾此失彼、因小失大。当然，对高档酒店来说，还要重点考虑如何满足客人的实际需要。原则上，只要客人需要的都应尽力满足。

2. 布置规格

布置规格是指客房的布置要求，客房内所配置的设备和用品在品种、数量、规格、质量及摆放的位置和形式等方面都应有统一的要求，做到规格一致、标准一致。很多酒店都用表格和图片的形式来规定和解释这一标准，使标准容易被理解和执行。

3. 工作定额

客房的清洁保养工作通常实行定额管理，即规定各类客房的清扫整理工作的时间消耗标准或规定客房服务员所承担的客房清扫整理的工作量。实行定额管理，有利于提高工作效率，保持良好的工作状态，保证应有的质量标准。在制定客房清扫整理工作的定额标准时，要考虑各种因素，力争使定额标准先进合理。

4. 操作程序

操作程序是经验的总结，是在长期的工作实践中总结出来的一套操作标准。按操作程序操作，能够使工作有条不紊避免时间和体力的浪费，增加操作的安全性，同时，也便于对工作过程的检查和控制客房。清洁保养工作的操作程序主要包括各项具体工作的操作步骤、标准做法和注意要点等。

5. 清洁卫生标准

客房的清洁卫生标准主要包括两方面的内容：一是感官标准，二是生化标准。客房是否清洁，是可以通过人的感觉器官来感受和评价的；而是否卫生，仅靠人的感官是无法测评的，还需要使用一些专门的仪器设备来测试和检验。因此，将客房的清洁标准作为感官标准，将卫生标准作为生化标准。酒店要有一套细化、量化的客房清洁卫生标准，而且要使所有相关员工都能了解和掌握这套标准，并在工作中严格执行。

（三）执行严格的检查和考核

1. 建立逐级检查体系

为保证客房清洁保养的质量符合酒店标准，及时发现问题并予以纠正，客房部必须建立逐级检查体系。该体系包括内部抽查和外部抽查两个系统。内部抽查包括服务员自查、领班普查、主管抽查、经理抽查、大堂副理检查和总经理检查，外部抽查包括联合检查、客人检查和第三方检查。

（1）服务员自查。服务员每整理完一间客房，应对客房的清洁卫生状况、物品的布置和设备的完好等做自我检查。服务员自查有利于增强员工的责任心，提高客房的合格率，减轻领班查房工作量，增进工作环境的和谐。

（2）领班普查。（见图 4－2）

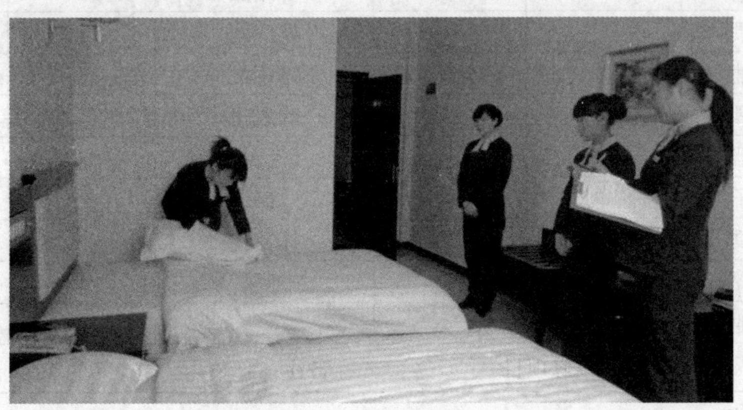

图 4－2 领班普查

服务员整理好客房并自查完毕，由楼层领班对所负责区域内的每一间客房进行全面检查，并保证质量合格。领班查房是服务员自查之后的第一道关，往往也是最后一道关，不仅可以起到拾遗补漏、监督和控制的作用，还可以成为一种很好的岗位培训，帮助和指导服务员不断提高业务技能。领班对房间质量标准的把握及其工作责任心直接影响到房间的合格率，需要由训练有素的优秀员工来担任。

日班领班每天一般要检查 80 ~ 100 间客房，夜班领班的工作量一般为日班领班数量的两倍。领班检查可按顺时针或逆时针方向进行，发现问题，及时记录，并加以解决。对于不合格房间，可以开出返工单（见表 4 – 1），按规定令服务员返工。领班查房完毕，应填写“领班查房表”（ 见表 4 – 2）。

表 4 – 1　　客房返工单

房号________　　日期________　　姓名________

请完成下列工作

完成后请交还，谢谢！

表 4 – 2　　领班查房表

	楼层：______ 房号：______ 服务员：______ 领班：______ 检查时间：______					
	项目	清洁状况	性能	项目	清洁状况	性能
房间卫生	门			面盆		
	窗户			台面		
	窗帘			浴缸及相关物品		
	天花板			电话副机		
	墙面			马桶		
	地面			客用品		
	家具			换气扇		
	床铺			不锈钢配件		
	灯具			吹风机		
	电器			开关		
	镜子			灯具		
	炊具			体重秤		
	印刷品			地毯		
	其他					

计划卫生：　　维修项目：　　备注：

（3）主管抽查。主管负责所辖区域的清洁保养质量，是在领班普查基础上进行的。为全面真实地掌握客房清洁保养的情况，主管应对每一类客房都进行抽查。主管查房数量一般为领班查房数量的 15% ~20%，必查 VIP 客人房和维修房，抽查长住房、走客房等。

同时，为掌握领班的查房质量，督导、促进领班的工作，提高工作效率，主管查房的重点应是领班查过并确认合格的房间。

（4）经理抽查。客房部经理每天要拿出1/2以上的工作时间到楼层巡视，抽查客房的清洁卫生质量，掌握员工的工作状况，了解客人的意见，不断改进管理方法。同时客房部经理还应定期协同其他有关部门经理对客房内的设施进行检查，确保客房部正常运转。

经理查房的主要内容是家具、设备的使用状况、清洁保养状况等。由于经理查房要求比较高，所以被形象地称为“白手套”式的检查。

（5）大堂副理检查。大堂副理也要经常到客房楼层进行检查，尤其要对所有的贵宾房进行检查。很多酒店规定贵宾房必须经大堂副理检查认可。

（6）总经理检查。酒店总经理应抽出一定的时间对客房楼层工作进行检查，一方面是对客房工作的重视，另一方面也是了解酒店客房的现状、客房员工的思想和业务状况的措施之一。这对于加强沟通、收集信息、掌握决策依据、改善管理和提高质量都是非常有益的。

（7）联合检查。酒店定期由总经理召集各有关部门，如工程部、保安部、前厅部、营销部等对客房的清洁保养工作进行联合检查。这种联合检查比较客观，有利于加强相关部门之间的沟通协调。

（8）客人检查。客房清洁保养质量的好坏，最终取决于客人的满意程度。因此，搞好客房清洁保养质量的控制工作，要发挥客人的监督作用，重视客人的意见和反映，有针对性地改进工作。其主要做法：一是直接与客人进行面谈，了解客人的需求，征求客人意见和建议，及时发现客房服务中存在的问题，以便进一步制订和修改客房清洁卫生工作的标准和计划，不断提高服务水准；二是在客房放置《客人意见表》，以征询客人对客房卫生、客房服务以及整个酒店的主要服务项目的意见和建议。

（9）第三方检查。（见图4－3）酒店聘请店外专家、同行、住店客人，通过明察暗访等形式，检查客房的清洁卫生质量乃至整个酒店的服务质量。这种检查看问题比较专业、客观，能发现一些酒店自己不易觉察的问题，有利于找到问题的症结。

图4－3　第三方检查

2. 客房清洁保养质量检查的标准和程序

（1）客房清洁保养质量检查的内容一般包括 4 个方面：清洁卫生质量、物品摆放、设备状况和整体效果，具体的检查标准见表 4－3。

表 4－3　客房日常检查标准

检查内容	检查标准	检查内容	检查标准
1. 卧室部分			
房门	（1）无灰尘、无污迹、无伤痕。 （2）房号牌清洁完好。 （3）门锁钥匙插入自如，开启灵活无松动。 （4）窥镜清洁完好。 （5）“安全逃生”图、“请勿打扰”牌、餐牌齐全完好。 （6）门扣完好。 （7）安全锁链清洁完好。 （8）门铃按时有铃声、声音正常	墙面、天花板	（1）无灰尘、无污迹、无蛛网。 （2）无油漆脱落、墙纸、墙布起翘现象。 （3）无漏水、渗水现象
地毯	（1）无灰尘、无污迹、无杂物。 （2）无烟痕、压痕和脚印	护墙板、地脚线	（1）无灰尘、无污迹。 （2）完好无损
软面家具	（1）无灰尘、无污迹、无破损。 （2）摆放得当	硬面家具	（1）光洁明亮。 （2）无伤痕、无木刺、无尖钉外露。 （3）坚固无松动。 （4）摆放得当
床	（1）床头板清洁完好。 （2）床单更换，无破损、无毛发。 （3）铺法规范正确，美观清洁。 （4）床垫按期翻转，符合规定。 （5）床底清洁无杂物	抽屉	（1）清洁，无灰尘、无杂物。 （2）开关灵便，把手完好。 （3）用品齐全
电话机	（1）无灰尘、无污迹，定期消毒。 （2）摆放位置正确。 （3）电话线整齐、有序，无缠绕。 （4）使用正常	灯具	（1）清洁完好。 （2）位置正确。 （3）灯泡功率符合规定。 （4）清洁完好，接缝面向墙
镜子	（1）清洁明亮，无灰尘、无污迹。 （2）无破裂。 （3）镜框清洁完好	挂画	（1）清洁完好。 （2）悬挂端正

续　表

检查内容	检查标准	检查内容	检查标准
1. 卧室部分			
壁橱	（1）内外清洁。 （2）门开关灵活。 （3）用品配置符合规定。 （4）壁橱内的灯能随门的开和关而亮、灭。 （5）衣架杆牢固无浮尘。 （6）服务用品摆放整齐，数量齐全	电视机	（1）表面清洁。 （2）底座（转盘）清洁完好。 （3）工作正常。 （4）频道设置符合规定。 （5）遥控器清洁完好，能正常使用，并摆放在规定的地方。 （6）电视机清洁完好，摆放正确
窗帘	（1）清洁完好，无污渍、无脱落。 （2）开关灵便。 （3）悬挂美观、对称，褶皱均匀	垃圾桶	（1）清洁完好。 （2）套有干净的垃圾袋。 （3）摆放位置正确
小酒吧	（1）吧台、酒架清洁。 （2）用品配置符合要求，清洁完好。 （3）酒水配置符合规定	窗户	（1）窗玻璃清洁完好。 （2）窗台清洁，无杂物。 （3）关锁闭窗
空调	（1）滤网及通风口清洁无积尘。 （2）能正常工作。 （3）温度调节符合要求	电冰箱	（1）清洁卫生，无异味。 （2）饮料配置符合规定。 （3）用品配置符合规定。 （4）温度调节符合规定
保险箱	（1）清洁完好。 （2）有使用说明书	收音机、音响	能正常使用，频道与音量符合规定
客用物品	（1）客用物品的品种、数量符合规定。 （2）质量符合要求	植物花草	（1）清洁无灰尘。 （2）无枯枝败叶。 （3）盆套整洁完好。 （4）摆放符合规定。 （5）定期浇水、施肥、修剪。 （6）摆放符合要求
2. 卫生间部分			
门	（1）清洁完好。 （2）开关灵便，能反锁	便器	（1）内外清洁。 （2）使用正常，不漏水

续　表

检查内容	检查标准	检查内容	检查标准
2. 卫生间部分			
墙	（1）墙面清洁。 （2）墙砖完好，无脱落、无裂缝	浴缸	（1）内外清洁，无污迹、无水迹。 （2）金属器件清洁、明亮、完好。 （3）下水口清洁，无毛发，水塞完好。 （4）浴帘清洁完好。 （5）晾衣绳能正常使用
天花板	（1）无灰尘、无斑迹、无水迹。 （2）完好无损	镜子	（1）镜框清洁完好。 （2）镜面清洁明亮，无破裂
地面	（1）无灰尘、无污迹、无毛发。 （2）地砖完好。 （3）下水口清洁且无异味	脸盆、洗脸台	（1）清洁完好，无灰尘、无污迹、无水迹。 （2）金属器件清洁、明亮、完好。 （3）下水口清洁，水塞完好。 （4）台面清洁整齐
电吹风	（1）清洁。 （2）使用正常	灯	（1）清洁完好。 （2）灯泡功率符合要求
电话机	清洁完好	排风扇	（1）清洁完好。 （2）噪音低
客用物品	（1）品种、数量符合规定。 （2）质量、摆放符合要求	毛巾架	清洁完好，无松动
3. 走廊部分			
地毯	（1）无灰尘、无污迹、无杂物、无破损。 （2）无烟痕、压痕和脚印	墙面	（1）墙面清洁。 （2）墙砖完好，无脱落、无裂
消防器材	（1）清洁完好。 （2）能正常使用。 （3）安全门开闭自如	落地灯	（1）摆放位置适合客人使用。 （2）清洁，无污迹
走廊开关	（1）能正常使用。 （2）清洁卫生	照明及指示灯	使用正常，清洁污迹
4. 总体感觉	清扫整理后的客房，给人的总体感觉应该是：安全、清洁、卫生、整齐、美观、舒适		

（2）检查的方法和程序

对客房进行检查时，主要采用看、摸、试、嗅、听等方法。

看：检查人员通过目测，看客房的整体状况是否合格；

摸：检查人员通过手摸，看客房各处是否有灰尘；

试：检查人员通过试用，检查设备是否正常完好；

嗅：检查人员通过鼻子嗅，辨别客房内有无异味；

听：检查人员通过耳朵听，检查客房内有无异常声响。

由于客房内需要检查的部位和设备用品很多，为了防止疏漏，检查客房要按顺时针或逆时针方向循序依次进行。

3. 严格考核

考核就是对员工的工作表现和成绩进行评定，对员工进行考核有利于加强员工的责任心，同时为其他工作，包括奖金的分配和评优、定级等提供依据。

（1）考核的原则。根据客房清洁保养工作的性质和特点，对客房服务员客房清洁保养工作进行考核时，必须依据“100 - 1 = 0”的原则。

（2）考核的方法。①规定各类考核项目的量化标准和具体要求；②用“100 - 1 = 0”的原则进行评分；③服务员当日考核得分为：全部房间的总得分之和 ÷ 房间数 + 其他考核项目得分；④将当日考核结果报客房中心汇总公布；⑤服务员当月的考核分为：每日得分之和 ÷ 当月出勤天数。

三、客房对客服务质量控制

客房对客服务是整个酒店对客服务工作的重要方面，其质量好坏直接影响酒店的整体服务质量。因此，客房部以及整个酒店都必须高度重视客房对客服务工作，采取一系列措施和方法加强对客服务质量的控制。

（一）对客服务质量控制的三大目标

对客服务质量的控制，必须有明确的目标，才能提高对客服务的整体水平和顾客的满意程度。

1. 以顾客为中心

酒店依存于顾客，因此酒店应理解顾客当前和未来的需求，满足顾客的需求并争取超越顾客的期望。

（1）对客服务项目的设定和质量标准制定，必须符合顾客的需求与期望。顾客的需求和期望主要表现在三个方面：

①物质享受，即为客人提供一个舒适宜人的住宿环境；

②精神享受，即提供符合自身星级和档次的多种服务；

③发展需求，即为客人提供获取知识和信息，以及进行商务活动的服务。

（2）及时将顾客需求和期望的质量标准和相关信息在客房部全体员工中进行沟通，达成共识。

（3）测量顾客的满意程度并根据结果采取相应的活动措施。

2. 促进酒店的持续改进

顾客的需求和期望是不断变化的，同时，社会经济的发展、科学技术的进步以及酒店业的竞争，驱使酒店通过对客服务质量控制，持续改进酒店的产品以及服务项目和服务规程，增强竞争力，提高酒店的整体效率。持续改进服务质量，应成为酒店的一项制度；持续改进酒店的产品和服务是酒店追求的永恒目标。

3. 预防客房产品不合格

客房产品及服务是否合格，最终以是否能满足客人的要求和期望为判断的依据。来自不同地区和国家的不同类型的客人，由于他们所处社会经济环境不同、经历不同，消费水平和消费习惯不同，对服务接待的要求也不尽相同，客人对服务质量的感受往往带有较大的个人特点。因此，对客服务质量的控制，不能仅仅满足于对客的规范服务，而应采取积极的措施，争取满足不同顾客的特殊要求，做好针对性服务，以此作为客房产品合格与否的控制标准。

（二）规定质量标准

1. 对客服务标准制定的基本原则

对客服务标准的制定，必须遵循方便客人、方便操作和方便管理的基本原则。

（1）方便客人。制定、实施对客服务标准，是为了使客人获得满意的服务，使其有宾至如归的感觉，感到像家里一样的方便和温馨，享受家里所没有的舒适氛围，因此，对客服务标准的制定必须以此为出发点，根据客人的不同特点和要求，进行灵活和机动的针对性服务。

（2）方便操作。节约时间、方便操作、减少不必要的体力消耗、提高工作效率是制定标准应遵循的另一个原则，制定服务标准应以具体、实用、可操作为主。

（3）方便管理。实行标准化管理，在于减轻管理者的负担、易监控、易于贯彻管理意图，使客房对客服务有一个统一的质量标准。对客服务标准的制定和使用是一种管理的艺术，客房管理者要有自己的管理理念，根据客源市场的需求情况和自己酒店的特殊情况，包括客房设施条件和员工素质，甚至自己的管理风格等，来制定和实施符合客人需求的标准，而不是照抄、照搬别人的东西。

2. 对客服务的基本标准

为提高宾客的满意程度，客房部一般应制定以下对客服务标准：

（1）服务程序标准。服务程序标准是服务环境的时间顺序标准，即在服务操作上应先做什么、后做什么。该标准是保证服务全面、准确及流畅的前提条件。

（2）服务效率标准。服务效率标准是对客服务的时效标准。这项标准是保证客人能得到及时、快捷、有效服务的前提条件，也是客房服务质量的保证。这项标准的制定要视各个酒店的具体情况进行，且要有专业管理人员、具体操作人员的参与。

（3）服务设施、用品标准。服务设施、用品标准是酒店为客人提供的设施、用品的质量、数量标准，是控制服务质量的有效方法。它是从质量、数量、状态三个方面制定的标准。如，四星级酒店的浴巾，重量上不得低于600克，质量上要求不得小于140厘米×80厘米，全棉，无色差，手感柔和，吸水性能好，无明显破损性疵点，数量上要求每床

配备一条，状态上要求洗涤干净，折叠整齐，放于毛巾架上。

（4）服务状态标准。服务状态标准是对服务人员言行举止所规定的标准。如，接待客人时要站立、面带微笑、使用敬语等。

（5）服务技能标准。服务技能标准是对客房服务人员应达到的服务操作水平所指定的标准。如铺床标准、浴室清洁标准、抹浮尘标准、做夜床标准等，只有熟练掌握服务技能，才能提供优质的服务。

（6）服务规格标准。服务规格标准是针对不同类型宾客制定的不同规格标准。如，在贵宾的房间放置鲜花、水果，根据贵宾的不同级别还需布置其他物品，根据长住客人的客史档案记录布置房间等。

（7）服务质量检查和事故处理标准。服务质量检查和事故处理标准是上述各项标准贯彻执行情况的检查标准，也是衡量客房服务是否有效的尺度。此标准重点由两方面构成，一是对员工的奖惩标准；二是对宾客进行补偿及挽回影响的具体措施。

（三）重视全过程的控制

服务质量是在服务前、服务中和服务后的全过程中实现并得到保证的。

1. 事前控制：设立标准，人人皆知

程序和标准的制定是质量控制的基础，只有通过对员工的培训才能使员工理解实施质量标准的意义，懂得怎样为客人提供优质服务。

（1）建立客房内部的检查机制。即制定“自查”、“互检”的责任制和控制方案，确保服务质量的控制不流于形式。

（2）加强沟通与协调。客房部应通过内部通气、表格、班前会及交接班制度等，建立起良好的沟通系统，确保对客服务信息畅通，及时满足客人的需求。

2. 事中控制：识别关键，调控偏差

识别关键活动，即找出影响对客服务质量的关键性岗位或关键性活动，也就是人们常说的服务质量的控制点。抓住了服务工作的“关键工序”和“关键岗位”，就抓住了服务质量的根本。关键点的特点有：

（1）对服务质量影响大、起决定作用的岗位或活动。

（2）经常出现不良服务的岗位或活动。

（3）顾客反应大、意见多的岗位或活动。

3. 事后控制：评估总结，持续改进

任何事情都是不断发展的，人们对服务质量的要求也在不断提高，因此，质量管理应及时总结经验，关注顾客需求的变化和客房产品的新发展，把服务质量的提高作为一个持续改进的过程来进行。

（1）定期召开部门质量会，根据宾客需求的变化对服务程序和标准进行修改，对服务用品进行调整。

（2）在客房部内部，营造一种质量改进的环境，通过承认和激励的方法，促进对客服务质量的不断提高。

（四）对客服务工作质量控制的要求

1. 以人为本

影响对客服务质量的诸多因素中，人的因素是首要因素。全体员工是酒店之本，只有全体员工的充分参与，才能使对客服务质量得到保证。

（1）重视对员工的教育。要对客房部员工进行质量意识、职业道德以顾客为中心的意识及敬业精神的教育，激发他们的积极性和责任感。

（2）重视员工的利益和福利待遇。酒店重视员工利益和培训，才能吸引和保持优秀员工队伍。

（3）开展对人的心理和行为研究。服务对象是人，是人与人之间的直接接触，人的一切行为是受心理因素驱使的，客房管理者必须对服务者和被服务者的心理行为特点进行深入研究，掌握不同类型的心理因素的规律，才能有的放矢地做好针对性服务。

2. 系统管理

客房对客服务质量是一个由相互影响、相互制约、相互联系的因素构成的整体，对影响客房服务质量的人、设施、材料、能力、环境等方面进行协调管理，才能使对客服务的各个过程彼此协调一致，取得预期的结果。

3. 预防为主

“预防为主”是质量控制的关键所在。“预防为主”就是要变事后把关为“事前预防”，把管“结果”变为管“过程”和管“因素”，使对客服务质量问题消失在质量的形成过程，做到防患于未然。

（五）对客服务的基本模式（该内容在项目三任务一中已有详细阐述，在此就不再作介绍）

操作要点

正确填写各类表格。

表 4－4　客房清扫日报表

楼层：　　区域：　　服务员：　　领班：　　月　　日

清扫客房				撤换布件数量						补充日耗品数量											
房号	房态	时间		床单	枕套	浴巾	面巾	地巾	方巾	购物袋	信封及信纸	茶叶	洗衣袋	沐浴液	牙具	香皂	梳子	卫生纸	面巾纸	擦鞋纸	针线包
		进	出																		

计划卫生：　　维修要求：　　备注：

表 4－5　　客房日常检查的内容

检查的内容	有无问题	检查的内容	有无问题
1. 卧室部分			
房门		墙面、天花板	
地毯		护墙板、地脚线	
软面家具		硬面家具	
床		抽屉	
电话机		灯具	
镜子		挂画	
收音机、音响		电视机	
窗户		垃圾桶	
小酒吧		窗帘	
空调		电冰箱	
保险箱		壁橱	
客用物品		植物花草	
2. 卫生间部分			
门		便器	
墙		浴缸	
天花板		镜子	
地面		脸盆、洗脸台	
电吹风		灯	
电话机		排风扇	
客用物品		毛巾架	
3. 走廊部分			
地毯		墙面	
照明及指示灯		空调出风口	
消防器材		落地灯	
走廊开关		照明及指示灯	
4. 总体感觉			

表 4－6　　服务中心电话记录表

班次：			日期：____年____月____日	
时间	发话人	受话人	内容	处理意见或结果

案例分析

不要凭主观想象下结论

一天中午，实习生李明正在楼层服务台值班。一位客人来到服务台问李明："现在是不是停水了？"李明马上答道："请您稍等一下，我帮您看看。"然后到公共卫生间去看供水情况。她拧开水龙头，见水流不太大，就回到服务台告诉客人："对不起，小姐，现在水压低，过一会可能就来水了。"那位客人很无奈，因为她刚从外边游玩回来，非常想洗个澡。客人走后，李明对这事还不放心，就打开空房到卫生间看了看，结果水流很正常。李明锁好房门，回到服务台，后悔了，她想，刚才没有仔细检查就轻率地告诉客人水压低，我应该到客人的房间去看看，是淋浴器坏了，还是什么别的原因。

晚上开餐时间，李明见到了这位客人，忙上前询问："您的房间有水了吗？"那位客人答道："当时没水，我就先休息了，睡起来后又看了看，有水了，我刚洗了澡，没事了。"但李明心里很愧疚，那天气温那么高，从外边回来没及时洗澡，客人一定非常不舒服，都怨自己太粗心大意了，耽误了客人洗澡。

问题：本案例中，李明的做法哪里不妥？

知识链接

表 4－7　　长住客人需求征求意见表

尊敬的客人：

首先请允许我对阁下长住我酒店表示热烈的欢迎。如果您需要我店客房部的任何额外服务，请拨分机________找我。为向您提供尽可能满意的服务，请将您的需求填入下表：

特别安排：

（1）您喜欢每天几点叫醒？________

（2）您希望我们何时清洁您的房间？________

（3）您希望我们何时收取您的待洗衣服？________

（4）您喜欢每晚将早餐卡放在床上吗？________

续　表

(5) 您还需要每天几点叫醒什么其他服务？________________
祝您住店愉快！
客房部经理

任务思考与练习

一、简答题

1. 客房服务质量管理的内涵和基本要求
2. 简述客房清洁保养的检查体系
3. 对客服务的基本标准

二、案例分析题

半夜闯进客房

在深圳一个三星级酒店，实习生王军正在客房某楼层值夜班。已经深夜12点多了，客人都已休息，楼内静悄悄的。这时他的一个朋友来到楼层找到正在值夜班的实习生王军说："你给我找个地方住。"王军一听此情，想了想就说道："我去给你找一床被子，你去我宿舍住吧。"王军匆忙来到一个房间门前，也没有看这间房是不是空房，进房间前只是简单地敲了两下门，不管有无反应，拿着钥匙就打开了房门。客人一下子惊醒了，忙问王军："你干什么？"王军一看房内有客人已慌了神，撒谎说："我给您送开水。"客人不客气地说："谁让你给送啦！我们早就睡下了，谁知你要干什么？我马上打110报警。"王军一看事情已经闹大，只好连声道歉，请求客人不要报警。客人说："不报警就请你们总经理来解释解释。"

王军连忙请来客房部经理，客房部经理不停地道歉，客人们不干，非要求总经理出面。无奈，客房部经理与总经理取得联系，讲出此情，总经理从家中赶到宾馆来客人房间诚恳道歉，客房部经理也反复道歉，好话说尽，客人仍是不依不饶。最后总经理决定赠送客人一条高档皮带，客人这才罢休。总经理、客房部经理花了4个多小时才算把此事平息。王军夜闯客房，属于恶性违章，立即被店方辞退。

问题：本案例中，王军错在哪里，为什么被辞退？

客人遗留了鞋子

一天，客房部领班孙平在查房时，发现客房抽屉里有一双遗留的鞋子。孙平感到很奇怪，立即打电话到房务中心查询此房间的客人是否已离店，并向客房服务中心通报了客人有遗留物品在房间里，要求做好记录，留备客人查询。然后，在工作表上做了详细记录，注明时间和所发生事情的概况。

经过向当班服务员王梅和房务中心查询，得知此房客人并没有离店，而是转房去了其他楼层。而服务员王梅在查房时，由于没有认真检查，没有发现客人遗留的物品。晚上12点，客人从外面回来。房务中心通知他领回自己的鞋子时，他才发现遗失了鞋子。

问题：分析本案例中酒店服务员的做法？

任务二　客人投诉及其处理

学习目标

●知识目标

1. 能找出客人投诉产生的原因
2. 正确认识客人投诉
3. 掌握客人投诉的处理程序

●技能目标

能正确处理客人投诉

知识要点

客人需求的差异性和酒店服务的复杂性，使任何一个酒店都不能做到使每一位客人百分百满意。客人的投诉是不可避免的。投诉是指客人因对酒店服务质量不满而提出的批评意见。客人投诉的方式一般采用电话、书面或当面投诉。客人的投诉一般由大堂副理负责。客人也可能直接向客房服务员发泄心中的不满或找楼层领班、主管甚至客房部经理投诉。因此，客房部的服务人员和管理人员必须重视客人的投诉，善于处理客人的投诉。这对于提高酒店的服务质量和管理水平，赢得回头客人，都具有重要意义。

一、投诉产生的原因

就客房部而言，投诉的产生通常有以下四个方面的原因：

（一）客房硬件设施不达标或出现故障

客人都有一种等值消费的心理，即花了多少钱就应得到相应的硬件和软件服务。而对房间设施设备的等值评估是最基本的。客房的设施设备是为客人提供服务的基础，设施设备出故障，如：房间设施设备陈旧不齐全、家具破损、空调失灵等，服务态度再好也无法弥补。我国一些酒店同国际酒店相比，存在的突出问题之一就是设施设备保养不善，这不仅导致酒店经营成本上升，而且严重影响了对客服务的质量，常常引起客人的投诉。

（二）客房服务员的素质低和服务质量低

1. 客房清洁卫生不达标

有统计资料表明，有关卫生问题的投诉占了总投诉的30%左右。尤其是主要接待外宾的酒店，客人对卫生方面的要求相当高，房间整理是否及时、卫生是否符合标准，稍有偏差都会引起客人不满。

2. 服务员待客不一视同仁、不礼貌，给客人脸色看

客人都有受到尊重的心理需求，如让他感到自己不受重视或服务员厚此薄彼，抱怨乃至抗议便在所难免。

3. 服务员动用客人物品

服务员在服务工作中有意、无意地挪动或使用了客人的物品，都会令客人反感，尤其是一些生活上非常细心的客人。这类的投诉率也是比较高的。

4. 客人休息时受到噪音干扰

客房主要是供客人休息的，客人有要求安静、不受噪音干扰的权利，如服务员工作中的说笑声过高，房间隔音效果不好，相邻客房互相干扰等，都是此类投诉的根源。

5. 服务员个人形象邋遢不佳

（三）酒店管理不善

1. 酒店产品不佳

酒店提供的产品不佳，也会引起客人的投诉。如菜肴中有异物、房间内有异味等。

2. 客人物品丢失或被盗窃

这实际上是客房安全管理的问题。客人物品丢失或被盗，无论该物品的贵重程度如何，对客人来说都可能是无法原谅的，影响很坏。

3. 客人洗涤事故

这类投诉主要包括：客衣丢失、衣物破损、客衣口袋内的贵重物品丢失等。

4. 客人对酒店有关政策规定不了解或误解

有时候酒店方面没有什么过错，之所以被投诉是因为客人对酒店有关政策规定不了解或误解造成的，在这种情况下，就要对客人耐心解释，并热情帮助客人解决问题。

（四）客人方面的原因

客人因多种原因，有意、无意带走或损坏了房间的固定物品，服务员发现后通过正常途径请客人赔偿，为此而引出的投诉纠纷也是很多的。客人期望值过高，与酒店提供的服务标准有较大差距，或是客人自身情绪不佳，寻找发泄渠道，都会引起客人的投诉。

（五）其他原因

意外事件和突发事件的发生，如意外受伤、停电停水、发生火灾等，也会引起客人的投诉。

二、对客人投诉的认识

投诉是沟通酒店管理者和客人之间的桥梁，对客人的投诉应该正确认识。投诉是坏事，也是好事，它可能会使被投诉的对象感到不愉快，甚至受罚，接待投诉客人也不是一件令人愉快的事，对很多人来讲，是一种挑战。但投诉又是一个信号，告诉我们酒店服务和管理中存在的问题。形象地说，投诉的客人就像一位医生，免费为酒店提供诊断，使酒店管理者能对症下药，改进服务和设施，吸引更多的客人前来。因此，服务人员及管理层对客人的投诉必须给予更多的重视，持真诚的欢迎态度。

具体而言，对酒店来说，客人投诉的意义表现在以下几个方面：

（一）帮助酒店发现存在的问题

客人是酒店产品的直接消费者，对酒店服务中存在的问题有切身的体会和感受，因此，他们比酒店管理者及服务人员更容易发现酒店服务管理中存在的问题与不足，可以帮助酒店及时发现自身存在的问题。

（二）改善宾客关系

通过客人的投诉，酒店了解到客人的“不满意”，从而为酒店提供了一次极好的改善宾客关系的机会，妥善处理客人投诉，使其能够将“不满意”转变为“满意”，消除客人对酒店的不良印象，减少负面宣传，有利于酒店的市场营销。

（三）有利于酒店改善服务质量，提高管理水平

酒店可通过客人的投诉不断地发现问题，解决问题，从而改善服务质量，提高管理水平。可以这样认为，处理好客人的投诉是一项不需要酒店花钱的投资。它能直接提高客人的满意率和酒店的美誉度。

三、处理客人投诉的程序和方法

接待投诉客人，无论对服务人员还是管理人员，都是一个挑战。要使接待投诉客人的工作不再那么困难，使工作变得轻松，同时又使客人满意，就必须掌握处理客人投诉的程序。

（一）切实提高服务质量，预防投诉的产生

顾客的评定是对服务质量的基本测量。大部分不满意的客人在没有蒙受重大损失或没有受到极大侮辱的情况下，是不会愤然投诉的。酒店必须全面提高服务质量，控制产生投诉的“原因”和“过程”，尽量不让客人带着不满意离去，这才是最根本、最可靠的处理客人投诉的最佳方法。

（二）做好接待投诉客人的心理准备

为了正确、轻松地处理客人投诉，必须做好接待投诉客人的心理准备。

首先，树立“客人总是对的”的信念。一般来说，客人来投诉，说明我们的服务和管理有问题。酒店业，乃至整个服务员都在提倡“即使客人错了，也要把‘对’让给客人”。只有这样，才能减少与客人的对抗情绪。这是处理好客人投诉的第一步。

其次，要掌握投诉客人的心态。投诉客人通常有以下三种心态：一是求发泄，客人在酒店遇到令人气愤的事，不吐不快，于是前来投诉；二是求尊重，无论是软件服务，还是硬件设施，出现问题，在某种意义上都是对客人不尊重的表现，客人前来投诉就是为了挽回面子，求得尊重；三是为了求补偿，有些客人无论酒店有无过错，或问题大小，都可能来投诉，其真正目的可能在于求补偿。因此，在接待投诉客人时，要正确理解客人、尊重客人，给客人发泄的机会，不要与客人进行无谓的争辩。如果客人投诉的真正目的在于求补偿，接待者则要看自己有无权利给其补偿。如果没有这样的授权，就要请上一级管理人员出面接待投诉客人。

（三）设法使客人“降温”

客人向酒店投诉时，心中往往充满了怒火，希望能通过投诉的机会发泄出来，以维持他们的心理平衡。而且投诉的最终解决只有在“心平气和”的状态下才能进行，因此，接待投诉客人时，首先要保持冷静、理智，同时，要设法消除客人的怒气。“降温”就是要注意创造一种环境，让客人自由地发泄他们受压抑的情绪，把火气降下来，恢复其理智，这样有利于了解事情的来龙去脉。

此时，以下几点要特别注意，否则不但不能消除客人的怒气，还可能使客人“气”上加“气”，导致火上浇油的恶果。

1. 认真倾听客人的投诉

应让客人把话说完，切勿胡乱解释或随便打断客人的讲述。酒店员工接受客人投诉时，不要理解为是对个人的指责，急于去争辩和反驳。

2. 要有足够的耐心

客人讲话时，酒店员工要表现出足够的耐心，绝不能随客人情绪的波动而波动，不得失态。即使是遇见一些故意挑剔、无理取闹者，也不应与之大声争辩，或以“理”压人，而要耐心听取其意见，以柔克刚，使事态不致扩大或影响他人。

3. 注意语言

讲话时要注意语音、语调、语气及音量的大小。

4. 慎用“微笑”

接待投诉客人时，要慎用“微笑”，否则会使客人产生错觉。

（四）使用“替代”方法

客人在采取了投诉行动后，都希望别人认为他的投诉是正确的，他们是值得同情的。另外，客人前来投诉时，对酒店的工作人员会有一种戒备心理，因为他们往往认为，酒店的人仅仅是酒店利益的代表。针对客人的这种心理，酒店工作人员要把投诉的客人看成是一种需要帮助的人，这样才能变成解决问题的起点。“替代”方法，即酒店人员以自己一系列实际行动和活动，使客人感到有关部门和人员是尊重和同情客人的，是站在客人立场上真心实意地帮助客人的，从而把不满的情绪转化为感谢的心情。具体做法有：

1. 让座上茶

当客人找到酒店员工“面对面”地投诉时，有可能的话，邀请他到办公室，请他坐下来讲话，同时为客人送上一杯茶水或免费饮料。

2. 认真做好记录

接受客人投诉时，要注意做好记录，包括客人投诉的内容、客人的姓名、房号、投诉时间及客人投诉的要点等，以示对客人投诉的重视，同时也是酒店处理客人投诉的原始依据。

3. 对客人表示同情

在听完客人投诉后，首先表示歉意，要对客人表示同情和理解。如，“如果我是您，我也会感到不平和不满意”等。这样，会使客人感觉受到尊重，自己投诉并非无理取闹，同时也使客人信赖酒店的工作人员，把接受投诉的工作人员看成是他们利益的代表，从而减少对抗情绪。

（五）维护客人和酒店双方的利益

在处理客人投诉中要注意维护客人和酒店双方的利益。既要为客人排忧解难，为客人利益着想，又不可在未弄清事实前，盲目承认客人对具体事实的陈述轻易表态，以免引起纠纷和赔偿事件，给酒店造成经济损失。

（六）果断地解决问题

在接待客人投诉时，要善于分析，听清客人的意见、要求，然后迅速果断地处理。如果是自己能解决的问题，应迅速回复客人，告诉客人处理意见。对一些看来明显是服务工作中的失误，应立即向客人道歉，在征得客人同意后，做出补偿性处理。所有客人的投诉，应尽量在客人离店前得到圆满解决，要把处理客人投诉作为重新建立酒店声誉的机会。如，客人入住进房后，发现客房还没有收拾好，非常气愤，要求退房，接待员应尝试更换一间收拾好的客房并道歉。如确属暂时不能解决的，也要耐心向客人解释，取得谅解，并请客人留下地址和姓名，以便日后告诉客人最终处理结果。大胆使用自己的权利，果断、迅速地处理问题，是解决客人投诉的关键所在。

（七）用恰当的方法处理客人投诉

用恰当的方式处理投诉可以化干戈为玉帛，反之则会因小失大。一般要掌握投诉者的投诉心理，然后找到恰当的处理方法。

1. 客人急于解决问题

这类客人往往通过电话或口头方式提出投诉。处理这类投诉的原则是，尽快解决客人急于解决的问题。第一，要注意与当事人的口头交流，讲究语言方式；第二，要及时采取补救措施。对短时间内无法解决的事情要给客人明确回复，说明酒店对这件事的重视程度，使客人有心理上的满足。

2. 希望酒店能提高管理水平

这类客人大都对酒店有良好的印象，对服务及管理中出现的问题他们会提出书面建议。对这类信函应由部门经理亲自处理，视情况回信给客人或约客人当面交流，告知其改进的措施和杜绝此类事件发生的方法。

3. 对酒店有成见的客人

极个别对酒店反感的客人，往往采取比较偏激的方法来提出投诉，大吵大闹。客房及酒店工作人员在与客人的“冲突”中，始终处于不利的地位，因为客人和服务员的地位是不平等的。那些故意找茬的客人对这一点也了解得非常清楚。酒店员工在面对这类客人时，要用正确方法控制自己的情绪和言行，要始终坚持有理、有利、有节、有礼貌地处理问题，平息投诉者的怒气，避免在公众场合处理问题。无论客人提出的问题是否符合事实，都必须认真倾听，从容大度地对待投诉者，待其怒气平息后再共商解决问题的办法。处理得好时甚至将坏事变成好事的例子也不在少数。

4. 恶意投诉的客人

个别客人提出非分要求，明显地无理取闹，行为、语言粗鲁，虽然经合理而耐心的解释，但仍发生投诉，即为恶意投诉。酒店员工在面对这类客人时，应及时向上级汇报，由保安人员或更高一层的管理人员出面再次进行劝阻，或者劝其离开现场，以免给其他客人造成不良影响或干扰正常服务工作。对情节十分严重者，应通知当地派出所，以维护酒店的正当利益。

对投诉的处理方法最终还要因人而异，尽量争取使每位投诉者都满意。

（八）对客人投诉处理的结果予以关注

接待投诉客人的人，并不一定是实际解决问题的人，因此，客人的投诉是否最终得到了解决，仍然是个问号。事实上，很多客人的投诉并未得到解决，因此，必须对投诉的处理过程进行跟踪，对处理结果予以关注。现在，不少酒店对客人的投诉采用“到我为止”的方法，即第一位接待客人投诉的人就是解决问题的主要责任人。必须将处理客人投诉和满足客人要求的事情负责到底，直到事情圆满解决。这是提高服务质量的有效方法之一。

（九）将以往投诉作为培训案例，预防投诉的再次发生

投诉处理完以后，有关人员，尤其是管理人员还应对该投诉的产生及其处理过程进行反思，分析该投诉产生的原因、处理技巧等，通过对处理过程的分析，形成培训案例对员工进行教育，避免此类投诉的再次发生。只有这样，才能不断改进服务质量，提高管理水平，并真正掌握处理客人投诉的方法和艺术。

操作要点

1. 接待电话投诉的客人

（1）在电话铃响 10 秒之内接听，使用敬语。如：“您好，这里是客房服务中心”。

（2）重复客人投诉内容，记录客人的投诉内容，客人的房间号，客人的姓名。如：“张先生，1315 房的 × × 坏了，是吗？”

（3）告诉客人马上会有人来处理他的投诉事宜。如：“您放心，我马上通知 × × 部工作人员到您房间进行维修，非常抱歉给您带来不便。”

（4）等客人挂电话后再将电话挂上。

（5）马上处理客人投诉的事宜，并跟进客人的投诉。

2. 处理客人投诉的技巧（见表4－8）

表4－8　处理客人投诉的技巧

项目	工作岗位	工作任务	工作行为
处理客人投诉的技巧	楼层领班、高级服务员	任务一　处理客人投诉的程序	认真听取客人的叙述
			记录要点
			对客人表示同情和理解
			把准备采取的措施告诉客人，征求客人的意见
			对处理结果予以关注
			询问客人对于投诉处理结果的意见
		任务二　处理客人投诉的方法	做好接待投诉客人的心理准备
			了解客人投诉的三种心态
			设法使客人“降温”
			使用“替代”方法
			维护客人和酒店双方的利益
		任务三　常见的投诉处理	对设备的投诉
			对服务态度的投诉
			对服务质量的投诉
			异常事件的投诉

（1）处理客人投诉的程序（见表4－9）

表4－9　处理客人投诉的程序

任务程序	操作要求	目　的
认真听取客人的叙述	客人叙述时，受诉者应集中注意力倾听，并适时提出问题，这样可以在较短的时间内弄清事情的经过，提高办事效率。 要求：受诉者要保持镇定、冷静、认真倾听客人的意见，要表现出对对方高度的尊重	了解问题的所在，表示对客人的尊重及对客人投诉的关注度
记录要点	在倾听的过程中，要将客人投诉的内容、客人的姓名、房号等认真记录下来，作为下一步解决问题的资料和原始依据。 要求：对客人投诉的要点，讲到的一些细节，要记录清楚，并适时复述，以缓和客人情绪	向客人表示自己代表酒店所采取的郑重态度时把客人的喜怒哀乐放在重要位置

续　表

任务程序	操作要求	目　的
对客人表示同情和理解	客人在投诉事件发生后，心情烦乱。应适时地安慰客人	体现对客人的关心和理解
把准备采取措施告诉客人，征求客人的意见	告诉客人酒店对此事的处理方法，以显示对此事的重视。尊重客人的意见，征询客人对处理意见是否满意	体现对客人的尊重
对处理结果给予关注	接待投诉的员工，有时往往不能直接去解决问题；但应对处理结果进行跟踪，给予关注，确定客人的问题是否给予解决	表示酒店对此事的重视
询问客人对于投诉处理结果的意见	从客人处了解客人对最终的处理结果是否满意。感谢客人对员工的理解，并告诉客人此类事情将不会再发生	体现对客人的关心和感谢

（2）处理客人投诉的方法（见表4－10）

表4－10　　处理客人投诉的方法

任务程序	操作要求	目　的
做好接待投诉客人的心理准备	在接待客人的投诉时，一定要了解客人的投诉心理。树立客人“永远是对的”的服务理念	加强员工对服务意识的渗透
了解客人投诉的三种心态	（1）求尊重。客人在酒店遇到了令人气愤的事，不吐不快，于是前来投诉。 （2）求发泄。客人在碰到使他们烦恼的事情或遇到使客人丢面子的事情之后，心中充满了怨气、怒火，通过投诉求发泄，以维持心理平衡。 （3）求赔偿。有些客人无论酒店有无过错，问题是大是小，都可能前来投诉，其真正目的并不在于事实本身，而在于求赔偿	了解客人的心理，针对客人的心理处理好投诉事件
设法使客人降温	（1）认真倾听客人的投诉，不要急于与客人争辩和反驳。 （2）要有足够的耐心。 （3）注意语言及语言的艺术性。 （4）慎用“微笑”	尽量使愤怒的客人冷静下来，客人在不受情绪波动影响时，容易产生对酒店的理解和谅解
使用“替代”方法	（1）让座赠茶。 （2）认真做好记录。 （3）表示对客人的理解	表现出对客人的关心、理解

续 表

任务程序	操作要求	目 的
维护客人和酒店双方的利益	既要为客人排忧解难，为客人利益着想，又不可在没有弄清事实前，盲目承认客人对具体事实的陈述，轻易表态，以免引起纠纷和赔偿事件，给酒店造成经济损失	尽可能地处理好客人的投诉

（3）常见的投诉处理（见表4－11）

表4－11　　常见的投诉处理

任务程序	任务描述	工作行为	目 的
对设备的投诉	主要包括：空调、照明、供水、供电、家具、房间设施与设备、电梯等	服务人员受理客人有关设备的投诉时，最好的方法是立即去实地观察，然后根据情况，采取措施。事后，前厅服务人员应再次与客人电话联系，以确认客人的要求已得到了满足	加强服务人员对该类事件的处理能力
对服务态度的投诉	主要包括：粗鲁的语言，不负责任的答复或行为，冷冰冰的态度，若无其事、爱理不理的接待方式，过分的热情等	找到被投诉的服务员，对其进行教育，并责令其向客人赔礼道歉	提高服务人员的服务素质
对服务质量的投诉	客房清洁卫生不达标准；服务员动用客人物品；客人休息时受到噪音等因素的干扰	尽可能地弥补客人的损失，满足客人需求。同时找到被投诉的服务员，对其进行教育，并责令其向客人赔礼道歉	强化服务人员对客人的尊重，强化服务人员的质量意识
对异常事件的投诉	因未能按时叫醒客人，延误了客人的行程；客人在房间滑倒；客人物品丢失或被盗；客衣洗涤事故等	尽量在力所能及的范围予以帮助解决，对于酒店明显失误导致客人的损失，尽可能弥补	加强对服务人员的应变处理能力

案例分析

如何对待客人投诉

在沈阳某四星级酒店客房服务中心工作的王乐，有一次接到客人投诉，客人反映他的房间一天都没有打扫。王乐没有调查就问客人是不是打着“DND”（请勿打扰），并给客人提出许多假设，那位客人十分生气。经调查是客人早上出去时房间门未锁，值班经理说房间很乱，怕有人进去过，所以不让服务员打扫。结果当班服务员没有把这一情况写入交接记录，下班次人员根本不知道此事，因而当客人回来时，服务员没有主动进行解释，而造成客人投诉。调查清楚后，王乐马上找值班经理给客人进行了耐心的解释，客人表示理解。

问题：本案例中，酒店服务人员应如何对待客人投诉？

知识链接

表 4－12　　客人投诉登记表

顾客姓名	国籍：	房号：
投诉内容： 时间：		
受理人：		
处理结果： 时间：		
内部处理意见： 时间：		
备注：		

任务实训

一、任务目标

能正确处理客人投诉

二、活动内容

活动一：李先生是酒店的熟客，喜欢住在818房间。这天他找到楼层服务员小何，告知其房间的马桶坏了，请派人来修理。小何非常歉意地对李先生说："真不好意思，给您添麻烦了，我会尽快通知人来修理的。"听了小何的回答，李先生放心地外出了。下午6点，李先生带朋友回来，急着上洗手间，发现马桶根本没有人来维修，他只得把朋友丢在房间里，自己很尴尬地去了大堂公共卫生间。李先生从大堂公共卫生间返回房间，大声抱怨酒店，楼层领班小张听到声音后立即赶到客人的房间，李先生情绪很激动，小张连忙安抚客人。

请分角色扮演人物，并对此事进行处理。

活动二：7月9日晚服务员在清理8236房间，把所有的垃圾都收走了，晚22：02，张先生回房间后发现，他花费了好长时间才收藏的一可口可乐瓶子被服务员当垃圾收走了，张先生极度不满，向酒店提出投诉。请分角色扮演人物，并对此事进行处理。

三、步骤

1. 教师讲解示范，学生模拟练习
2. 学生分配角色，进行模拟实训，相互点评，教师最后总结

任务评价

学习目标	评价内容	组内互评	组间互评	教师评价
知识能力	掌握客人投诉的原因			
	熟练掌握处理投诉的方法			
专业能力	能熟练灵活地处理客人的投诉			
	能正确依据投诉情况填写投诉登记表			
运作能力	组织能力			
	合作能力			
	解决问题能力			
	自我调节能力			
	创新能力			

续　表

学习目标	评价内容	组内互评	组间互评	教师评价
态度	真心实意，主动热情，有问必答，通力合作			
备注：评价等级为优、良、合格、不合格四等。				

任务思考与练习

一、分析客人投诉的原因

1. 客人凌晨一点多入住，进房 10 分钟后反映房间太小、床太小、不能上网，要求取消入住，并退还所有费用。酒店表示，当时客人是同意入住的，并且房内所有的设施都已经动过，门店已客满，无法为其更换其他房型，且已过凌晨，电脑已入账，无法退钱。客人表示不能接受，于是投诉。

答：属于____________投诉原因。

2. 客人晚上入住，发现床上有一只臭虫，要求：①道歉，②换房，③免房费，并称如果不免房费就反映到报社。

答：属于____________投诉原因。

3. 客人入住后觉得油漆味重，小孩头晕，其中一位是过敏体质，也觉得不舒服，酒店便安排客人到其他酒店去住。此时，客人表示要在酒店备案，万一身体出现问题，酒店要负责。

答：属于____________投诉原因。

二、填写投诉登记表

1. 2013 年 9 月 17 日，905 房的杨江先生投诉，衣服送洗回来有污渍。

2. 1016 房的陈祺光先生于 2014 年 4 月 3 日投诉，1015 房有人打麻将，声音太吵。

3. 2012 年 5 月 21 日，531 房的吴国忠先生投诉房间墙壁边水管有流水声，导致夜晚无法入睡。

项目五　客房部物资管理

完好的设施设备、充足优质的物资供给是客房提供优质服务的保证。一旦房间设备出现故障，又不能得到及时维修，房间的物品、用品得不到及时的补充，就意味着酒店失去了自己的“产品”价值。因此，客房服务员应能够了解客房部物资管理的内容及方法。

任务一　客房设备的管理

学习目标

●知识目标

1. 明确客房设备管理的重要意义
2. 了解客房设备的选择配备
3. 了解客房设备的管理方法

●技能目标

掌握客房设备的使用和保养

知识要点

酒店客房设备种类繁多、价值相差悬殊，必须运用科学的方法做好设备的管理工作。

一、客房设备管理的重要性

从酒店投资结构来看，客房部占总投资的60%～70%。客房内设备品种繁多，能否保证完好无损，直接影响客房的出租与酒店的正常运营。

1. 加强客房设备管理是保证酒店运转的基本条件

客房是酒店销售的主要产品，客房的销售可以带动其他部门的业务经营。所以正常的设备运转是酒店经营的依托，如果不具备这个条件，服务就会成为无本之木，无源之水。

2. 加强客房设备管理是降低成本，提高经济效益的途径之一

3. 加强客房设备管理是体现酒店服务质量和管理水平的重要标志

客房是客人主要的休息场所，拥有良好的设备设施，是为客人提供满意服务的硬件条件，也是显示酒店档次的重要标志。

二、客房设备的选择配备

（一）客房设备的选择

在选择客房设备时要综合考虑以下8个因素：

1. 方便性

客房设备主要是供客人直接使用的，使用简便尤为重要。因此，客房设备的方便性一方面是指使用灵活方便，另一方面是指设备易于清洁、保养和维修。

2. 安全性

安全是客人的基本要求。客房不仅要配备必要的安全设备，在选择时更要考虑客房设备是否具有安全可靠的特性和装有预防事故发生的各种装置。此外，商家售后服务质量如何也是设备安全的重要保证。

3. 适应性

适应性是指客房设备既要适应多数客人的需要，又要适应酒店的等级和档次，与客房格调一致，且造型美观、款式新颖。客房设备的选择要以经济合理为原则，选择与酒店的星级、档次相适应，并在同类酒店中是较为超前、质量优良的设备。客房设备档次过低会影响酒店档次，过高则会加重酒店的负担，都不利于酒店的经营。所以客房管理者应通过多方比较，并参考我国的星级评定标准选择最符合酒店要求的客房设备。选择的客房设备必须与客房的硬件装修相协调，要有统一的主色调，设备的大小、造型、色彩和质地等都应与客房相适应，给人以舒适、美观的感觉。另外，客房设备与相应的物品配备之间也要协调、配套。

4. 实用性

选择客房设备还要充分考虑设备的实用性。凡是直接或间接为客人使用的设备，都应以满足客人的需求为中心，切实可用、耐用，避免一些多余、不方便使用或不被客人所接受而易被闲置的设备。另外，还应考虑到员工的操作方便，以提高工作效率和服务质量。

5. 针对性

随着酒店客人对个性化服务的日益看重，许多酒店都设置了一些特殊的客房以满足这些客人的需求，如商务套房、女士客房、儿童套房、残疾人客房等。因此，在选择这些客房的设备时必须针对客人的特点选择具有特色的设备，满足客人的个性化需求。

6. 节能性

节能性是指设备有效利用能源的性能。设备的选择要考虑节能效果，即选择那些能源利用率高、消耗量低的客房设备。

7. 环保性

设备的噪声和排放的有害物质会对环境造成污染。噪声会影响客人的休息，造成环境污染，有害人体健康。因此，从酒店的社会效益角度出发，选择某些设备时应考虑其消声、隔音功能或配以净污等附属设备。

8. 成套性

成套性是指设备的配套程度。客房本身就是由房间、家具设备、电器设备、卫生设备、安全设备、装饰用品和生活用品等几个部分组成的，这些设备用品的有机组合，构成一套“客房产品”。客房设备用品要求布局合理、配置适当。一个服务项目、一项服务设施所需的各种设备也要配套，如闭路电视、音响系统、卫生洁具等。

（二）客房设备的配备

1. 客房设备的种类（见图5－1）

客房设备包括家具、电器设备、卫生设备、安全设备、客房用品。

（1）家具。客房家具从功能上可分为实用性和装饰性两类。客房家具包括卧床、床头柜、写字台、坐凳、衣柜、行李架、茶几、沙发等。

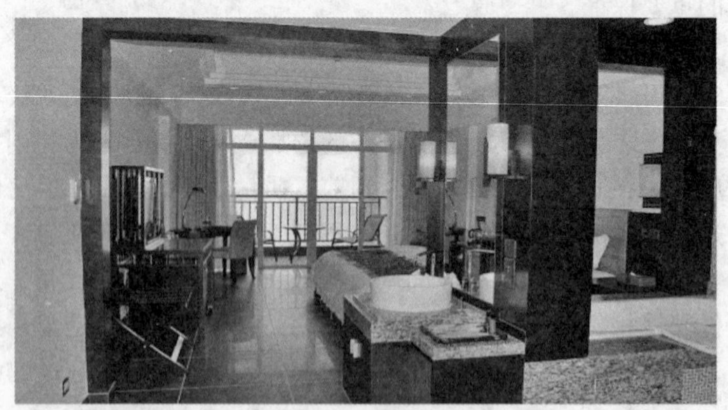

图5－1　客房设备

（2）电器设备。电器设备主要有电视、空调、照明灯具、冰箱、音响、电话，有的酒店还配备了微波炉、电磁炉、电热水瓶等。

（3）卫生设备。卫生设备包括洗脸台、浴缸、坐便器等。

（4）安全设备。安全设备主要有烟感器、门上的窥镜、安全链、自动灭火器、楼道

摄像机、安全门照明指示灯等。

（5）客房用品。客房用品又分为备用品和低值易耗品，主要指布件及其他客房用品。

2. 客房设备配备的新趋势

（1）人本化趋势。作为现代化的酒店，在客房设备的配置上也应贯彻“科技以人为本”的原则。以人为本就是要从客人的角度出发，使客人在使用客房时感到更加方便、舒适。例如，传统的床头控制板即将被淘汰，取而代之的是“一钮控制”的方式，也就是说，客人晚上睡觉时只需按一个按钮就可将室内所有需要关掉的电器、灯关掉。

（2）家居化趋势。（见图5－2）家居化趋势主要体现在以下几个方面：

图5－2　家居风格客房

①客房空间加大，卫生间的面积也要相应加大。

②通过客用物品的材料、色调等来增强家居感。

③度假区的酒店更加注重营造家庭环境，客房应能适应家庭度假、几代人度假、单身度假的需要；儿童有自己的卧室，电视机与电子游戏机相连接等。

（3）智能化趋势。可以说智能化趋势最为淋漓尽致地体现了人本化的理念。因为在智能化的客房内，宾客可以体验如下感受：客人可以享受网上冲浪等服务；客人所需的一切服务只要在客服中的电视、电脑中按键选择即可；客人更可以坐在屏幕前与商务伙伴或家人进行可视的、面对面的会议或交谈；宾客可以将窗户按自己的意愿转变为美丽沙滩、辽阔大海、绿色草原的框景；还可在虚拟的客房娱乐中心参加打高尔夫球等任何自己喜爱的娱乐活动；房间内的光线、声音和温度都可根据客人的个人喜好自动调节。

（4）安全性日益提高。安全的重要性是不言而喻的，因此，它需要更加完善的设施加以保障。例如，客房楼道中应用微型监控系统；客房门上设置无钥匙门锁系统，客房将以客人的指纹或视网膜鉴定客人的身份等。

三、客房设备管理的方法

(一) 建立设备档案

酒店的设备购进后，通常先由酒店工程部负责登记造册，然后根据部门需要，进行设备分配和领用。客房部购置的设备，为加强管理，应建立设备档案，对每件设备进行分类、登记、编号，建立设备卡片，与财务部门、工程部门的档案一致，以便核对控制。

客房设备档案主要由客房装饰资料和客房设备历史档案组成。客房装饰资料是对客房内各种家具、地毯、窗帘等装饰设备的规格特征、生产厂家及装修日期所进行的一般分类记录；客房设备历史档案是对客房家具启用日期、规格特征和历史维修保养情况进行的统计记录。

酒店设备的档案编码常采用三节编码法，即第一节表示设备种类，第二节表示设备使用部门，第三节表示设备编号。如 B2—6—8，可用来表示客房内的小冰箱，B 表示电器类，2 表示电冰箱组，6 表示客房部，8 表示该设备的编码。确定编码后，应在设备上标明，并在账、卡等技术资料上标明。

(二) 分级归口，专人管理

分级是指根据客房部的管理制度，分清设备应由哪个级别管理，一般分主管部门、使用部门和班组三个级别管理，每一级都应有专人负责，做好设备的保管、维修、报损等工作，定期复查核对，做到账、卡、物相符，确保设备的有效使用。

(三) 加强设备使用者的培训

正确使用设备可以使其发挥良好的作用，也可以减少设备的损耗，延长使用寿命。若不懂得操作规范，不熟悉设备性能，就会增加其使用的危险性。因此，应注意培训设备使用者正确使用设备，严格遵守操作规程，避免人为的设备损耗，保证设备使用安全。

(四) 客房设备的日常维护保养

客房设备通过不断地周转来实现它的使用价值。加强设备的日常保养，服务员应懂得向客人规范介绍客房设备的性能和使用方法，同时，服务员还应严格按照操作规程对客房设备进行日常的检查和维修保养。如发生故障，应及时与有关部门联系，进行维修。

客房维修有两种：一是小维修，是指对设备进行局部修理或更换部分小零件。如电视机开关不灵敏、卫生间下水道堵塞等问题，在短时间内就可以完成。二是大维修，是指对设备的全面修理，其花费时间较长，必要时需封闭房间，待修好后再投入使用。如是住客房，则给该客房客人重新安排房间。工程部派人来修理，直到检查合格后，再重新出租。

对清洁设备的保养要注意使用前的检查和使用后的清洁。使用前，应检查其完好状况，如吸尘器的管道是否畅通等；使用后，应全面清洁并进行必要的保养，如给设备上油、更换零部件等。

（五）客房设备的更新改造

1. 更新改造应遵循的规律

（1）常规整修。每年至少一次，如清洁地毯、墙面粉饰等。

（2）部分更新。一般客房使用 5 年后，应进行更新改造，包括更换地毯、墙纸、窗帘等装饰品。

（3）全面更新。通常 10 年左右全面更新一次，要求对客房陈设、布置和格调进行全面彻底的改变，包括家具更新、装饰材料更新、卫生间设备更新、房间色彩更新等。

2. 对客房设备更新应做好的几项工作

（1）收集市场信息，了解住客意见，指定最经济、效果最佳的更新计划。

（2）结合酒店实际，分步骤进行，搞出自己的特色。

（3）为确定更新改造的效果，可以先搞几个样板房，请专家、客人等有关人员参加评议，发表意见，然后可进一步改进方案，力求取得最佳效果。

（六）客房设备的报废处理

客房设备的报废，先由客房部提出申请，由工程部会同有关技术单位进行鉴定，确认符合报废条件后，填写设备报废鉴定书；价值较大的设备，应经总经理批准，由设备管理部门组织对报废设备进行利用和处理，回收的残值只能做更新改造之用；报废设备残值回收凭证，应随酒店总经理批准的报废意见同时交财务部门，注销设备资产，同时注销台账卡片；设备报废的各项手续、凭证，必须存入设备档案。

小提示

客房家具设备的配置原则

客房家具设备的配置主要是指客房应配置哪种类型、哪种式样的家具设备。客房家具设备的配置直接影响客房的功能、档次和特色。因此，酒店必须从产品设计的角度来解决客房家具设备的配置问题。在选择客房家具设备时不仅要考虑家具的实用性、安全性、节能环保性、特色性，还要注意所选择的家具要造型优美、统一配套、能符合酒店的档次和满足宾客的需要，还要利于维修保养。

风格统一是指家具的基本格调要统一，即家具的基本格式和家具的基本色调的统一。

图 5－3　宫廷式客房

图5-4　东方式双人间

图5-5　古典式客房

• 家具基本格式包括：宫廷式（见图5-3）、西方式、东方式（见图5-4）、民间式、古典式（见图5-5）、现代式等。基本格式有时可以确定客房的等级。如选用宫廷式表明客房的档次较高；民间式则常表明是普通客房；古典式可显示房间的古色古香；东方式则体现东方各民族风格和地方特色。确定客房的基本格式后，才能选择家具的式样。

• 家具基本色调是在确定基本格式后，根据所选格式的要求而确定的。如选用西方意大利式，则家具的基本色调一般是白色或浅色；选用中国古典式，家具基本色调多为棕黑色或暗红色。客房布置是一项十分细致复杂的工作，艺术性很强，具体布置一定要根据各地的不同特点，选择基本格调，再按照格调要求选好家具式样和颜色，使客房的布置有特色，美观实用。

操作要点

客房设备的使用和保养

一、客房家具

（一）床

1. 床架

（1）保证牢固稳定。一是床架本身要牢固完好，无破损，受力或推拉时不易摇晃、无声响；二是床脚要牢固完好，无破损或松脱，易于推拉，推拉时不损坏地面。

（2）保持清洁。要保持床架的清洁，一是要防脏；二是要及时除脏。为了防止床架被弄脏，可在床架上套上床裙，用床裙围护床架的四边。当发现床裙脏污时，要及时换下来洗涤，如果床架上有脏迹，可采用擦洗的办法清除。

2. 床垫

（1）保持清洁。要保持床垫的清洁，一是要在床垫上加铺褥单，褥单不仅能使床垫免受污染，而且褥单容易洗涤，可随时换洗；二是要及时除尘除迹，服务员要经常使用吸尘器清除床垫上的灰尘，及时清除床垫上的污渍。清除床垫上的污迹时，要将软垫竖立起来，用轮刷和合适的清洁剂擦洗，然后用干布吸取水分，再用电吹风吹干或让其自然干燥。清除软垫上的污迹时，不能将软垫平放，原因是平放易使水和清洁剂渗透到弹簧钢丝上，使钢丝锈蚀。

（2）定期翻转。为了保护床垫，每月必须翻转一次，使床垫各部分平均承受压力，以延长床垫的使用寿命。床垫翻转的程序如下：

①编定编号。

- 核实床垫上的标号，按每周编号，分为1~4号，字迹应清楚。
- 床垫标号分别贴于床垫的两面，位置要正确。正面为单数，反面为双数；正面标号为“1”，贴于左下角，标号“3”贴于右上角；反面标号为“2”，贴于右下角，标号“4”贴于左上角。

②翻转床垫。

- 第一周以标号“1”在左下角，标号“3”在右上角为准。
- 第二周将床垫从右面向左翻转180度，使标号“2”置于左下角。
- 第三周从床头向床尾翻转180度，使标号“3”置于左下角。
- 第四周将床垫从左向右翻转180度，使标号“4”置于左下角，依次类推。

③注意检查、及时维修。

服务员要经常检查床垫的面料有无破损、滚边有无破损、弹簧有无松动或脱落，发现问题及时报修，对于无法修复的床垫要及时更换。

④注意防潮。

床垫的防潮一要避免人为将水或其他溶液弄到床垫上；二要保持室内干燥，经常让床垫通风透气。

（二）沙发（见图5－6）

1. 选用考究的面料制作沙发套，以保护沙发面层清洁和不受磨损。

2. 沙发靠背顶部和两侧的扶手放置与沙发比例相符的花垫。花垫既是保护沙发的用品，也是精美的装饰品，可随时进行洗涤。

3. 沙发面层有污点时，要用清洁剂擦洗。

4. 不能踩蹬沙发坐垫，以免坐垫内的弹簧损坏。

5. 经常翻转沙发坐垫，以保证坐垫受力均匀。

6. 经常对沙发进行吸尘，以保持清洁。

图5－6　沙发

（三）木质家具（见图5－7）

木材具有易变形、易腐烂、易燃、质地结构不均匀、各方面强度不一致等特点。因此，木质家具在使用过程中，应根据其特性，注意保养。

图5－7　木质家具

1. 防潮

木质家具受潮后容易变形、开胶和脱漆。因此，木质家具在使用过程中要注意防潮。

（1）家具放置一般与墙相距 5 ~ 10 厘米，并注意房间经常通风换气。

（2）整理房间时，服务员应注意不可把受潮的物品搭放在木质家具上。

（3）擦拭家具时不能用带水的抹布，可用拧干的湿抹布或干抹布。

2. 防热

木质家具受热后容易收缩、开裂。因此，要避免曝晒和烘烤，要避免阳光直射，摆放时要远离暖气片等热源。

3. 防虫蛀

木质家具容易孳生蛀虫，要加强防虫蛀工作，方法可参照除虫灭害的要求和办法进行。

4. 防摩擦损伤

对木质家具要采取一系列办法，防止受到损伤。常见的方法有如下几种。

（1）摆放在桌子、台子等家具上的用具、用品底部必须光滑，不得有毛刺。如烟灰缸、杯子等陶瓷器具，使用前必须用细纱布将其带刺部分磨光。

（2）使用杯垫、碟垫等以防损伤家具。

（3）定期为家具表面打蜡。

5. 定期打蜡

使用专用的家具蜡给木质家具定期打蜡，可以起到隔热防潮、防渗透、防止失去光泽、保持清洁明亮、清除轻微擦伤、降低灰尘附着力等作用，是综合性保养木质家具的有效措施。

二、地毯

地毯具有美观、舒适、清洁、吸音、保温等特点。为了保证酒店的水准，必须对地毯进行经常性的保养，主要是通过吸尘、除渍、清洗等方法，但因地毯的纤维材料不同，保养时应注意不同质地的地毯使用不同的方法和不同的清洁剂。

三、客房常用电器设备

（一）电视机

电视机在安装、使用、保养和故障检修过程中，应注意下列问题：

1. 电视机应安放在通风良好的地方，距离墙壁 5 厘米以上，切勿置于高温、潮湿、灰尘多的地方。一般应背对窗户，避免阳光直射到屏幕上。为了减少地磁对彩色显像管的影响，电视机最好面朝南北方向。

2. 切勿碰撞或剧烈震动电视机。

3. 按使用说明调试电视机。

4. 电视机的电源线、天线和插头要完好。

5. 使用电视机要通风散热。

6. 电视机要远离带有磁场的物体。

7. 防止水或物品进入机内。

8. 电视机长期不使用时，须将其罩好；定期取下外罩通电一段时间，以去除机内的潮气。夏季每月一次，每次 2 小时以上。冬季每 3 个月一次，每次 3 小时以上。

9. 清洁时，用柔软的干布和中性清除剂擦拭。

10. 清洁时要注意安全，擦拭前应先拔下电源插头。

11. 遇有故障时，可对照说明书检查排除；无法处理时，请专业人员检修。

12. 非专业人员切勿打开后盖。

（二）电冰箱（见图 5－8）

1. 电冰箱的搬运与安放

图 5－8　电冰箱

（1）搬运电冰箱时要防止剧烈震动，否则会损坏零部件。

（2）要使电冰箱保持平稳直立，与地面倾斜角度不能小于 45 度，更不能将电冰箱倒置。

（3）电冰箱背面要与墙体保持 10 厘米以上的距离，保持通风散热，要防止将散热通道堵塞。

（4）严禁在电冰箱顶部放置电器和其他过重物品。

（5）要有独立的电源插座和可靠的接地保护线。

2. 电冰箱的正确使用

（1）外表干净。

（2）箱内清洁。

（3）定期除霜。

（4）节约用电。

3. 电冰箱的保养

（1）电冰箱长期不使用时，应拔下电源插头，切断电源，取出饮料食品，并保持清洁干净。

（2）在阴雨潮湿季节，由于湿度大，空气中的水分会凝结成水珠吸附在箱体外壳上，这是正常现象，应用柔软干布擦去。

（3）箱体内部应经常清理，以防异味产生。内部附件可用浸有温水或中性清洁剂的软布擦洗，但塑料件绝对不可接触开水，酸、苯、石油等有机溶剂，否则会使塑料体老化、变形。

（4）箱体外表可用柔软干布蘸上中性清洁剂擦拭，再用干布擦净。

（5）电冰箱使用要保持连续性，不要采取昼开夜停的方法。

（6）尽量减少开门的次数和时间。

（7）冬季电冰箱不宜停用，因其耗电量仅为夏季的一半。

4. 冰箱一般故障的检查

（1）冰箱停止工作

①检查电源是否有电，插座是否损坏。

②电源插头是否接触良好。

③电源熔断器是否调到合适位置。

（2）冰箱运转不停

①温控器是否调到合适位置。

②冰箱门是否关闭不严。

③冰箱是否受阳光直射。

④食品是否装得过多、过紧。

（3）食品温度过高

①食品是否放得过多、过紧，影响了空气流通。

②温控器位置是否正确。

③箱门是否开启次数过多、过久或关闭不严。

④冰箱后部和顶部是否留有足够的空间。

⑤冷凝器上是否积尘太多。

（4）冷藏室内食物冻结

①温控器是否调得太低。

②易冻食品是否过于靠近内壁。

（5）噪声大

①冰箱安放是否平稳。

②冰箱背部是否接触墙壁。

(6) 手触冰箱有触电感觉

①是否没有接地线或接地不良。

②有良好接地，但仍有微弱的感电现象，这是电动机静电感应所致，不必过分担心。

(三) 空调器

酒店常用的空调器有两大类，即中央空调系统和房间空调器。中央空调系统的保养工作一般由酒店工程部负责，这里仅简要说明房间空调器的使用和保养。

1. 使用中应经常给房间通风，不要让阳光直射空调器。

2. 室内温度调节要适当，不可过冷或过热。

3. 使用中要注意安全，要有单独的电源线；切勿通过插入或拔出电源线来打开或关闭机组；不可用钢丝、铜丝或其他物品取代保险丝；切勿用水冲洗机组，以免发生漏电、触电事故。

4. 定期清洗空调器表面和进风过滤网，以保持设备清洁，通风流畅。清洗时，用柔软的布蘸 40℃以下的温水，拧干后擦拭，切勿使用开水、去污粉和酸性洗涤剂擦拭，以免磨损空调器表面的光洁度。

5. 要定期检修，添加冷冻液、润滑油等，以延长使用寿命；长期不使用时，应拔下电源插头。

案例分析

沙发床

某酒店客房部，小文正在为孙先生一家三口办理入住登记手续，孙先生正在犹豫要不要为 10 岁的女儿小豆豆加一张床。不加床吧，两个人睡在标准间的一张单人床上肯定很拥挤，但加一张床，又会使房间显得很拥挤，也不方便，而且，房价也因此而提高。

小文看着犹豫的孙先生，忽然想起酒店刚刚装修完的家庭标准间，虽然孙先生预定的是一般标准间，但专为三口之家设计的家庭标准间也许会更受孙先生欢迎，于是小文就对孙先生说："我们酒店这段时间刚刚装修了一部分家庭标准间，里面有一张双人大床，还有一张多功能沙发，白天可以当沙发，而晚上拉出来就是一张很舒服的沙发床，您女儿睡正合适，而且价格和一般标准间相差不多，不知您是否喜欢？"孙先生听说后，对小文说："能不能带我们先看一下房间，再办手续？"小文非常爽快地答应了客人，并招呼行李员小罗带孙先生去参观。

孙先生来到酒店新装修的家庭标准间 306 房，发现所有的用品均按三人配备，配有一张双人床，常规标准间里的两个圈椅没有了，而用一张多功能沙发替代。行李员小罗来到沙发边，边介绍边示范如何拉开沙发床。小豆豆感到十分好奇，也模仿着做了一遍，开心地说："我就睡这儿，真好玩。"孙先生也开心地看着女儿说："好吧，就这个房间，我们

图 5－9　沙发床

去办手续。”

问题：案例中的酒店在配备客房设备时主要考虑了客人哪方面的需要？

任务实训

一、任务目标

1. 掌握客房设备使用和保养的处理方法
2. 巩固和提高客房设备处理的技能

二、活动内容

掌握客房设备使用和保养的实际操作任务

三、步骤

1. 教师先对客房设备的相关知识进行强调
2. 将同学分成若干小组，每组 3～5 人，每组模拟一项实际操作任务
3. 每组轮换交替进行服务项目的操作训练
4. 学生在实训时要严肃认真
5. 对每项任务进行评价

任务评价

<table>
<tr><th rowspan="2" colspan="2">学习目标</th><th rowspan="2">评价内容</th><th colspan="3">组内互评</th><th colspan="3">组间互评</th><th colspan="3">教师评价</th></tr>
<tr><th>优</th><th>良</th><th>差</th><th>优</th><th>良</th><th>差</th><th>优</th><th>良</th><th>差</th></tr>
<tr><td rowspan="4">知识</td><td rowspan="4">应知应会</td><td>1. 电视机的保养</td><td></td><td></td><td></td><td></td><td></td><td></td><td></td><td></td><td></td></tr>
<tr><td>2. 电冰箱的保养</td><td></td><td></td><td></td><td></td><td></td><td></td><td></td><td></td><td></td></tr>
<tr><td>3. 空调器的保养</td><td></td><td></td><td></td><td></td><td></td><td></td><td></td><td></td><td></td></tr>
<tr><td>4. 空调过滤网的清洗</td><td></td><td></td><td></td><td></td><td></td><td></td><td></td><td></td><td></td></tr>
<tr><td rowspan="6">专业能力</td><td rowspan="6">电器设备的清洁与保养</td><td>1. 电视机的擦拭保养方法</td><td></td><td></td><td></td><td></td><td></td><td></td><td></td><td></td><td></td></tr>
<tr><td>2. 清洁电冰箱外表的清洁剂、抹布的选择要求</td><td></td><td></td><td></td><td></td><td></td><td></td><td></td><td></td><td></td></tr>
<tr><td>3. 冰箱外表的清洁方法</td><td></td><td></td><td></td><td></td><td></td><td></td><td></td><td></td><td></td></tr>
<tr><td>4. 清洁空调的工具选用要求</td><td></td><td></td><td></td><td></td><td></td><td></td><td></td><td></td><td></td></tr>
<tr><td>5. 清洁空调的方法</td><td></td><td></td><td></td><td></td><td></td><td></td><td></td><td></td><td></td></tr>
<tr><td>6. 清洁空调过滤网的方法</td><td></td><td></td><td></td><td></td><td></td><td></td><td></td><td></td><td></td></tr>
<tr><td rowspan="5">运作能力</td><td colspan="2">组织能力</td><td></td><td></td><td></td><td></td><td></td><td></td><td></td><td></td><td></td></tr>
<tr><td colspan="2">合作能力</td><td></td><td></td><td></td><td></td><td></td><td></td><td></td><td></td><td></td></tr>
<tr><td colspan="2">解决问题能力</td><td></td><td></td><td></td><td></td><td></td><td></td><td></td><td></td><td></td></tr>
<tr><td colspan="2">自我调节能力</td><td></td><td></td><td></td><td></td><td></td><td></td><td></td><td></td><td></td></tr>
<tr><td colspan="2">创新能力</td><td></td><td></td><td></td><td></td><td></td><td></td><td></td><td></td><td></td></tr>
<tr><td>态度</td><td colspan="2">真心实意，主动热情
有问必答，通力合作</td><td></td><td></td><td></td><td></td><td></td><td></td><td></td><td></td><td></td></tr>
<tr><td>评价总结</td><td colspan="11"></td></tr>
<tr><td>改进方法</td><td colspan="11"></td></tr>
</table>

知识链接

使用电视遥控器的注意事项

- 遥控器内的电池可使用半年，遇遥控器不能正常使用时，应更换新电池。
- 如果长时间不使用遥控器，应取出电池，以免电池液泄漏。
- 遥控器与电视机距离越近，遥控器可操纵的范围就越宽广。

任务思考与练习

一、填空题

1. 客房设备包括家具、__________、__________、__________和__________。
2. 一般客房使用__________年后，应进行更新改造，包括更换__________、__________、窗帘等装饰品。
3. 电冰箱的正确使用应注意外表干净、__________、__________和节约用电等方面。

二、简答题

1. 木质家具在使用过程中的保养应注意哪些方面?
2. 在选择客房设备时要综合考虑哪些因素?

任务二　客房用品的管理

学习目标

●知识目标

1. 明确客房用品的选择要求
2. 了解客房用品的配备
3. 了解客房用品的领发和消耗控制

●技能目标

掌握客房用品的配备与消耗控制

知识要点

酒店在客房中除配备家具、设施、设备之外，还应配备各种用品，供客人使用。酒店应加强客房用品的管理，满足客人的实际需要，提高客人对客房及客房服务的满意程度，控制客房用品的消耗，能降低成本费用，减少环境污染。

一、客房用品的选择

在选择客房用品时，必须综合考虑各种因素，注意以下几方面的要求：

（一）实用

客房的各种用品是为满足住客的各种实际需要而配置的，因此，这些物品必须具有实用性。

（二）美观

客房内配置的客房用品要尽可能地制作得精美一些，使其具有一定的观赏性。在清洁舒适的客房里放置令人赏心悦目的用品，会使客房增色不少。

（三）适度

客房用品的档次和标准必须与客房本身的档次和标准相适应，使客人感到物有所值。

（四）具有广告宣传作用

一方面，客人在使用这些物品时，能够对酒店更加了解，留下深刻印象；另一方面，客人将某些可以带走的物品带走，或在外面使用，或作为纪念品保存，或赠送他人，能够起到很好的广告宣传作用。

（五）利于环保

酒店在选择客房用品时，必须考虑环境保护这一重要因素，尽量少用塑料制品，要尽可能选择使用对环境无破坏作用的“绿色”产品。

（六）价格合理

在保证以上各项要求的前提下，在选择购买客房用品时，必须考虑价格因素，尽量做到物美价廉，从而降低客房成本费用。

二、客房用品的配备

合理地配备客房用品，能够有效地保证质量、控制消耗。

（一）客房内的配备标准

客房内所配备的用品，要以客房的类别和档次为依据，在品种、数量、规格、质量以及摆放要求等各方面有统一的标准。并制成表格、图片等日常发放、配置、检查和培训时使用。酒店在制定这些标准时，要参照行业标准、竞争对手标准以及国际标准等，要既不违反常理，又有突破创新，以获得实效为主旨。

（二）工作车上的配备标准

客房服务员的工作车专门用来存放清洁、整理客房所需的各类用具用品，其中包括客房用品。工作车上所配备的客房用品在品种、数量、摆放位置及方法上要有统一的标准。这种标准可以制成图片，写成文字，有统一的规范。

（三）楼层小仓库的配备标准

楼层小仓库应该配备客房用品，供楼层周转使用。客房消耗用品的配备通常以一周使用量为标准，其他非消耗品则根据各楼层的客房数量及客情等具体情况确定合理的数量标准。对楼层小仓库所配备的物品，应将品种、数量等用卡或表格列明，并贴在库房内，供盘点和申领时参照。

（四）中心库房的配备标准

客房部通常设一个中心库房，储备客房部的常用物品。客房消耗物品的储量以一个月的消耗量为标准，其他客房用品的品种和数量则根据实际使用、消耗情况及周转频率确定。

三、客房用品的领发和消耗控制

（一）客房用品的领发

客房用品的领发应根据楼层小仓库的配备量、楼层的消耗量等明确规定具体时间。这不仅使此项工作具有计划性，方便中心库房人员的工作，还能促使楼层工作有条不紊、减少漏洞。在领发之前，楼层服务员应将本楼层小仓库的消耗及现存情况统计出来，按楼层小仓库的规定配备标准提出申领计划，填好申领表，由领班签字。中心客房在规定时间内，根据“申领表”发放客房物品，并凭“申领表”做账。

（二）客房用品的消耗控制

1. 制定消耗定额

（1）客房消耗物品的消耗定额。通常，客房消耗物品是按客房用品的配备标准配置和补充的。但由于并非所有客房消耗物品都在每天使用消耗完，因此，对这些用品的实际消耗情况进行具体的统计分析，从中找出规律。

①计算公式如下：

单项客房消耗用品的消耗定额 = 出租客房的间天数 × 每间天客房的配置数 × 平均消耗率

平均消耗率 = 消耗数量配置数量 × 100%

例如，客房内的茶叶每间客房每天供应 4 包，平均每间客房每天的消耗量为 3 包，其平均消耗率为$\frac{3}{4}$，即 75%。如果某一楼层本月客房的出租总数为 576 间天，那么该楼层本月茶叶的消耗定额为：

576 间天 ×4 包/间天 ×75% =1728 包

②全部消耗用品的消耗定额可用下列公式计算：

全部客房消耗用品的消耗定额 = 出租客房的间天数 × 平均消耗率 × 每间客房配置的客房消耗用品的总金额

例如，客房全部客用消耗物品的总金额是 8 元，平均消耗率为 60%，某楼层某月出租客房的总数为 576 间天，那么该楼层本月客房客用消耗物品的消耗总金额应为：

576 间天 ×8 元/间天 ×60% =2764. 8 元

（2）可多次重复使用的客房用品的消耗定额。可多次重复使用的客房用品的消耗定额应根据各种用品的使用寿命、合理的损耗率以及年度更新率来确定。这类用品的品种很多，各种用品的使用寿命、损耗率及更新率因质量和使用频率等的不同而不同，因此要分别单独制定其消耗定额。

例如，客房的玻璃杯每间天的损耗率为 3%，每间客房所配备的玻璃杯平均为 4 只，如果某楼层某月出租的客房总数为 576 间天，那么该楼层本月玻璃杯的消耗定额为：

576 间天 ×4 只/间天 ×3% ≈69 只

2. 加强日常管理

（1）专人领用，专人保管，责任到人。客房用品的领用应由专人负责，不能多人经手。如果非得多人经手，也必须严格履行有关手续。储存和配置在各处的用品要由专人保管，做到谁管谁用，谁用谁管，避免职责不明、责任不清、相互依赖、相互推诿，从而导致用品的损耗、浪费和流失。

（2）防止流失。在客房用品的日常管理中，要严格控制非正常的消耗，如服务员自己使用、送给他人使用、对客人超常规供应等。否则，很容易造成客房用品的损失和浪费。

（3）合理使用。服务人员在工作中，要有成本意识，注意回收各种有价值的物品，再次利用。另外，还要防止因使用不当而造成的损耗。

（4）避免库存积压，防止自然损耗。很多客房用品，尤其是客房消耗用品，都有一定的保质期，如果库存过多，造成用品积压过期，难免会出现自然损耗。这些积压的过期用品用之不妥，弃之可惜。因此，要根据市场货源供需关系确定库存数量，避免积压用品。

3. 完善制度

为了有效地控制客房用品的消耗，客房部必须建立一整套相关制度，在客房用品的保管、领发、使用和消耗等各方面加以规定和要求。要奖优罚劣，并根据制度实施各种管理和控制措施。

4. 加强统计分析

酒店的各客房楼层要对每天的用品消耗进行统计，领班要进行核实。客房部中心库房要对每日、每周、每月、每季度、每年度的客房用品的消耗情况进行统计，并结合盘点，了解客房用品的实际消耗情况，将结果报客房部。客房部要对照消耗定额标准和有关制度实施奖罚。只要实际情况与定额标准偏离极大，就必须分析原因，找出解决处理办法。

在客房用品的消耗控制中，既要力争节约，又要讲究适度，不能因过分要求节约而影响服务质量，要有一个合理的限度。对于那些因过分节约而影响服务质量的服务员，不应予以奖励，而应提出批评，甚至进行处罚。质量才是效益的最大保证。

小提示

表 5－1　　物品申领表（单）

楼层：　　日期：

品名	数量	单位	实领数	品名	数量	单位	实领数
大香皂				指甲锉			
小香皂				棉签			
卫生纸				信纸			
面巾纸				信封			
洗发液				明信片			
沐浴液				铅笔			
护肤露				圆珠笔			
牙刷（简）				便笺纸			
牙刷（精）				传真纸			
梳子（简）				晚安卡			
梳子（精）				火柴			
浴帽				擦鞋器			
拖鞋（简）				洗衣单			
拖鞋（精）				酒水单			
卫生袋				针线包			
剃须刀				洗衣袋			
服务指南				礼品袋			
宾客意见表				电视节目表			

案例分析

妥善对待“粗鲁男”

一位日本客商刚刚住进浙江宁波的亚洲花园宾馆一会儿，该宾馆客房部便接到他从房间打来的电话，要求派人去其房间，有事相烦。服务员小陈被派前往。小陈来到客人门前。轻轻敲门。只听客人大喊一声：“进来！”小陈轻轻推开房门。不料，一卷卫生纸突然朝她脸上飞来，不偏不倚打个正着，小陈顿时被打蒙了。定睛一看，日商怒容满面，像只好斗的公鸡。原来他刚跨进卫生间就发现卫生纸只剩半卷，顿觉受了慢待，便大发脾气。小陈捡起卫生纸，心想这是清洁员粗心造成的，忙向客人道歉："对不起，先生，是我们工作失误。"小陈回到工作间。面对突如其来的打击，想着自己所受的委屈，泪水不禁夺眶而出。但她很快冷静下来。考虑再三，认定客人发火事出有因。错在酒店，清洁员不该疏忽，将用过的半卷卫生纸留给新到的客人使用。一手拿着一卷完整的卫生纸，一手端着一盆鲜花，带着笑容重新跨进这位日本客商的房间，将鲜花与卫生纸分别安放妥当。后来，这位日本客商也自知有错，遂向酒店总经理正式表示道歉，对服务员良好的服务态度给予了高度的评价，并拿出美金若干，诚恳地请总经理为服务员发委屈奖。同时，决定在酒店住下，成了一个长住客。

问题：

1. 为什么客人会大发脾气？

2. 服务员的做法是否值得肯定？

3. 该案例给你哪些启示？

任务实训

编写客房用品使用保养规程

一、任务目标

通过让学生自主编写客房用品使用保养规程，形成学生主动保护用品的意识，对未来工作地的用品保养规程从思想上认同和理解，从而更好地开展工作

二、实训准备

1. 将同学分成若干小组，每组 3～5 人

2. 各小组事先设计好考察内容

三、实训步骤

1. 以小组为单位，到本市一家星级酒店实地考察，参观当地某酒店，了解该酒店客房用品管理情况

2. 分组讨论

3. 分小组写出书面材料：客房用品使用与保养规程

4. 对实训任务进行评价

任务评价

评价内容	评价等级				评价人		
	优	良	中	差	自评	小组互评	教师评价
准备工作							
考察参观							
分组讨论							
编写书面材料							

知识链接

有关表格填写常识

1. 数据真实

报表和图表中所反映的各项数据等必须真实，各个栏目之间的有关数据等必须真实，各个栏目之间的有关数据必须衔接一致。如果用估计的数据甚至篡改数据，就会使表格和图表失去实际意义。那样既影响对过去工作的正确评价，也影响将来计划和经营决策的正确性。

2. 内容完整

必须按照客房部表格的要求进行填写，填写栏目必须填齐，不得遗漏。

3. 报送及时

所有的表格、图表必须在规定的时间内完成，及时报送。

4. 特殊要求

个别表格需要一式 2 ~ 3 份，同时在表格上要使用统一的编号。另外，填制人姓名和填制的具体时间，批准人姓名，批准、接收人签章和时间都应按照特殊的要求正确填写。

任务思考与练习

一、填空题

1. 客房用品的选择应注意________、________、________、具有广告宣传作用、________、________等方面的要求。

2. 为了有效地控制客房用品的消耗，客房部必须建立一整套相关制度，在客房用品的保管、________、________、________等各方面加以规定和要求。

3. 工作车上所配备的客房用品在________、________、________及方法上要有统一的标准。

二、简答题

1. 简述工作车的摆放程序？
2. 客房用品的领发有哪些要求？

任务三　客房布件的管理

学习目标

●知识目标

1. 明确客房布件的种类及质量要求
2. 了解客房布件的规格
3. 确定客房布件的配备
4. 了解客房布件的管理和控制
5. 了解客房楼层布件的保养

●技能目标

掌握楼层客房布件相关表格的填写

知识要点

布件，又称为布草，布巾或棉织品。在酒店的经营活动中，不仅是一种日常生活必需品供客人使用，也是酒店客房装饰布置的重要物质，对室内气氛、格调、环境起着很大的作用。虽然客房布件也属于客用物品，但因其与其他客用物品有很多不同之处，有必要进行专门的介绍。

一、客房布件的种类及质量要求

（一）客房布件的种类

根据布件的用途，客房布件可以分为三大类，即床上布件、卫生间布件和其他布件。

1. 床上布件：包括枕套、床单、被罩、褥垫、床裙、床罩等。
2. 卫生间布件：浴衣、大浴巾、小浴巾、面巾、方巾、地巾等。

3. 其他布件：纱窗帘、遮光窗帘、帷幔、沙发套，其他（如小酒吧的餐巾等）。

（二）客房布件的质量要求

1. 床上布件的质量要求

床上布件有很多种，主要是床单和枕套，其质量主要取决于以下几种因素：

（1）纤维质量。纤维要求长，纺制出来的纱比较均匀、强力高，耐洗、耐磨。

（2）纱的捻度。纱纺得紧，这样在使用中不易起毛，强度也比较好。

（3）织物密度。密度高且经纬分布均匀的织物比较耐用。制作床单的织物密度一般为288×244根/10平方厘米，高级的可超过400×400根/10平方厘米。

（4）断裂强度。织物的密度越高，其强度越高，越不容易断裂。

（5）制作工艺。卷边平齐，尺寸标准，缝线平直、耐用。

（6）纤维质地。常用的床单和枕套的质地有棉质、人造纤维及棉与人造纤维混纺（通常称“混纺”）等几类。棉质床单或枕套柔软透气，吸水性能好，使用舒适，但易皱不耐用。人造纤维不具有棉质的优点，但具有耐磨、耐用、耐洗涤的特点。混纺吸取了两者的优点，因而目前一般客房多使用混纺床单和枕套。

2. 卫生间布件的质量要求

卫生间布件主要是指毛巾。（见图5－10）对卫生间毛巾的质量要求是舒适、美观、耐用，而要达到这一要求则主要取决于以下几种因素：

（1）毛圈数量和长度。毛圈多而且长，则柔软性好，吸水性佳。但毛圈太长又容易被钩坏，故一般毛圈长度在3毫米左右。

（2）织物密度。毛巾组织由地经纱、纬纱和毛经纱组成。地经纱和纬纱交织成布基，毛经纱和纬纱交织成毛圈，故纬线越密，则毛圈抽丝的可能性也越小。

（3）原纱强度。地经纱要有足够的强度以经受拉扯变形，故较好的毛巾地经纱用的是股线，毛经纱是双根无捻纱，这就提高了吸水和耐用性能。

（4）毛巾边。毛巾边应牢固平整，每根纬纱都必须包住边部的地经纱，否则，边部容易磨损、起毛。

（5）缝制工艺。折边、缝线、线距是否符合要求。

3. 窗帘的质量要求

窗帘的功能是遮光、保护隐私、装饰美化、隔音隔热，还能弥补窗户本身的一些不足。客房的窗帘有薄窗帘和厚窗帘两种，多为织物制成。薄窗帘通称纱窗帘，作用是减缓阳光的照射强度、美化房间，白天既不影响室内的人观赏室外景色，又能保护室内隐私；厚窗帘则具有窗帘的较多功能，讲究的厚窗帘除有一层装饰布外，还有一层遮光背衬。（见图5－11）

选择客房窗帘织物时要注意以下几点：

（1）纤维的质地。化纤牢固、不缩水、不褪色、颜色品种多且鲜艳，耐磨、耐拉扯，但易吸附灰尘，柔软度较差，档次较低。天然纤维（棉、毛、麻）华贵，色泽自然，坠感和手感好，浆过后平整挺拔，但会褪色、易缩水。混合纤维则兼具了以上两种纤维的优

图 5－10　卫生间布件

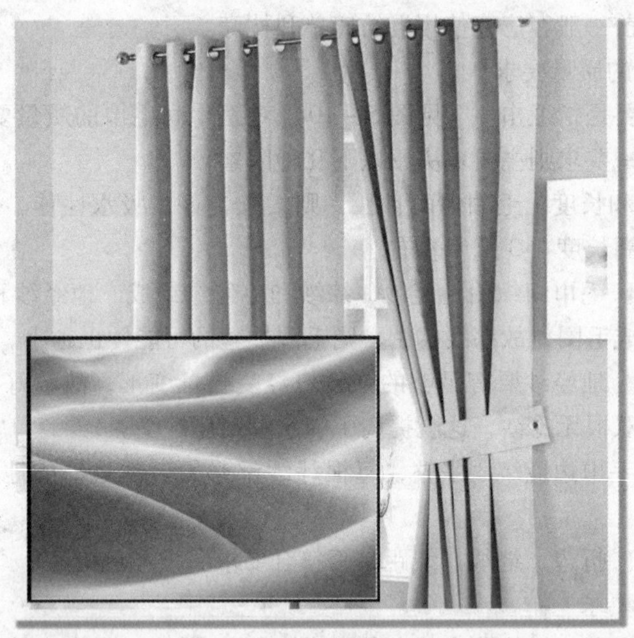

图 5－11　酒店窗帘

点，价格也比较适中，客房窗帘大多选用混合纤维的织物制作。

（2）纤维的纺织方法会影响到织物的柔软性、坠感、牢度和美观感。选择时要注意纺织的松紧度及纤维的粗细。细的纤维精致、平滑、质高；粗的纤维粗犷、动感强，但质量较差。

（3）阻燃性。在纤维中加入矿物纤维，可使织物具有阻燃性，也可在织成后进行专门的阻燃处理。窗帘必须具有阻燃性。

（4）色彩和图案。客房窗帘的色彩和图案要根据房间的装饰风格、冷暖感、空间感

等来选择，另外还要考虑其本身的显脏性。一般不宜用太大、太乱的花形图案，颜色不宜太深或过浅。太深显得压抑，过浅容易显脏。颜色跳跃不宜太大，过分华丽和跳跃的色彩影响客房的安静感，刺激客人的视觉，影响客人休息。

（5）价格。选择窗帘织物时，还必须考虑价格因素，优质优价。

（6）制作工艺。窗帘的制作工艺直接影响窗帘的功能与使用寿命。因此，客房的窗帘应由专业厂家制作，要求精致考究。上下折边不能小于3厘米，褶距要相等均匀。为了增加坠感，可在底边配重。

二、客房布件的规格（见图5－12）

图5－12　床上布件

1. 床上布件的规格

（1）床单

床单的规格尺寸、大小受床的规格尺寸和铺床方法及铺床要求等因素的影响。通常情况下，可按下列公式进行计算：

床单的长度＝床垫的长度＋2×床垫的厚度＋2×20厘米

床单的宽度＝床垫的宽度＋2×床垫的厚度＋2×20厘米

按照公式计算出来的床单的规格化是实际所需的尺寸，没有考虑缩水的因素，棉布的缩水率一般为5%～8%，购买床单时要考虑其缩水率。

（2）枕套

枕套是与枕芯配套使用的，通常要求枕套比枕芯宽2～5厘米，比枕芯长20～23厘米。

（3）褥垫

褥垫是铺在床垫上起防护等作用的垫子，因此，褥垫的规格要与床垫的规格相适配，通常要求略小于床垫的长度和宽度，以四边不超出床垫滚边并紧贴滚边为宜。不能过大，也不能过小。

2. 客房卫生间毛巾的规格

客房卫生间毛巾的规格应与酒店的档次相适应。参照酒店星级评定标准的有关要求，客房卫生间毛巾的规格见表 5－2。

表 5－2　客房卫生间毛巾的规格

种类	尺寸（厘米×厘米）	质量（g）	酒店档次
大浴巾	12×60	400	一二星级
	130×70	500	三星级
	140×80	600	四五星级
小浴巾	100×34	125	无明确规定
面巾	55×30	110	一二星级
	60×30	120	三星级
	70×35	140	四五星级
地巾	65×35	280	一二星级
	70×40	320	三星级
	75×45	350	四五星级
方巾	30×30	45	三星级
	30×30	55	四五星级
浴巾	大、中、小号	不定	四五星级

三、客房布件的配备

从使用状态角度来分，客房的布件可分为在用布件和备用布件两大类。在用布件即投入日常使用和周转的布件；备用布件是指存在库房以备更新补充使用的布件。无论是在用布件还是备用布件，客房的布件配备需要一个合理的定额标准，否则会影响到客房布件的正常供应或造成无谓的浪费和损失。

1. 在用布件的配备

在确定在用布件的数量时，要综合考虑下列因素：

（1）必须能够满足客房出租率达 100% 时的使用和周转需要。

（2）必须能够满足客房一天 24 小时运营的使用和周转的需要。

（3）必须能够适应洗衣房的工作制度对布件周转所造成的影响。

（4）符合酒店关于客用布件换洗的规定和要求。

（5）考虑布件调换、补充的周期及可能发生的周转差额和损耗流失等情况。

（6）能够保证刚洗烫过的布草有一段保养的时间。

2. 备用布件的配备

在确定备用布件的数量时，要综合考虑下列因素：

（1）布件的年度损耗率和消耗定额。

（2）计划更新补充的周期和数量。

（3）预定流失布件的补充情况。

（4）是否有更新布件品种及规格等计划。

（5）定制和购买新布件所需的时间。

（6）库存条件。

（7）资金占用的损益分析。

根据经验，自己有洗衣房的酒店，其客房布件的配备定额一般平均3.5～4套。其中，一套在用，一套换洗，一套周转，半套或一套备用。配备完成后，只有到了更新周期才陆续补充和新购。档次低的酒店至少应配备2～3套才能满足基本的要求。

一般来说，备用的布件不宜过多，以防止库存时间过长而造成自然损耗，各种布件的损耗情况并不完全一样，加之有的布件可以改制再利用。因此，无须各类布件都按3.5～4套配备。

四、客房布件的管理和控制

（一）做好布件的存储工作

1. 保持布件的良好存储条件

2. 分类存放

布件应分类存放，并附有货卡，以方便和加快发货速度，同时方便盘点和查库工作。

3. 定点定量

由于布件平时分散在各处，为了便于使用和盘点等，存放必须定点、定量。凡是与布件使用和保管等有关的员工，都必须知道布件存放的地点、放置的具体位置、种类、数量及摆放方法。在平时的工作中，只要检查核对一下即可知道种类全不全、数量够不够、有无差错，这样既能提高工作效率，又能加强员工的责任心。

（二）建立布件的收发制度

1. 先洗先出

为了使布件有一定的保养时间，布件收发应遵循先洗先出的原则，避免即洗即用。

2. 保证质量

在收发布件时要将有破损及洗烫不合格的布件分拣出来，防止将这些布件用于客房。

3. 对等交换

布件收发要采用对等交换的办法，即用脏的布件换取相同规格、品种和数量的干净布件。通常由客房楼层勤杂工或客房服务员将脏的布件送洗衣房，由洗衣房指定人员清点复核，在客房布件换洗单上签字，楼层勤杂工或客房服务员凭此单到客房服务中心布草间领取干净布件。

表 5－3 **客房布件换洗单**

楼层： 日期： 年 月 日

品种	数量	收到数	发还数	签名
大床单				
小床单				
长枕套				
短枕套				
浴巾				
大浴巾				
小浴巾				
面巾				
方巾				
地巾				
餐巾				
抹布				
备注				

4. 超额领用与发放不足额的手续

如果使用部门需要超额领用，应填写借物申请单，并报有关人员批准。如果布草房发放时不足额，也应开具欠单作为归还凭据。

（三）建立布件的报损制度

所有布件在使用和洗涤过程中都会产生磨损，最后达到报废的程度，在工作中客房服务如果发现可能报损的布件，要及时把它挑拣出来报主管经理。报批要求如下：

1. 报废条件

（1）使用期限已到，为了保证质量标准要及时报废。

（2）由于某些原因布件损坏，无法修补。

（3）布件上有无法清除的污迹。

2. 报批的手续

布件报废须有严格的核对、审批手续。客房服务员在清洁时发现不合格布件要及时挑出，由主管来认定，同时填写布件报废单，报客房部经理审批。

3. 报废布件的处理

报废的布件，若可以再利用的，可改制成其他用品，否则，要洗净，做上标记，捆扎好集中存放。

（四）建立布件的定期盘点制度

要定期对布件进行盘点，大致一个月盘点一次。通过盘点，了解布件的使用、消耗和储存情况，发现问题及时处理。布件盘点要认真细致和全面。盘点前，要将盘点的日期和时间通知有关人员，盘点时最好停止布件的流动，以防止漏盘和重盘，盘点后必须填写布件盘点统计表。

表5－4　布件盘点统计表

部门：　　日期：　　填表人：

品名	额定数	客房		楼层工作间		布草房		盘点总数	报废数	补充数	差额总数	备注
		定额	实盘	定额	实盘	定额	实盘					
毛巾												
浴巾												
面巾												
地巾												
浴衣												
床单												
枕套												
毛毯												
床罩												
被罩												
衬垫												
床裙												
窗帘												

为了做好盘点工作，各酒店可根据自身情况制定盘点制度，定期盘点的时间或周期视酒店客房部具体情况而定。盘点时，对现有布件情况进行检查、核对、统计，然后与定额标准进行比较，得出盘盈和盘亏的数据，采取相应的措施。

盘点的主管人员应在场，年终盘点须请财务部协助。在得出需补充的数量后，制订采购计划，同时应先查明补充原因，即进行盘亏分析，杜绝浪费。为了保证酒店利益，采购计划中除有采购数量外，还应提出采购的质量要求。

（五）严禁布件的不正当使用

1. 严禁服务员对布件的不正当使用，如将在用布件当抹布使用，发现后应严肃处理。

2. 及时阻止客人不正当使用布件，若致使布件报废的，应向客人索赔。

五、楼层布件的保养

加强对布件的保养能够提高布件的使用效率，保证并延长布件的使用寿命。布件保养的要点是：

1. 尽量减少库存时间。
2. 新布件必须经过洗涤后才能投入使用。
3. 备用布件要按先进先出的原则投入使用。
4. 洗涤后的布件要在搁架上放置一段时间，以利其散热透气。
5. 要消除污染和损坏布件的隐患。

案例分析

某酒店的客房部，一直以为布件管理是件头疼的事。根据正常周转量设定的布件，在每3个月一次的盘点中，发现投入数与盘点数总是不相符。特别让客房部经理不解的是，除了有一些损坏的布件有数可查外，其他布件丢失数量惊人。客房布件周转量是按四套来配备的：一套在房间，一套在工作间，一套在洗衣房，一套备用。该酒店通常的做法是：楼层服务员将房间使用过的布件收出，装入工作车布件袋里，再从每层的布件通道扔下去。按照原来的设计，接布件的地方不在洗衣房内，是在员工电梯旁边的一间小房子里，所以需要洗衣房员工每天负责运送。布件掉下来的地方是水泥地，放一辆车接着布件，但该车很快会被抛下来的布件装满，有时堆积的布件太多。在撤换布件时，上面的会掉在水泥地上。有时洗衣房的工作人员会踩在布件上进行撤换。楼层布件的补充，是由布件房员工根据楼层领班填写的每日布件需求数量送到楼层。为了解决布件管理问题、减少丢失和破损，客房部经理在思考解决办法。

问题：请问该酒店在布件管理中存在什么问题？应该如何改进？

任务实训

一、任务目标

掌握客房布件的定期盘点工作

二、步骤

1. 教师先对客房布件定期盘点工作的相关知识进行强调
2. 将同学分成若干小组，每组3～5人，模拟实际操作任务
3. 学生在实训时要严肃认真

4. 对任务进行评价

任务评价

评价内容	评价标准	配分	得分
盘点前的准备工作	要将盘点的日期和时间通知有关人员	10	
盘　点	盘点的主管人员应在场，最好停止布件的流动，以防止漏盘和重盘	40	
填写布件盘点统计表	仔细填写并存档	50	
合　计		100	

知识链接

布件的良好储存条件

- 具有适宜的温度、湿度。库房的温度以不超过 20℃为佳，湿度不大于 50%，最好是在 40% 以下。
- 通风透气，防止微生物繁殖。
- 墙面材料须经过防渗透、防霉蛀处理，地面材料以 PVC 地砖为佳。
- 保持清洁。
- 布件房不能存放其他物品，特别是化学物品和食品。
- 布件上应加防护罩，以防止积尘、变色。
- 要有消防设施。
- 布件房限制无关人员进出。
- 定期进行安全检查。

任务思考与练习

一、填空题

1. 根据布件的用途，客房布件可以分为三大类，即________、________和________。

2. 通常情况下，床单的长度 =________；

床单的宽度 =________。

3. 如果使用部门需要超额领用布草，应填写________，并报有关人员批准，如果布草房发放时不足额，也应开具________作为归还凭据。

二、简答题

1. 简述客房的床上布件与卫生间布件的规格？
2. 楼层布件的配备标准是什么？

项目六　客房部安全管理

客房安全（Security）是指客人在客房范围内人身、财产及正当权益不受侵害，也不存在可能导致侵害的因素。安全是酒店各项服务活动的基础，只有在安全的环境中各种服务活动才能得以开展。因此，酒店服务人员应提高安全意识，掌握客房防火、防盗、防自然事故的常识，增强紧急应变能力，掌握处理客房中常见突发安全事故的方法，降低灾害发生时人员生命及财产的损失。

任务一　客房部安全概述

学习目标

●知识目标

了解客房安全的基本知识

●技能目标

掌握安全管理制度的操作

知识要点

一、客房安全的含义

酒店的安全管理不仅包括打击犯罪分子、保障客房部的业务工作，保护客人的人身、财物安全，而且包括保障客人的心理安全及员工和酒店财产的安全。安全管理涉及酒店的各个区域，直接关系到酒店的生存和发展，是客房部的重要任务之一。

（一）客房安全的概念

客房安全是指客房区域应保持良好的秩序和状态。在客房范围内，客人、员工的人身和财物以及酒店的财产安全不受侵犯。

（二）客房安全的内涵

客房区域应当处于一种既没有危险，也没有可能发生危险的状态。如果客房存在一些不安全因素，又没有相应的防范措施，即使暂时没有发生事故，也不是真正意义上的安全。例如客房内的电源插头损坏、电线裸露、浴缸无防滑措施、热水龙头过于灵敏、客房的门锁没有及时修好、钥匙管理混乱、安全通道堵塞、安全门方向无指示标志等。所有这些因素都可能会在一定条件、一定场合、一定时间内突然引发危险，造成人身伤亡和财产损失。因此，客房安全是指不发生危险以及对潜在危险因素的排除。

（三）客房安全的内容

客房安全不仅包括事实安全，也包括心理安全。事实安全是指不发生并且不可能发生危险的安全状态；心理安全则是指客人对酒店安全程度的一种心理感受。

1. 心理安全是由事实安全引起的

客人对酒店有着心理安全感，是酒店安全状态长期稳定的结果，而失去安全感也必定是由于酒店的某些事件引起的。一个控制有效、秩序井然的酒店，客人是不会有心理负担的，不安全的心理感受也就无从产生。反之，对于总是发生不安全事件的酒店，客人心里当然不可能是踏实的。

2. 事实安全和心理安全有着因果关系，但有时两者并不统一

在同一时间状态下，如客人感到安全的时候，却不一定是酒店最安全的状态。事实上，刚发生过不安全事故的酒店，往往却是最安全的，因为这时酒店必将从各个方面加以改进，防止再犯。然而客人却心有余悸，不安全的心理感受难以消除。由此可见，不安全事故的发生给酒店带来的危害，不仅仅是事故本身所造成的损失，更严重的是事故发生后一段时间内带来的影响。

二、客房安全的意义

（一）客房安全管理是保障客人安全、展示客房管理水平的重要标志

客房部的首要功能和任务是向客人提供高质量的客房商品，安全、清洁、美观、舒适，安全是这一商品的主要特性。如果缺乏安全要素，客房再清洁、美观、舒适也没有意义。客房安全常出问题，那么客房部的管理就彻底失败了。

（二）客房安全管理是提高客人满意度和提高酒店经济效益的重要手段

客人对客房安全期望值很高，希望能在这不是家的“家”中无忧无虑地度过一段美好时光。可以说，在任何时候旅客选择投宿场所必然考虑安全问题。许多人面对非星级社会旅馆、私人旅店的顾虑，主要是源于对安全和卫生缺乏信任。如果酒店客房能使客人的

安全有充分保障，加之其他特性都具备，必然能提高客人的满意度，从而提高客房出租率，给酒店带来良好的经济效益。

（三）客房安全管理是提高酒店声誉的重要途径

如果酒店经常发生客人在房间被偷盗、抢劫、杀害的恶性事件，或者由于设备、设施故障造成意外伤害，酒店的声誉就会受到影响，使客人望而生畏，不敢前来入住。相反，如果酒店的客房安全管理工作做得好，必然能提高酒店的声誉。

三、客房安全工作的特点

客房安全管理是整个酒店安全管理的重要组成部分，又具有不同于其他部门安全管理的独特性。这是因为客房一经出租即成为客人暂时的私人场所，任何人包括服务员不经客人允许均不得入内。客房安全管理主要有以下六个特点。

（一）不安全因素较多

酒店业高层建筑多，生活用品多，用火、用电、用气量大，易燃、易爆危险品多，潜在不安全因素多。

（二）安全管理责任大

酒店对保证住店客人的生命财产安全具有义不容辞的责任。客人住店期间发生意外事故，不仅使客人蒙受损失，也给酒店声誉带来极恶劣的影响。作为客人在酒店期间主要生活的区域，客房安全的要求标准高、责任重大，必须加强各项防范措施。

（三）要求高，难度大

酒店为保障客房安全制定了许多规章制度。这些规章制度必须得到客人的理解与配合才能有效实施，如访客制度、防火制度等。如何在工作中既严格执行有关规章制度，绝对保障客人安全，又不引起客人反感，是需要认真研究的。另外，客房安全管理以防火、防盗、防突发事件为主，在高档酒店里，客房区域所发生的事故大多是涉外案件，由于客人居住时间短、流动性强、破案时间急，因而要求服务员安全意识强、业务水平高。

（四）服务性强

客房安全是客房商品质量的重要组成部分，加强安全管理首要的是为客人着想；这就要求服务员在工作中消除安全隐患，保证客人人身、财物和正当权益不受侵害。这些都要通过服务员严格执行服务规程，尽心尽力做好客房服务，融安全管理于服务中来实现。服务员执行规定时要始终保持对客人的热心、耐心、关心之情，而不能像某些社会公共场所那样给顾客下各种禁令，强制实行安全管理。

（五）管理细致入微

由于客房是客人的生活空间，停留时间长、涉及设备用品多，管理中稍有不慎，就会造成对客人的伤害。如设备用品质量、摆放位置、坚固程度、破损后能否及时发现并修理撤换，电器、装饰材料的安全性能是否可靠，都是客房管理的内容。需要服务员在工作中细心观察，及时发现、汇报，以消除隐患。管理者也要经常巡视客房，检查设施尤其是防火防盗设施的完好程度，以确保客人安全。同时管理者也要考虑到，客人初到陌生环境生活，即使安全设施相当完备，客人仍可能产生心理不安全感。因此，要训练服务员随时恰当地表现出对客人的关心，微笑服务、认真负责、坚守岗位，使客人有“宾至如归”之感。

（六）需要其他部门密切配合

客人住的是客房，但客房安全绝不仅仅只是客房部的工作，而是需要酒店各有关部门共同努力实现的。保安部、工程部首当其冲，采购部、前厅部、餐饮部、洗衣房的人员素质和工作程序设计也都对客房安全产生影响。因此，客房部要与上述部门保持密切联系，共同研究做好客房安全工作。

四、客房安全工作的基本原则

（一）“客人至上，安全第一”的原则

“客人至上，安全第一”是酒店一切工作的基本指导思想，也是安全工作的根本出发点和最终归宿。无论是保安部工作人员，还是客房部工作人员，都要切实保障客人和酒店员工的人身及财产安全。没有安全保障，一切工作就无法顺利进行，从这个意义上讲，安全工作是“第一位”的。

（二）“预防为主”的原则

所谓“预防为主”，就是集中主要精力做好积极主动的防范工作，防止案件事故的发生。预防是酒店安全工作的基点。预防为主，一要加强防范，堵塞各种空隙漏洞，不给犯罪分子可乘之机，把违法犯罪活动制止在预谋阶段；二要定期进行安全检查，及时发现和消除各种不安全因素和事故苗头，把各类事故消灭在萌芽阶段。

从一定意义上讲，衡量安全工作好坏的标志，不是看破案率的高低，而是看事故和案件发生的数量，该防范的是否已经防范了，不该发生的是否已经发生了。因此，预防为主是一种积极的预防，既要做好各种防范工作，又要对已经发生的事故和案件进行调查取证，通过查处、堵塞漏洞，改进工作，加强防范。

（三）“谁主管、谁负责”的原则

“谁主管、谁负责”就是分清层次，各司其职。客房部安全应实行总经理领导下的客房部经理负责制。安全是一个综合性指标，实践证明，光靠一个安全部，是很难把具体部门的安全工作做好、做彻底的。因此，只有把安全工作的各项要求分解到各个部门，由部门经理包干落实，才能把酒店的安全工作做好，客房部的安全工作也应遵守这一原则。

（四）“外松内紧”的原则

“外松内紧”是安全工作的又一项重要原则。所谓“外松”，是指安全工作在形式上要自然、气氛要和缓，要适应环境、顺其自然。所谓“内紧”，是指要有高度警觉，做好密切防范工作，随时注意不安全和各种违法犯罪的苗头和线索，保证安全。

（五）“群防群治”的原则

“群防群治”就是依靠广大员工做好酒店的安全工作。员工是酒店的主人，最熟悉内部情况，深知其中的不安全因素和薄弱环节。只有广泛地依靠员工，才能采取切实可行的

措施去堵塞漏洞，消除不安全因素。另外，住店客人与酒店安全也有着直接的利害关系，因此，发动客人积极防范也是安全工作的一个重要方面。

操作要点

客房安全管理制度

做好客房安全管理工作，首先应建立和健全相应的客房安全管理制度，并以此作为员工培训的依据，在日常的管理工作中予以贯彻执行。

1. 入住验证制度

无论国内或国外的客人，凡入住酒店必须持本人有效的身份证、护照、旅行证等证件登记入住。入住验证由总服务台负责，楼层服务台负责查验总服务台签发的客人入住通知单，核对无误后方可引领客人进房。

2. 来访登记制度

为维护酒店的治安秩序，保障旅客的安全，政府有关部门对来访人员必须进行来访登记做了规定。设有楼层服务台的，在楼层服务台设来访登记岗，由当班服务员负责来访登记工作；没设楼层服务台的，在总服务台设来访登记处，由总台服务员负责来访登记工作。

3. 跟房检查制度（见图 6－1）

图 6－1 客房安全检查

凡客人外出或退房，必须由服务员做好以下三项跟房检查工作：

（1）查看房间设备、物品是否有损坏或遗失。

（2）查看酒水是否被饮用。

（3）查看是否有烟火隐患及其他异常情况，并记录客人外出时间及跟房时间，并签上名字。

4. 巡楼检查制度

楼层要求每隔 1 个小时由服务员巡楼一次，注意检查以下五项：

（1）楼层上是否有闲杂人员。

（2）是否有烟火隐患，消防器材是否正常。

（3）门、窗是否已上锁或有损坏。

（4）房内是否有异常声响及其他情况。

（5）是否有设备、物品损坏情况及是否清洁。

要求特别留意客房内是否有异常声响，劝导闲留人员离开楼层，设备损坏应及时报修，如有烟火隐患及通道卫生问题应立即消除。

5. 治安事件报案制度

当遇有行凶抢劫事件、团伙斗殴事件、发现爆炸可疑物品或发生爆炸事件、突发性事件时，立刻通知保安部和上级主管部门，或按报警铃，并做好记录（案发地点、时间、过程），控制人员，封锁现场，提供线索，填写报案表。

6. 火警火灾报案制度

发现火警，楼层服务员应立即报告酒店消防中心，并向上级主管汇报，控制现场，保证信息的准确联络。

7. 情况汇报制度

在客房所属范围内，涉及与治安、消防有关的一切事情及事情的苗头，必须及时了解，以书面的形式记录好所发生的时间、事情的经过、涉及的服务员及情况分析，立即向上级主管和保安部汇报。

8. 长包房制度

经常出入长包房的客人必须有资料登记并分类。此外，其他的客人都要进行来访登记。

9. 遗留物品处理制度

凡在酒店范围内拾获的一切无主物品视为遗留物品。任何服务员拾获，必须马上上交部门，由部门登记造册，统一存放，私留遗留物品的，视为盗窃处理。

10. 交班制度

各当班人员当班时，必须认真填好交班簿上的各项内容，签上自己的姓名，交班时，以书面内容为准，必要的项目还要口头交代清楚。

11. 财物保管制度

客人来保管贵重物品时，服务员要问清客人所存放的是何物品，客人所住的房号和客人的姓名；要请客人把保管的物品包装好，用透明胶封好口并请客人在上面签名；要把封好的物品放进保险箱，分别用 A、B 钥匙锁好；要问清客人保管物品的天数，然后开保险箱钥匙号；要把物品保管单（保管单上写清客人的房号、姓名、保管天数以及保管费数目等）连同保险箱 B 钥匙一起交给客人；要把保险箱的 A 钥匙用袋子包装并存放好。贵重物品的保管，一般由前台账务处负责。

12. 服务员留宿制度

服务员非因工作关系不得在酒店留宿。服务员如在酒店留宿时，要向部门申请，登记好留宿人姓名、日期及地点等。服务员不得带非本店人员回店及留宿。

13. 治安突发事件处理制度

（1）客房失窃。一旦发现客房失窃，服务员应立即通知保安部，并立即停止一切操作，以保证第一现场的完好性，同时要控制人员进出，为有关部门提供一切可知情况。

（2）遇到抢劫。当遇到抢劫时，服务员要镇定自若，立即按报警铃。如果在服务台外，要设法往服务台靠，按动手掣；如果在服务台内，要立即踩动脚掣。同时要看清罪犯的面貌特征，并记住。此时也可以用话语等安抚，尽量不让罪犯有进一步过激行动，等待救援。

（3）客人打架。当客人打架时，如果事态不是很严重，要尽量劝阻，等上级主管来处理，并在事情处理完后规劝客人退房或调换楼层，以防事后再引起摩擦。如果事态严重，要立刻按报警铃。

（4）发现杀人现场。在客房内发现杀人现场时，服务员应保持镇定，不要大声喊叫，应察看受害者是否还活着，并立即通知上级主管及保安部，封锁楼层，控制现场，提供情况。

案例分析

不该发生的被盗案

一天，有位香港客人入住某酒店。这位客人是该酒店的常客，前台的服务小姐都认识他。第二天，客人早上 10 点多就出去了，在出门前嘱咐前台的服务小姐，说他外出办事，中午会有一位北京来访的客人，是其多年的老朋友，来了就让他上其房间取一份文件，并告诉了来访者的姓名，交代完毕后就外出办事去了。

大约过了 3 个多小时，一位来访者到了前台，说是来取一份文件，并说出了房间号与那位客人的姓名。前台服务员听了也没多想，便给了他房间的钥匙，并打电话通知楼层服务员让其进房。过了 20 多分钟，那位来访者交还房间的钥匙离开了。

过了 1 个小时左右，又来了位来访者，向前台说明是来某某房间取文件，并详细地说出了那位客人的姓名与房间号等情况。前台服务员一听马上感觉不对，怎么会有两位来访者取同一份东西？越想越感到有问题，就马上将情况报告给主管，并通知保安人员一起上房间查看。当打开门时，那位客人的房间已凌乱不堪，床上和地上到处都散落着被翻过的东西。酒店立即打电话通知了客人。经过清点，发现被盗走 1000 多美元和一部价值 3000 多元人民币的数码相机。结果，酒店做了原价赔偿，并让客人免费入住酒店。事后，按照酒店的规定，前台服务员、楼层服务员都做了适当的赔偿。

问题：本案例体现出酒店安全管理中的哪些问题？

任务思考与练习

操作训练题

1. 客房安全工作的特点。
2. 客房安全管理制度包括哪些内容？

任务二　安全设施的配备

安全设施设备是指一切能够预防、发现违法犯罪活动，保障客人和酒店、员工安全的技术装备，由机械、仪表、仪器、器材等组合而成。客房部的工作范围几乎涉及酒店的各个区域，要做好安全工作，必须对整个酒店安全设施设备的配备情况有个基本的了解，并掌握正确的使用方法。

学习目标

●知识目标

了解酒店安全设施设备的配备情况

●技能目标

能够正确使用酒店安全设施设备

知识要点

一、电视监控系统

电视监控系统是由摄像机、录像机、手动图像切换、监视器等组成的。安装摄像头，监视相关场所的活动状况，从中发现可疑人物或不正常现象，以便及时采取措施。这样可以减少安全部的巡逻人员，同时给酒店及客房区域的安全带来更有效的保证，如图 6－2 所示。

图 6－2　监控系统

酒店监控系统对建立客房服务中心的酒店来说，是必备的设施设备，其电视监控系统的摄像镜头主要分布在：

1. 大堂

大堂是客人出入和集散的重要场所，一般要安装大角度旋转的摄像头，以确保对大堂客流情况的控制。违法犯罪分子要到酒店作案，绝大多数会在大堂的监视屏幕出现。一旦发现可疑情况，监控人员要及时通知楼层服务员进行监视，并立即向保安部报告。

2. 客用电梯

电梯升降时处于封闭状态。当电梯内有违法犯罪行为，如斗殴、凶杀或侵犯妇女的暴力行为等，被害人无法求援，保安人员也无法掌握和解救。因此，每个正常使用的客用电梯内均要安装摄像头，只要发现可疑现象，即可定点录像取证和跟踪监控。当然，监视人员要正确判断图像，并防止不法分子用胶布或其他手段封住摄像头。

3. 楼层过道

这在实行客房服务中心管理的酒店尤其重要，因为楼层没有专职的台班服务员。客房区域的每个楼层过道都应配置摄像头，以保护客人的安全，防止盗贼及其他不法分子，或可疑人员在楼面进行不法活动或骚扰住客。

4. 公共娱乐场所

酒店的健身房、舞厅、游泳池等，属于公共娱乐场所，存在着打架斗殴，甚至贩卖毒品的可能性，有必要安装摄像系统，以防止、控制治安事件的发生。

5. 贵重财物集中场所

贵重财物集中场所，如贵重物品保险柜、收银处、仓库等处是犯罪分子窥视的地方，可及时发现案情。同时，这些地方如果出现无关人员，监控人员应及时通知有关部门询问盘查。对形迹可疑、说不清来历意图的人，要请其到保安部，进一步查清情况和原因。

二、安全报警装置

酒店的一些重要部位，为防盗窃、抢劫、爆炸，必须安装安全报警装置，并将这些安全设备联结成网络系统，才能更有效地保护住店客人的生命财产安全和酒店及员工的安全，维护酒店的声誉。

（一）酒店常用的报警器种类

1. 微波报警器。

2. 被动红外线报警器。

3. 主动红外线报警器。

4. 开关报警器。

5. 超声波报警器。

酒店可根据报警器的不同性能和实际情况选择和配备防盗、防抢、防爆系统。

（二）安全报警器设置的部位

1. 收存钱款部位。财务部、收银处、保险柜等部位需安装防盗、防抢装置。当白天发生抢劫时，工作人员可通过手掣或脚掣报警；夜间发生盗窃时会自动报警，以便保安部迅速采取紧急措施。

2. 贵重物品和财物集中部位。珠宝柜、商场、仓库、展销厅是犯罪分子夜间喜欢“光顾”的地方，因此这些部位的门窗应分别选择门磁开关、锁钥开关、红外微波探测器和玻璃破碎探测器等防盗报警器材。安全报警装置与电视监控系统配套使用，效果更佳。

3. 消防通道。酒店楼层的消防通道应是昼夜畅通的，客人一般不会从消防通道出入酒店或楼层，但不法分子却会利用通道无人看守之机，出入酒店作案。有的酒店为了防止这一漏洞，夜间采取上锁的办法，但这样做是违反消防安全管理规定的。要解决这一矛盾，最好的办法就是安装报警器和摄像头。

三、自动灭火系统

火灾是酒店最大的致命伤。现代化的酒店一般都为高层建筑，一旦发生火灾，仅依靠酒店外的消防栓供水和当地消防部门救火车的云梯登高救火，是不能迅速扑灭大火的。酒店必须建立自身的消防灭火系统。由多种火灾报警器、灭火器、防火门、消防泵、增压风机等组成的自动灭火系统是酒店必备的安全设施。

（一）报警器

1. 手动报警器。手动报警器一般安装在每层楼的进口处，有楼层服务台的酒店

则设在服务台附近的墙面上。当有人发现附近有火灾时，可以立即打开玻璃压盖或打碎玻璃使触点弹出，造成报警。另外，还有一种手压报警器，只要按下按钮，即可报警。

2. 烟感器。酒店常用的烟感器有两种：电离压力计烟感自动报警器和光电管烟感自动报警器。烟感器常用于客房楼层的报警。烟感器报警程序：

（1）当楼层或客房内烟的浓度达到一定程度时，烟感器的红灯闪亮，表明已经报警。

（2）火警总控制室控制板上显示出报警区和第一次报警信号。

（3）8 分钟内未消除信号，则显示板显示第二次报警信号。

（4）大楼警铃鸣响。

（5）高层消防泵启动。

（6）空调自动关闭，停止送风。

（7）楼层增压风机自动开启。

（8）启用消防电梯。

（9）扑灭火灾后，消除报警信号，将消防电梯恢复到“OFF”位置上，令其他设备恢复正常运转。

3. 热感器。当火灾的温度上升到热感器的动作温度时，热感器的一个弹片便自动脱落造成回路，引起报警。

（二）灭火器

酒店中常用的灭火器种类有喷水灭火器、便携式灭火器。

1. 喷水灭火系统。喷水灭火系统主要用于木头、纸等火灾的扑灭。

2. 便携式灭火器。常用的便携式灭火器有三种：干粉灭火器、二氧化碳灭火器和1211 灭火器。

此外，酒店的自动灭火系统还应包括控制消防水泵、通风空气调节系统和电动防火门、防火卷帘门、防烟排烟设施的配备和装置，等等。

四、通信联络系统

酒店的通信联络系统是指以安全监控中心为指挥枢纽，通过呼唤机和对讲机等无线电通信器材而形成的联络网络。这个通信网络使酒店的安全工作具有快速反应能力，对保障酒店的安全起着十分重要的作用。

五、钥匙系统

钥匙系统是酒店最基本的安全设备。沿用了多年的金属和塑料门锁由于有易损、易失窃和易仿造等缺陷，目前，越来越多的酒店采用了可编程电子钥卡系统，并与酒店其他系统协作或联网，使住店客人感到舒适、方便和安全。

新型门锁系统的核心是安装在房门中的微处理器，它可以单独使用，也可将酒店所有房门中的微处理器连接到一台主机上，形成集中统一的门锁系统。客人开门时不再使用普通钥匙，而是用一种内置有密码的磁卡，使用时只需将磁卡插入或接近门上的磁卡阅读器，若两者密码符合就可将门打开。微处理器和磁卡中的密码都是在客人入住时配置，还可以随时根据需要更改。

电子门锁系统的优点，首先，便于控制，它可以在酒店需要其失效时失效。例如，客人只住宿一晚上，门锁系统就可以预置为一天，客人第二天中午 12 时以后就无法打开房门。这种“钥匙”是其他人不能仿制的。其次，电子门锁系统还具有监控功能。客人和有关工作人员虽都有打开房门的磁卡，但号码不同，因此如果某客房发生失窃，管理人员只要检查门锁系统就可以得到一段时间内所有进入该客房的人员的记录。另外，如果将房门上的微处理器连接到主机上，与酒店其他系统配合，还可提供更多的服务功能。例如，如果与能源管理系统联网，则客人在开门的同时，即可开通室内空调、照明等系统；如果与电视、电话等系统连接起来，服务人员就不能在客房内随意打电话，也不可以收看客人付费的电视节目，因为其磁卡上的密码与客人不同。还可将门锁系统与酒店物业管理系统相连，这时客人的磁卡在酒店中就如同信用卡一样，可以进行从入住登记到结账期间所有消费的结算。

除了已开始采用的电子门锁系统外，随着科技的发展，酒店还可以利用生物鉴别系统来保证客人的安全。这种系统是利用人的生理特征，如指纹、手掌等作为开启门锁的信息。由于这些生理特征比密码更具有唯一性和不可仿制性，因而可以使客人更方便、更安全。

知识链接

1. 火灾分类。国家标准（GB/T 4968－2008）根据可燃物的类型和燃烧特性，分为 A、B、C、D、E、F 六类。

表 6－1　火灾分类

火灾类型	可燃物类型	举　例
A 类火灾	固体物质火灾。物质通常具有有机物质性质，一般在燃烧时能产生灼热的余烬	木材、煤、棉、毛、麻、纸张等火灾
B 类火灾	液体或可熔化的固体物质火灾	煤油、柴油、原油，甲醇、乙醇、沥青、石蜡等火灾
C 类火灾	气体火灾	煤气、天然气、甲烷、乙烷、丙烷、氢气等火灾
D 类火灾	金属火灾	钾、钠、镁、铝镁合金等火灾
E 类火灾	带电火灾	物体带电燃烧的火灾
F 类火灾	烹饪器具内的烹饪物火灾	动植物油脂

2. 各类便携式灭火器的使用范围表

表 6－2　各类灭火器的使用范围

灭火器的类型 / 适用的火灾类型	1211 灭火器	泡沫灭火器	二氧化碳灭火器	干粉灭火器
电器设备火灾	适用	不适用	适用（电压小于 600V）	适用
可燃气体火灾	适用	适用	不适用	不适用
易燃液体火灾	适用	适用	不适用	不适用
一般固体物质火灾	不适用	适用	一般不用	适用

3. 客房楼层火灾逃生设备

（1）逃生梯。

（2）客房逃生绳索（缓降机）。

（3）紧急电源。

（4）安全指示图。

（5）安全出口指示牌。

任务思考与练习

一、单项选择题

1. 1211 灭火器不适用于（　　）。

A. 电气设备火灾　　B. 易燃液体火灾

C. 一般固体火灾　　D. 可燃气体火灾

2. 泡沫灭火器不适用于（　　）。

A. 电气设备火灾　　B. 易燃液体火灾

C. 一般固体火灾　　D. 可燃气体火灾

3. 二氧化碳灭火器适用于（　　）。

A. 电气设备火灾　　B. 易燃液体火灾

C. 一般固体火灾　　D. 可燃气体火灾

4. 电气设备火灾不可选用（　　）。

A. 1211 灭火器　　B. 泡沫灭火器

C. 二氧化碳灭火器　　D. 干粉灭火器

5. 为避免因客人原因引起的客房火灾的发生，客房部应在房内的床头柜上放置（　　）。

A. 客房防火须知　　B. 火警疏散图

C. “请勿在床上吸烟”告示牌　　　　D. 烟灰缸

6.（　　）不可安装摄像头。

A. 客用电梯　　B. 楼层过道　　C. 客房　　D. 酒店大堂

7. 为防止客人违法行为的发生，不正确的措施是（　　）。

A. 在“住客须知”上明确规定住客在客房内的哪些做法是被禁止的

B. 加强服务员安全意识的教育

C. 加强监督

D. 在客房内装上摄像头

8. 下列选项中被酒店禁止的活动是（　　）。

A. 交友聚会　　B. 打牌　　C. 喝酒　　D. 赌博

二、简答题

酒店常见的自动灭火系统包括哪几个部分？

任务三　防火、防盗及其他事故的处理

学习目标

●知识目标

了解客房防火、防盗、防其他事故的常识

●技能目标

1. 掌握消防设备的使用方法
2. 能够处理火灾、盗窃及其他事故

知识要点

一、火灾的预防

酒店火灾的发生率虽然很低，但是后果极其严重。它不仅直接威胁店内人员的生命安全和酒店的建筑物和财产安全，而且会破坏酒店的声誉。客房区域的位置一般处在酒店的高楼层，人员多，扑救和疏散人员都较困难。因此，酒店和客房部都必须制定一套完整的预防措施和处理程序，防止火灾的发生。

（一）客房火灾发生的原因

火灾往往是人们粗心大意、马虎疏忽造成的。了解火灾发生的原因，可以防患于未然。

（1）客人睡觉前在床上吸烟，不慎或乱扔未熄灭的烟头和火柴梗，引起客房可燃物和易燃物起火。

（2）客人将各种易燃易爆物品带进客房，引起火灾。

（3）客人在房内使用电饭锅、电炉、电熨斗，不慎引起火灾。

（4）长住客人违反酒店规定，私自无限度地增加电器设备，使供电线超负荷运转，造成电源短路，引发火灾。

（5）客人醉酒后玩火或抽烟，引起火灾。

（6）客房内灯具的灯罩和灯泡贴在一起，引起灯罩燃烧，造成火灾。

（7）客房内电器设备因安装不良或一次性使用时间过长，导致短路或元件发热而起火。

（8）不按安全操作规程作业（如客房内明火作业），没有采取防火措施，造成火灾。

（9）将未熄灭的烟头倒入垃圾袋或吸入吸尘器引起火灾。

（10）库房内吸烟。

（11）消防安全系统不健全等。

（二）客房火灾预防措施

客房部应结合本部门的具体情况，在酒店防火安全领导小组的指导下，成立客房部的防火组织，制定具体的火灾预防措施。

（1）在客房区域配置完整的防火设施设备，包括地毯、家具、床罩、墙面、房门等，都应选择具有阻燃性能的材料制作。

（2）房内安全须知中应有防火要点及需客人配合的具体要求。客房服务员在整理房间时，应注意检查安全隐患，加强对住客的防火宣传。

（3）安全通道处不准堆放任何物品，不准用锁关闭，保证通道畅通。

（4）配合保安部定期检查防火、灭火装置及用具，训练客房部员工掌握灭火设备的使用方法和技能。

（5）除办公室和指定的吸烟地点外，工作人员在其他场所一律不准吸烟。

（6）确保电梯口、过道等公共场所有足够的照明亮度；安全出口 24 小时都必须有红色照明指示灯；楼道内应有安全防火灯及疏散指示标志。

（7）制定客房部各岗位服务人员在防火、灭火中的任务和职责。

（8）制订火警时的应急疏散计划及程序。

（三）客房火灾时的消防和疏散

楼层客房一旦发生火灾，或酒店其他区域发出火警信号和疏散信号，客房部员工必须保持镇静，按照酒店和客房部制定的消防和疏散规则，迅速采取有效措施，保证客人的生命财产安全和酒店员工的安全，尽量减少损失。

1. 客房区域发生火灾

（1）一旦发现起火，立即使用最近的报警装置。如立即打破手动报警器（见图6－3）玻璃片，发出警报。

（2）拨酒店规定的报警号码，通知话务员着火地点和燃烧的物质。

图6－3　手动报警器

（3）迅速利用附近适合火情的消防器材，如灭火器、水枪、灭火毡等控制火势或将其扑灭。

（4）注意保护客人人身和财产的安全。

（5）如发现客房门下有烟冒出，应先用手触摸此门，如果很热，千万不能打开房门。

（6）如果火势已不能控制，则要立即离开火场。离开时应关闭沿路门窗。在安全距离以外等候消防人员到场，并为他们提供必要的情况。

2. 火警信号

（1）客房部工作人员听到火警信号，应立即查实是否发生在本区域。

（2）无特殊任务的客房部员工应照常工作，保持镇静和警惕，随时待命。

（3）除指定人员外，任何工作人员在任何情况下都不得与总机房联系，全部电话线必须畅通无阻，仅供发布火警紧急指示用。

（4）客房部经理或副经理留守在办公室待命，只有在客房区域发生火灾时才赶到现场。

3. 疏散信号

疏散信号表明酒店某处已发生火灾，要求客人和全体酒店工作人员立即撤离房间，赶到集合地点列队点名。该信号只能由在火场的消防部门指挥员发出。

（1）迅速打开太平门、安全梯，并组织工作人员有步骤地疏散客人。

（2）客房部工作人员应敲击和打开房门，帮助客人通过安全出口（见图6－4）离开房间，要特别注意帮助伤残、老、幼、孕住客。客人离开房间后要立即关好门。

（3）各层楼梯口、路口都要有人指挥把守，以便为客人引路和避免大量客人涌向一个出口，造成挤伤、踩踏事故。

图6-4　安全出口指示牌

（4）火灾发生后，要注意检查每一个房间内是否还有客人。

（5）客房部经理应根据考勤记录在集合地点名，保证每一个工作人员都点到。

4. 疏导客人时应提醒客人注意

（1）要求客人保持镇定，防止由于恐慌、拥挤而造成其他意外伤亡事故。

（2）提醒客人穿好衣服或睡袍，勿将身体直接暴露在火焰之中，以免烧伤。

（3）提醒客人随身携带房门钥匙，以便在无法从安全通道出去时返回房间，等待救援或采取其他措施。

（4）最好能将一件针织衫用水浸湿，蒙在头上，当做简易的“防毒面具”使用。

（5）如整个通道已浓烟弥漫，可提醒客人匍匐前进。

（6）提醒客人不要乘坐电梯。

（四）客房消防设备的使用

灭火器材的种类和使用方法。为了防止火灾的发生和扩大，酒店各个区域、各个要害部位配置了各种消防器材。一旦发生火灾，可以立即投入使用。客房部员工必须掌握这些消防器材和消防剂的性能、作用和使用方法，才能预防火灾和消灭事故苗头。

（1）常见的酒店灭火设施（见表6-3）

表6-3　常见的酒店灭火设施

设备名称	用途介绍	使用方法
消防栓	用水来扑灭火灾。主要通过消防栓装置进行	打开消防柜，卸下出水口的堵头，安上消防栓接扣，接上消防水带，然后将水带甩开，拧开水闸门，将水送到火场
自动喷淋器	一般安在客房的天花板上	当室内温度达至花洒的启动温度时，会使花洒喷水口开放，水便喷到溅水盘上形成均匀洒水。洒水面积一般为10平方米左右

续 表

设备名称	用途介绍	使用方法
干粉灭火器	适用于扑救石油及其制品、可燃液体、可燃气体、可燃固体物质的初期火灾，也可以扑灭电气设备的火灾	拔出保险销，挤压提把，将干粉对着火源外部，由外向内喷射
泡沫灭火器	适用于易燃液体起火。切勿用于扑救电走火	将灭火器颠倒握牢，使泡沫由外向内射向火源
1211 灭火器	主要用于扑救易燃、可燃液体、气体、带电设备等物质的初期火险，也可对固体（如竹、木、纸、织物）的表面火灾进行扑救。更适用于扑救精密仪器、计算机、珍贵文献及贵重物资仓库等处的初期火险等	拔去保险销，挤压压把，喷向火源根部

（2）消防栓（见图 6－5）。用水来扑灭火灾主要通过消防栓装置来进行。水作为灭火剂的主要作用是冷却，而且汽化后的水还可以排开空气中的氧气，使燃烧过程因缺氧而被抑制。水呈中性、无腐蚀性、无毒性。水能导电，不能扑灭电力火灾，除非事先切断电源。水不能用来扑救不溶于水及比水轻的易燃液体引起的火灾，如苯、醚类。水也不能用来扑灭沸点低于 80℃ 的易燃液体的失火，尤其不能用来扑救金属钾、电石、多卤化物、钠、发烟硫酸和氧化钠等引起的火灾。因为它们都能与水发生化学反应，产生易燃或有毒气体。

图 6－5　消防栓箱

客房的每层楼都设置有安装消防栓的消防柜。消防栓出水口径一般为 50～65 毫米，其接口大多数是内扣式的，也有少数为压簧式。消防栓使用方法如下：（见图 6－6）。

（3）便携式灭火器。常见的手提式灭火器有三种：干粉灭火器、二氧化碳灭火器和 1211 灭火器。

1.平时多注意消防栓的位置

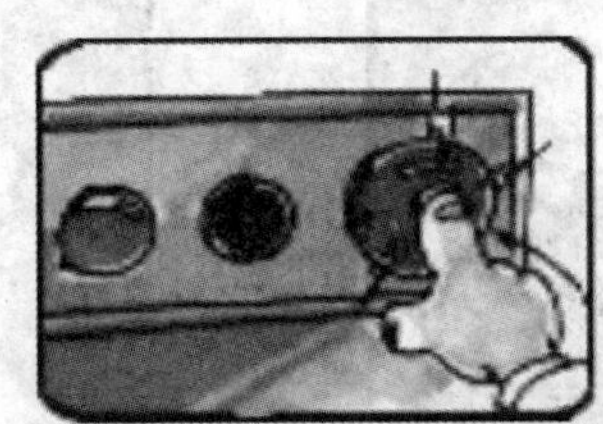

2.发现火警按下手动报警按钮

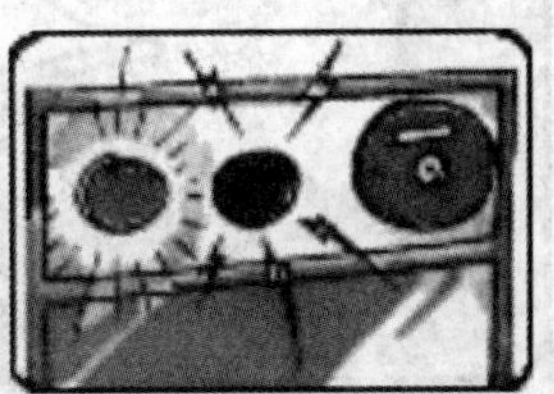

3.报警警示灯会闪和铃声大作

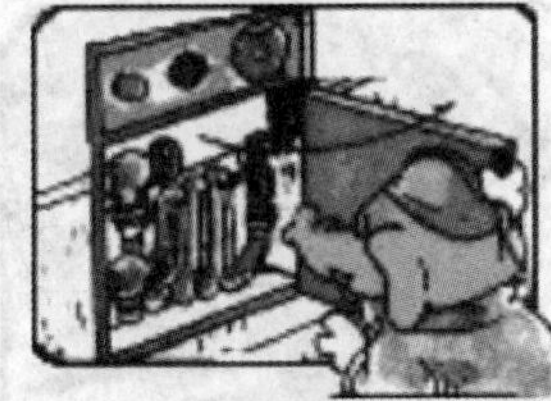

4.打开消防栓箱

5.取出瞄子（喷嘴）

6.取下水带

7.注意接头是否牢固

8.转动制水阀

小心反作用力非常大

9.一定要紧握瞄子喷嘴

水柱射水法

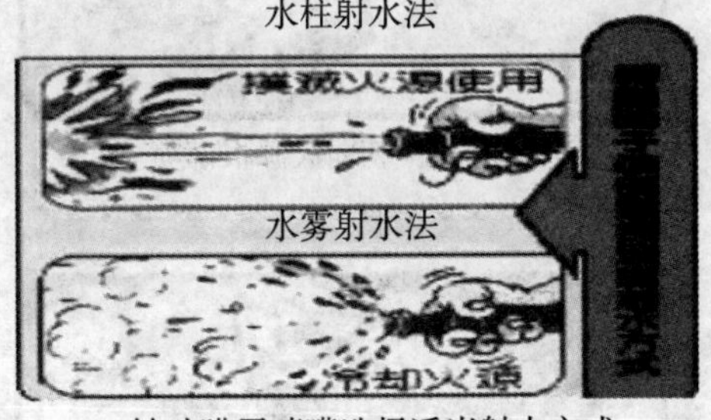

水雾射水法

10.转动瞄子喷嘴选择适当射水方式

图 6－6　消防栓的使用方法

目前市场上的灭火器多为储压式灭火器，因此在使用方法上大体相同。（见图 6－7）

二、盗窃事故的预防

酒店的客房财产和客人财物常是不法分子盗窃的目标，客人中少数不良分子和内部员工中的少数不良分子也会趁机作案。为了保障客人、酒店和员工的财产不受损失，客房部必须严格执行各项安全规定，预防各种盗窃事件的发生。

措施如下：

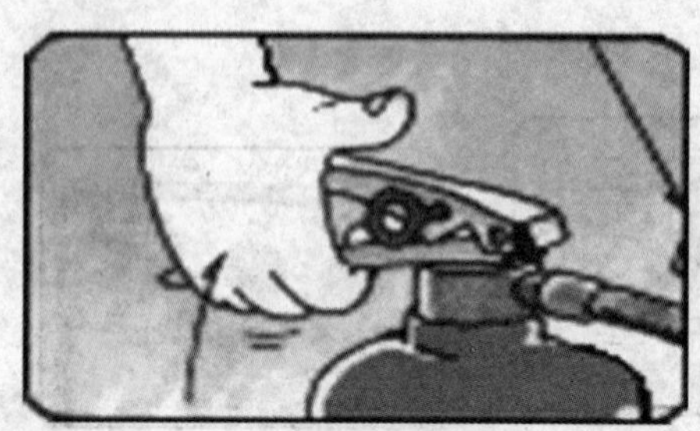
步骤一：提起灭火器

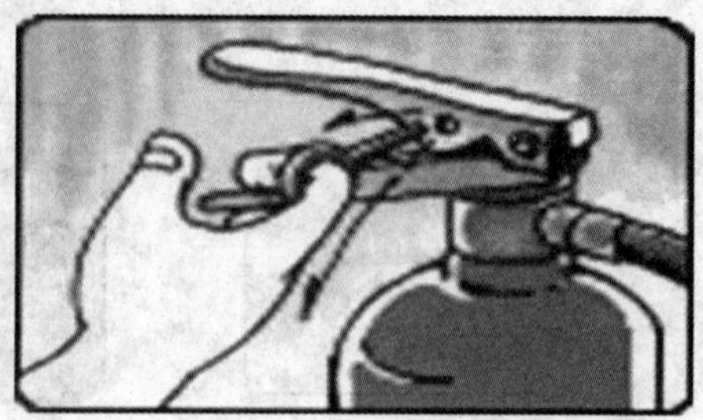
步骤二：拉开安全插销

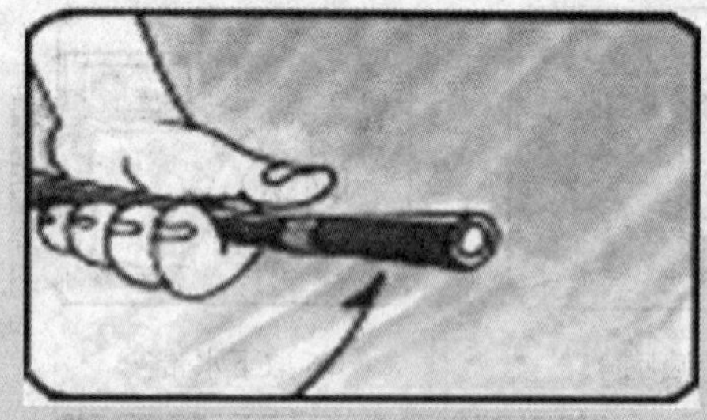
步骤三：握住皮管，朝向火苗

步骤四：用力握下手压柄

步骤五：朝向火源根部喷

步骤六：左右移动扫射

步骤七：熄灭后用水冷却余烬

步骤八：保持监控确定熄灭

图 6－7　灭火器的使用方法

1. 配备必要的设施设备

为了有效防止失窃案件的发生，客房部除增强全体员工的安全意识外，还要注意配备必要的防盗设施，如闭路电视监控系统、各种报警器及客房内安全装置。在条件允许的情况下，应配备双向电子锁系统。

2. 加强对客人的管理

（1）制定科学、具体的客人须知，明确告诉客人应尽的义务和注意事项。

（2）提醒客人不要随意将自己的房号告诉其他客人和陌生人。

（3）建立和健全来访客人的管理制度，明确规定接待来访客人的程序、手续以及来访客人离店时间，严格控制无关人员进入楼层。

（4）切实做好验证工作和制定客人领用钥匙的规定。

（5）加强巡逻检查，发现可疑和异常情况及时处理。

①在巡视中，注意在走道上徘徊的外来陌生人、可疑人及不应该进入客房楼层或客房的酒店员工。

②注意观察客房的门是否关上及锁好。如果发现某房间的门虚掩，可敲门询问。客人不在客房内，可直接进入客房检查有无异常情况；如果客人在房内，则提醒其随时将房门关好。

③如果发现客人忘记将钥匙从门锁上取下，应将钥匙送还客人，房间无人则交给主管并登记。

④如发现醉酒、神智异常的客人，要特别留意，避免其损坏房内物品和不良分子乘机窜入房间盗窃、作案。

（6）客房内的一些物品会引起客人的兴趣，一些客人往往会将其作为纪念品带走。为了满足客人的这一需求，酒店应在商场出售这些物品，并在客房内明确告示客人此为非赠品。客房内的一些贵重物品，在设计制作和安装布置时就要考虑防止客人中的个别不良分子偷盗，尽可能不要过分“刺激”客人，有可能成为个别不良分子偷盗目标的物品则要做上酒店的标记，这有助于打消其偷盗的念头，或者使其无法带走。

（7）客人离店后，服务员或领班要及时查房。若有客人遗失物品，应登记上交；若发现有丢失和损坏的物品，应及时报告主管，并与有关部门取得联系。

3. 健全客房部员工管理制度

客房部工作人员在日常的工作中，直接接触到酒店和客人的财物，因此，客房部要根据酒店的安全管理条例，制定明确的岗位责任制和行为准则，并加强对员工服务过程的管理。

（1）录用新员工时的安全要求。酒店在招聘服务员时，要严格把关，尽可能了解其以前的工作表现和行为习惯，防止一些不良分子混入酒店员工队伍。对所有招聘的服务员要经常进行培训教育，提高他们的素质和道德水准，培养他们遵纪守法的自觉性。

（2）奖惩措施。酒店应采取有效的针对性奖惩措施，惩恶扬善。对于阻止、揭发他人偷盗行为的服务员给予奖励，对于偷盗者和对他人偷盗行为不予以阻止或知情不报者要进行严厉的处罚。轻者开除，重者交公安部门处理，执行时绝不能手软。

（3）员工进入客房及房内服务的规定。服务员上班时必须穿本工种的制服，佩戴自己的名牌，下班后不得在客房区域逗留。

（4）制定并严格执行工作钥匙的领用制度。

（5）制定并严格执行客房部员工出入酒店大门及携带物品的规定。

（6）更衣室、工作间的管理。酒店应该有专门的服务员更衣室，为服务员配备更衣柜，供服务员存放服装等私人物品，并严禁服务员将私人物品带到工作场所和工作间，防止公私不清。为此，酒店要经常不定期地对服务员更衣柜和工作间进行检查，防止偷窃者将其更衣柜作为偷盗财物的中转站，防止服务员将私人物品带到工作场所和工作间，为盗窃创造条件。

（7）垃圾的管理。客房楼层每天都会有很多垃圾，这些垃圾的搬运和处理往往能为盗窃者提供机会。因此，酒店必须加强对垃圾的控制和管理。

（8）加强物资管理。酒店必须制定和完善各类物资的管理制度，对物资的保管、领发、使用等各个环节进行控制，增强服务员的责任心，防止物资流失。

4. 防止外来人员盗窃

酒店应采取下列措施，防止外来人员进入客房楼层盗窃：

（1）加强客房楼层出入口及通道的控制，防止外来人员进入客房楼层。

（2）对进入楼层的外来人员加强监视。

（3）不要随便为“客人”开门。由于服务员不易准确地判断识别客人，因此，当有客人要求服务员为其开门时，服务员必须非常谨慎，否则，容易被一些人利用。如果不能肯定要求开门的人确实是该房住客，最好请客人与总台联系。只要服务员从维护客人利益的角度去向其解释，真正的客人是会理解和支持这种做法的，甚至会得到他们的赞赏。

（4）督促客人提高警惕，增强防盗意识。

三、盗窃事故的处理

酒店客人的财物被盗以后，客人可能直接通知公安部门——报案；客人也可能向酒店反映丢失情况——报失。报案由当地公安部门受理，报失则由酒店处理。无论是报失还是报案，服务员和管理人员都应采取积极协助的态度，及时向有关部门和上级反映情况，把属于客房部范围内的工作做好。下面介绍酒店处理客人报失的基本程序和方法：

1. 客人报失，管理人员要保持冷静，认真听取客人反映情况，不做任何结论性的意见，以免给以后的处理带来麻烦和困难。

2. 根据客人提供的线索，分析是否确实被盗，并及时将情况报告保安部及其他有关部门。

3. 如确属被盗案件，应详细问明丢失财物的经过，物品名称、数量、来源、来店前的数量和来店后的用途、数量。

4. 尽量帮助失主回忆，来店前后是否检查过、有无放错地方等，并应征得失主同意帮助其查找，切勿擅自到客人房间查找。

5. 询问失主是否要求向公安局报案，并认真记录，最后让客人签字；或要求客人写一份详细的报失经过。

6. 对确属被盗案件，还应立即报告给值班总经理，经同意后向公安机关报告。

7. 如果被盗案件涉及某一服务人员，在未掌握确凿证据之前，管理人员不可妄下结论，也不可盲目相信客人的陈述，以免挫伤服务人员的自尊心。要坚持内紧外松的原则，细心查访和找寻。

8. 做好盗窃案件的报案和查破结果的材料整理和存档工作。

四、其他事故的安全处理

（一）客人受伤生病的处理

当发生客人负伤、生病等紧急情况时，必须向管理人员报告，同时应及时采取救护措施。

1. 开房门发现住客倒在地上时，是否因病（贫血或其他疾病）倒地；是否在室内倒地时碰到家具；身上是否附着异常东西（如绳索、药瓶等）；倒地附近是否有大量的血迹；应判明是否因病不能动弹，是否已死亡。

2. 在事故发生后，应立即安慰客人，稳定其情绪，注意观察病情变化，在医生来到之后告知病情。

3. 服务人员在医护人员来到之前，也可以进行临时性应急处置：如果伤处出血时，应用止血带进行止血；如果不能缠绕止血带时，应用手按住出血口，待医生到达后即遵医嘱。

4. 如果客人是轻度烫伤，先用大量干净冷水进行冲洗；对于重度烫伤，不得用手触摸伤处或弄破水泡，应听从医生的吩咐。

5. 如果客人四肢骨折时，先止血后用夹板托住；如果是肋骨骨折，应在原地放置不动，立即请医生处置。

6. 如果客人头部受伤，在可能的情况下要小心进行止血，并立即请医生或送往医院。

7. 如果客人后背受伤，尽量不要翻动身体，应立即请医生或送往医院。

8. 如果杂物飞进客人眼睛，应立即上眼药或用洁净的清水冲洗其眼睛。

（二）醉酒住客的处理

1. 醉酒客人的危害性

醉酒住客有一定的危害性和破坏性，轻则行为失控，重则大吵大闹、行凶闹事，破坏客房的设施设备，甚至酿成更为严重的后果。

2. 醉酒客人的处理

（1）客房服务员在楼层遇到醉酒客人时，应保持理智、机警。

（2）根据其醉酒的程度及当时的表现做出适当的处理。

①对轻度醉酒的客人，应提供帮助，安置其回房休息，如主动送上解酒的热浓茶和热

毛巾等物、将垃圾桶放在床前，及时清理客人的呕吐物、劝慰客人卧床休息并注意观察，以防意外。

②对重度醉酒的客人，应视其表现灵活处理，如联系客人的亲戚朋友以便看护。如醉酒客人表现异常，特别是酒后闹事的，应报告保安部派人前来处理。

3. 注意事项

（1）客房服务员应特别注意醉酒客人房内的动静，防止客房内家具设备受到破坏，防止其在房内抽烟而引起火灾。

（2）服务员不要单独搀扶客人进房，更不能为客人宽衣脱鞋，以免客人清醒后产生不必要的误会。

（三）停电事故的处理

通常，拥有超过100间客房的酒店应自备发电机，该装置能保证在停电后能立即启动供电。

停电事故易引发一系列诸如盗窃、意外伤害、火灾等意外事故的发生。因此，当酒店发生停电时，客房部的工作人员应做好下列各项工作，预防意外事故的发生。

1. 预先知道停电时，酒店应以书面形式通知住店客人停电的时间，以方便客人事先安排活动或避免正常活动受到影响。

2. 停电发生时，所有的服务员需要平静地留守在各自的工作岗位上，不得惊慌，并给予客人适当的安慰。

3. 将留在走廊上的工作车及相关的清洁工具推入工作间，以防客人行走时发生碰撞。

4. 及时地向不明情况的客人说明所发生的停电事故及正在采取的恢复供电的紧急措施，以免其惊慌失措。

5. 停电事故如发生在夜间，用应急灯照明公共场所，帮助滞留在走廊或电梯中的客人转移到安全的地方。

6. 在停电期间，注意安全检查，加强客房走道的巡视，防止有人趁机行窃或点燃蜡烛或明火引起火灾。

（四）客人死亡事故的处理

客人死亡是指客人在酒店内因病死亡和自杀、他杀或原因不明的死亡。当死亡事故发生时，客房服务员应妥善处理，尽量减少对酒店造成的负面影响。

1. 客房服务员应保持镇定，切不可惊慌失措，在走廊上奔跑或喊叫，以免引起混乱。

2. 关闭房门，禁止其他员工进入，做好保护现场工作。

3. 电话通知保安部、大堂副理和部门主管赶到现场。

4. 向有关部门人员和有关单位提供客人资料及访客情况。

5. 待有关部门人员完成取证、调查、运走尸体后，应把房间用品撤出进行消毒或烧毁，并对房间进行彻底消毒与清理。

6. 对于死者所住的客房房号要保密。

五、预防其他安全事故

（一）防止传染病

传染病会危害客人和员工的健康，它的产生和传播大都与酒店的卫生工作有关，主要是食品卫生和环境卫生。在酒店中，如果说食品卫生是餐饮部的责任的话，那么，环境卫生则主要是由客房部负责的。一般来说，客房部可采取下列措施预防传染病的发生与传播。

1. 按预定的清扫频率，组织正常的清扫工作

对潮湿的角落经常检查，并定期或不定期地喷洒杀虫剂。另外，要避免灰尘的堆积，客房角落、家具的底部时间一长就会成为灰尘积聚的场所，因而要定期组织清扫工作来清除灰尘。

2. 消灭害虫

像蟑螂、蚊子、苍蝇以及老鼠、蚂蚁、蜘蛛、跳蚤等害虫往往也是各种病毒的传播者。因此，客房部应做好计划，在害虫容易出没的地方定期或经常喷洒杀虫剂和毒药。

3. 布草的清洁

4. 卫生间应坚持一客一消毒

浴缸、淋浴器、便器以及洗脸盆是客人身体直接接触的物体，病菌容易通过这些设施传染给随后入住的其他客人。因此，搞卫生时应特别给予关注，应坚持抹布不要交叉使用，天天清扫，一客一消毒。

5. 阻止客人将狗、猫等宠物带进酒店。

6. 患有传染病的服务员不能上班。

（二）防止住客的违法行为

由于客房具有高度的私密性，一些人往往会利用这一点在客房内从事违法乱纪的活动，诸如吸毒、贩毒、走私、赌博等。为了防止这类事件的发生，酒店要做好以下几方面的工作：

1. 在“住客须知”上明确规定住客在客房内的哪些做法是被禁止的，以起到警示作用。

2. 加强监督。楼层工作人员既要对住客给予关心和帮助，又要进行监督和控制，发现问题及时报告。

3. 加强服务员的安全意识，提高服务员识别、判断和处理问题的能力。

（三）防止住客受到侵扰和伤害

防止住客在客房内受到侵扰，下列措施是非常必要的：

1. 加强电话的控制。住客在客房内可能会受到电话骚扰。针对这一点，酒店要加强对电话的控制：一是总机不要随便将外来电话转接进客房，也不得将住客的情况向他人透露；二是客房的电话机要具备免打扰功能。

2. 配备安全装置。客房内要配备一系列安全装置，以增强住客的防范能力。客房内

的安全装置主要有：安全牢固的门锁、客房链、门镜（无遮挡视角不低于160度）。另外，除正门外，其他能进入客房的门窗部分要上门或上锁。

3. 保证客房设备用品的安全性。住客的客房内遭受伤害大多与客房内的设备用品有关：一是因为设备用品本身有故障；二是因为住客使用不当。因此，需要采取下列预防措施：

（1）所有电器无漏电危险。

（2）家具稳固，无木刺，无尖钉。

（3）卫生间的地面、浴缸要防滑。

（4）水杯不能有破裂和缺口。

（5）冷热水龙头有标记。

（6）饮用水必须达到规定的标准。

（7）告知客人如何正确使用客房内的设备。

4. 客房内要有安全告示或须知。

5. 提醒客人保持警惕，增强防范意识。

（四）防止工伤事故

酒店需有效地预防服务员的工伤事故，防止服务员受到不必要的伤害。预防工伤事故，可以采取下列措施：

1. 制定安全操作规程

客房部要根据客房工作的内容和特点，制定一套安全操作规程（有的酒店叫做安全守则），对需要服务员在工作中遵守的规定、要求及操作方法进行说明。

2. 对服务员进行技术培训

客房部要根据安全操作规程及各项工作的程序规范对服务员进行技术培训，使服务员养成安全、规范操作的良好习惯，掌握安全、规范操作的技能。

3. 加强检查监督

客房部要加强检查，消除可能导致工伤事故的一切隐患，并对服务员进行监督指导，确保服务员安全操作。

4. 配备劳保用品

配备必要的劳保用品，可以避免和减少发生工伤事故的可能性，如服装、手套、鞋子、口罩等。劳保用品的配发要根据服务员的岗位职责和工作任务，而不能只讲形式，不重实效。

（五）防自然灾害

很多自然灾害都会给人类造成损害，如地震、台风、雷电等。尽管很多自然灾害目前人类还无法阻止，但并非无法预测预报。酒店要把预防自然灾害作为安全工作的重要内容，并根据本酒店所处地域及可能遇到的自然灾害，制订相应的安全计划，尽量减少自然灾害给酒店造成的损失。

除了以上介绍的安全保卫的内容外，酒店往往还会遇到很多意想不到的安全问

题，如暴力、恐吓、诈骗等。尽管这些问题很少发生，但酒店还是应该有所防范，并能在遇到这些问题时妥善处理。在处理这些问题时，酒店除了要有自己的一套措施和一定的能力外，还必须充分相信和依靠社会上的支持和帮助，如公安、安全等部门。

操作要点

表 6－4　　消防栓的使用

程　序	使用方法
1. 报警	发现火警，按响手动报警器。
2. 使用消防栓	（1）打开消防柜，卸下出水口的堵头。 （2）安上消火栓接扣，接上消防水带，注意接口要衔接牢固。 （3）将水带甩开，注意不要拧花和拐死弯。 （4）拧开闸门，水经消防水带输送到火场。 （5）转动喷嘴选择适当的射水方向，握紧喷嘴。 （6）火灭后，先关闸门。 （7）把消防水带分解开，卸下接扣。 （8）把堵头装好
3. 消防栓的日常维护	（1）消防水带每次使用后要冲洗干净，晒干后按盘卷或折叠方式放入箱内卷好，再把水枪卡在枪夹内，装好箱锁，换好玻璃，关好箱门。 （2）定期检查消火栓是否完好，有无生锈、漏水现象。 （3）检查接口垫圈是否完整无缺。 （4）定期进行放水检查，以确保火灾发生时能及时打开放水。 （5）定期检查卷盘、水枪、水带是否损坏，阀门、卷盘转动是否灵活，发现问题及时检修。 （6）定期检查消火栓箱门是否损坏，门锁是否开启灵活，拉环铅封是否损坏，水带盘转杆架是否完好，箱体是否锈死等，发现问题及时更换、修理

表 6－5　　便携式灭火器的使用

程　序	使用方法
1. 准备工作	（1）提起灭火器。 （2）占据火势上风或侧上风方向。 （3）保持适当距离（一般 4～5 米，干粉 2～3 米）

续 表

程　序	使用方法
2. 使用灭火器	(1) 拔去保险销，一手握住开启压把，另一手紧握喷枪，用力捏紧开启压把。 (2) 用力握下手压把。 (3) 对准火焰根部喷射，由远及近，左右移动，水平喷射。 (4) 火焰未灭，不轻易放松压把。 (5) 熄灭后用冷水浇灭余灰。 (6) 保持监控，确保没有火星
3. 灭火器的日常维护	(1) 灭火器应存放在阴凉、干燥通风处，环境温度在5℃～45℃。 (2) 每隔半年检查干粉是否结块，气体是否泄漏。 (3) 发现灭火器重量减轻超过10%或压力表指示低于绿色区域必须重新充装
4. 注意事项	使用二氧化碳灭火器时，不能直接用手抓住喇叭筒外壁或金属连线管，防止手被冻伤

表6－6　　火灾逃生的方法

程　序	使用方法
1. 逃生路线	(1) 选择最近的安全通道撤退。 (2) 如疏散线路中断，应退回房间进行自救并等待救援。 (3) 如身处高层，已无法下楼时，可往上跑至楼顶，站在逆风一面，等待营救。 (4) 在紧急情况下，可将床单拧成绳，从窗户进入下层楼的房间逃生
2. 注意事项	(1) 疏散时，随身带一条湿毛巾，经过烟雾区时，用湿毛巾捂住口鼻，以防有毒气体。 (2) 经过浓烟区，能见度很低时，应弯腰或趴下沿墙壁匍匐前进。 (3) 身上衣服如果着火，千万不能奔跑，应把着火的衣服脱掉。如来不及脱衣，可就地打滚灭火。 (4) 烟雾进入房间，用湿毛巾或床单沿着门缝塞上，以防烟熏。 (5) 在浴盆内放满水，将所有易燃物品用水浸湿，若用洗头液和洗洁精等混在水里，灭火功能会更好。 (6) 如果房门或门把手发烫，千万别开门，要不断往门和其他易燃物品上浇水，以冷却降温，防止辐射燃烧。 (7) 不可开窗，以防火焰从窗外窜入。除非房间内充满浓烟，为避免窒息，可开窗换气

表 6－7　　客房安全问题的处理

项目	工作岗位	工作任务	工作行为
客房安全问题的处理	客房管理人员、服务员、安保人员	任务一　为客人开房门的服务	请客人出示房卡
			确认客人身份
		任务二　客人物品丢失的处理	安慰客人，请客人提供线索
			请客人耐心等待查找结果或让客人在现场一起寻找
			找不到客人物品时的处理
			记录处理过程
			发现火情立即报警
			接到报警后马上采取相应行动措施
		任务三　客房发生火灾的处理	组织疏散
			组织灭火
			住店客人轻度醉酒，提供帮助安置回房休息
		任务四　客人醉酒的处理	醉酒客人纠缠不休，报保安部处理
			客人醉酒损坏酒店设施与设备登记在册
			客人醉酒闹事，报保安部处理
			倒地不醒的醉酒客人确认身份，和同事一起搀扶客人进房

（1）为客人开门的服务

表 6－8　　为客人开门的服务

任务情景	操作流程
客人声称把钥匙遗留在房间了，请服务员来开门	（1）对证（双手接证），如果证件相符可以开门。 （2）如果无证件，请客人到前台确认身份，由前台通知楼层服务员为客人开门
服务员在做房间卫生时，客人要求进房	（1）客人带了钥匙，接过客人的钥匙，确认钥匙。 （2）客人没带钥匙，处理过程同前，但需要更加注意语言的技巧性
访客要开门	原则上不开门，如果事先住客有留言交代（交代访客姓名、性别、年龄、相貌特征），则请访客出示有效证件，核对身份及证件后，做好访客登记才能开门

（2）客人物品丢失的处理

表6－9　客人物品丢失的处理

任务程序	操作流程	目　的
安慰客人，请客人提供线索	（1）常有部分客人害怕自己的钱物丢失，在客房把钱物藏起来，事后忘记藏在什么地方了。先让客人情绪安定，尽可能帮助和引导客人回忆当时情景，提供线索，以便于酒店帮助客人寻找。 （2）如果客人报告贵重物品丢失并涉及某服务员，在没有弄清楚事实前，不可盲目下结论，以免挫伤员工的自尊心	稳定客人的情绪，帮助和引导客人回忆当时的情景，尽可能多提供线索，以便于物品的查找
请客人耐心等待查找结果或让客人在现场一起寻找	（1）如果在客人自己的客房进行搜寻时，客人愿意亲眼目睹整个寻找过程，则让客人在现场一起寻找。 （2）客人即将离店，但客房还未清扫，应建议客人留在现场目睹整个寻找过程。 （3）客人原住房已为新客人租用，只能由保安人员或管理人员对床底和窗帘后面的部分进行搜索，查找工作不能由丢失物品的客人进行。 （4）已整理完毕的客房，可请客人耐心等待。 ①与负责检查和整理该客房的工作人员进行核查。 ②搜索所有不外露的部分。 ③从客人已清理出的物品和垃圾里寻找。 ④检查客人丢失的物品是否已放在工作间内，尚未交到客房服务中心	让客人亲眼目睹物品查找的过程，消除客人的疑虑
找不到客人物品时的处理	经多方查找仍无结果，或原因不明，没有确切事实认定是在客房内被盗窃的，酒店不负赔偿责任，但应向客人表示同情和耐心解释，并请客人留下地址和电话，以便今后联系	安慰客人，给客人一个说法
记录处理过程	将整个情况详细记录，以备核查	把事件过程写下来，作为凭证，也可作为岗位培训教材

（3）客房发生火灾的处理

表 6－10　　客房发生火灾的处理

任务程序	操作流程	目　的
向酒店消防中心报警	（1）发现火情，不要惊慌，立即利用就近的电话向酒店消防中心报警。不要立刻拨打 119 报警。 （2）报警时准确地讲清起火地点、部位、火势、燃烧物质、有无被困人员及报警人的姓名和岗位	及时汇报、及早阻止灾情的进一步扩大
阻止乘梯	客房服务员应迅速站在电梯厅，阻止客人使用电梯	防止客人被关
安全引导，疏散客人	（1）逐间客房查看有无客人，提醒客人尽快离开房间和楼层。 （2）告知客人消防安全通道的方向。 （3）按安全疏散线路引导客人撤离危险区域。 （4）撤离危险区域后，尽快将客人疏散到酒店指定区域，以便清点人数。 （5）对于行动不便的客人，要给予特别照顾	保障客人的生命安全
就近利用，灭火器灭火	（1）利用就近灭火器材组织员工扑灭火情。 （2）听从灭火指挥部的指挥，协同现场消防员积极灭火，保卫酒店和客人的财产安全	积极组织灭火，维护酒店和客人利益
做好记录	做好记录，写出火情报告，报总经理	作为资料保存

表 6－11　　较为常见的特殊情况的处理

项目	工作岗位	工作任务	工作行为
较为常见的特殊情况的处理	客房管理人员	任务一　客人突发疾病的处理	拨打 120 急救电话，并上报有关部门
			立即通知病人接待单位
			病人住院
			客人需动手术
		任务二　客人醉酒的处理	住店客人醉酒
			醉酒客人纠缠不休
			客人醉酒损坏酒店设施与设备
			客人醉酒闹事
			倒地不醒的醉酒客人

（4）客人突发疾病的处理

表 6－12　客人突发疾病的处理

任务程序	操作流程	目　的
紧急报告上级	（1）立即报告上级、大堂副理和酒店医务室，由医务室医生迅速检查病患，病情严重的需立即联系较近医院，请医院派人迅速赶到现场抢救或派救护车迅速护送病人到医院抢救。 （2）不要轻易移动病人	快速行动，保障客人的生命安全
立即通知病人接待单位	立即通知病人接待单位到现场查看客人病情。如病情特别严重，请接待单位人员急电通知病人家属，以防不测	保障客人的生命安全
病人住院	病人需住院治疗时，请医院或酒店派人做好护理，每日记录，同时做好账务记录。客人医疗费用通常自理或由接待单位办理	做好病人的病情和账务记录，以备查看
病人需动手术	根据客人病情需要手术治疗的，酒店通知病人接待单位、病人家属或和大使馆联系，办理有关治疗手续。如客人住院治疗后因病重不能活动，酒店应通知病人接待单位或通过大使馆联系，请病人家属前来护理，或由病人家属授权酒店聘请专职陪护	保障客人的生命安全

（5）客人醉酒的处理

表 6－13　客人醉酒的处理

任务程序	操作流程	目　的
住店客人醉酒后的服务	（1）在楼层通道发现客人醉酒，应立即和同事一起搀扶客人进房间，帮助客人入寝。 （2）将垃圾桶、白开水放在客人床头，以防止客人呕吐，多准备热毛巾，以备不时之需。 （3）为客人准备醒酒的汤水，如蜂蜜水、梨子汁等。 （4）待客人安然入睡后，与同事一起离开客人房间，同时多加强巡视	保障醉酒客人的生命安全
醉酒客人纠缠不休	礼貌回避客人的纠缠，不要用“您是不是喝多了”等语言激怒客人，而用“您喝杯蜜糖水吗”、“您早点休息吧”等礼貌语言劝客人早进房间	安抚醉酒客人，做好其服务工作

续　表

任务程序	操作流程	目　的
客人醉酒损坏酒店设施与设备	（1）服务员发现客人醉酒闹事损坏酒店设施与设备时，首先询问客人是否受伤，是否需要救治。然后报大堂副理拍照，以留下现场证据，再由大堂副理通知工程部对客人损坏物品进行估价，或咨询财务部查询物品价格。 （2）与客人协商进行赔偿。如客人对损坏设施与设备的赔偿价格有疑问，大堂副理可报值班经理说明情况，拿出具体处理结果，由大堂副理向客人做最终答复。 （3）如客人对酒店的最终答复仍不满意，值班经理或大堂副理通知保安部执行酒店决定或满足客人要求	维护酒店的利益
客人醉酒闹事	（1）发现醉酒客人有闹事迹象，服务员应规劝客人，如客人不听规劝，事情有进一步扩大的可能时，应及时通知保安部，说明具体情况，请保安员协助工作，并维持秩序。 （2）遇有醉酒客人闹事，服务员应立即通知保安员在最短时间内到达现场，规劝闹事客人，情形特别严重的，报请酒店值班经理同意，然后向公安机关报案	维护酒店利益，保障客人的生命安全
倒地不醒的醉酒客人	对倒地不醒的醉酒客人，客房服务员要报告楼层主管，并通知保安部，同保安人员一起将客人搀扶至房间，切不可单独搀扶客人进房间或单独帮助客人入寝	保障客人的生命安全

（6）传染病住客的住房处理程序（见图6－8）

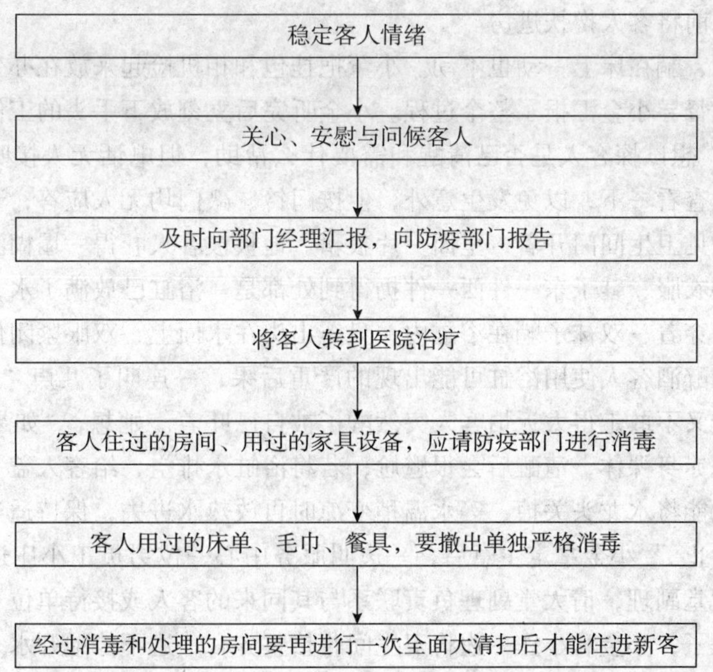

图6－8　传染病住客的住房处理程序

案例分析

案例一　惯偷“客人”

有一天，客房服务员陈佳正在清理802房的卫生间，门敞开着，工作车置于楼层走廊中，陈佳一边轻声哼着歌曲，一边清洗浴缸。这时，一名在酒店多次作案的惯偷，轻手轻脚地溜进房间，坐在床上大模大样地假装打电话。陈佳清洗完毕，看到房内有人，以为是住客回来了，不宜打扰，便退出房间，关上房门。

于是惯偷就在房内有恃无恐地作案，撬开客房小保险箱，偷走了现款及有价值的物品，随后迅速离开房间。晚间客人回来发现失窃，立即报案。在当地派出所的协助下，抓住了这名惯偷，追回赃物，但是这件事已严重地损害了酒店的声誉。

问题：本案例中，服务员陈佳的哪些做法不妥？

案例二　醉酒的客人

晚上9点多，夜班服务员小董如往常一样在通道做公共卫生，经过2415房门时，发现一客人倚着墙壁坐在地上，旁边扔着挂包和相机。小董走近一看，原来是喝醉酒的客人，小董连叫了几声“先生”，一点反应都没有。“这该不会是2415房的客人吧？”如果是就应该是位日本客人。因为她知道该房住的是日本客人，细心的小董发现地上的挂包边有一张住房卡，上面登记的正是2415房小原佑一先生，日期也对。从挂包未拉合的拉链处望进去，包内的纸张上也是日文。小董确定他应是2415房的客人，于是小董赶紧叫上同班服务员，上前将客人搀扶进房。

客人进房后，躺在床上一动也不动。小董把挂包和相机捡起来放在办公桌上，轻轻带上房门，然后找督导小金汇报了整个过程。小金听完后立刻放下手头的工作，先是打了个电话到2415房，想试探客人是否已清醒和需要什么帮助，但电话无人接听。放心不下的小金决定进房间查看一下，以免发生意外，但按门铃、敲门均无人应答，于是她推开了门轻轻走进去，只见卫生间门开着，里面一片狼藉。地板被客人吐得一塌糊涂，散发着刺鼻的气味，客人的衣服、鞋子东一件西一件扔得到处都是。浴缸已放满了水，水龙头还哗哗地流，而客人只穿着一双袜子躺在浴缸内，只露出头在水面上，双眼紧闭似乎又睡着了。

小金很清楚醉酒客人使用浴缸可能出现的严重后果，一连叫了几声“先生”，客人都没有反应，小金又不敢走得太近怕客人突然醒了被自己吓着。她想，“如果把客人扶出浴缸送到床上，他赤身裸体，清醒后会很尴尬；若将浴缸水排空，给客人盖一块毛毯，可能会冻坏身子；只能将水龙头关掉，等水温稍变凉时再放热水进去，保持适当的水温一直维持到客人清醒为止。”小金拿定主意后，一边叫服务中心一位男员工小庄过来帮忙，一边将此事报告给大堂副理，请大堂副理负责联系与其同来的客人或接待单位。

半小时过去了，小金和小庄一边将卫生间收拾整齐，一边不停地开水、关水，生怕客人溺水意外。终于，他的脸色逐渐恢复正常，小金和小庄发现客人先是捧起一捧水洗了洗

脸，然后缓慢地开始搓澡，虽然还是紧闭着双眼，但应该已无危险。为避免客人尴尬，小金和小庄觉得该离开房间了。

临走之前，她俩又冲了一杯热茶放在床头柜上，将浴衣挂在卫生间门后，走出房间后，小金和小庄并没有马上离去，而是让大堂副理请客人的朋友再打一次电话，听到客人在房内接电话的声音，小金和小庄才如释重负，放心地松了一口气。

问题：本案例中，几位服务员的哪些做法值得学习？

案例三　内盗

一天早晨，客房部的员工们议论纷纷。“听说张婷被炒了。”“不会吧！她工作可认真了，怎么会呢？”原来昨晚她上晚班，一个人看一层楼，在23点左右，612房的客人发现自己一串价值8000多元的钻石项链不见了。在这期间，客人只离开了10分钟，当值班经理问张婷的时候，她坚决否认曾进入客房。可是，闭路电视显示10分钟内张婷曾两次进入612房，前后相隔不到4分钟。后来，保安人员在她的工作车上找到了钻石项链，张婷因此当场被炒，并扣除当月的全部薪水。

问题：酒店应如何处理内盗事件？

任务实训

一、任务目标

处理常见的客房安全问题

二、活动内容

活动：以小组为单位，模拟火灾、盗窃及其他事故的处理。

活动一：某天，一位自称818房住客朋友的男士提着几盒茶叶，要求服务员打开818的房门，将茶叶放入房间。请分角色扮演，并对此事进行处理。

活动二：一天，两位美国人找到大堂副理，满脸怒气地说：“我放在房间茶几上的300美元不见了，请立即给我查清，赔还给我！”请分角色扮演，并对此事进行处理。

活动三：客房服务中心接到电话，8楼815房间着火了。请分角色扮演，并对此事进行处理。

活动四：国庆期间，祥云大酒店宴会爆满。这天，一位参加完孙子婚宴的老太太在客房因高兴过度而突然昏倒。请分角色扮演，并对此事进行处理。

活动五：凌晨2点，某酒店的电梯在15层停住。“叮咚”一声门开了，一位客人踉跄而出，口里喷出一股浓烈的酒气喃喃自语：“干…干杯，我喝完了，该你了！”这时，夜班服务员巡楼恰好走近15楼电梯口，见到客人的模样，断定客人是喝醉了。请分角色扮演，并对此事进行处理。

三、步骤

1. 教师讲解示范，学生模拟练习
2. 学生分配角色，进行模拟实训，相互点评，教师最后总结

任务评价

学习目标	评价内容	组内互评	组间互评	教师评价
知识能力	客房火灾发生原因			
	火灾的预防与处理			
	客房盗窃发生的原因			
	客房盗窃的预防与处理			
	其他意外事故的处理			
专业能力	能够处理火灾			
	能够处理盗窃			
	能够处理意外事故			
运作能力	组织能力			
	合作能力			
	解决问题能力			
	自我调节能力			
	创新能力			

备注：评价等级为优、良、合格、不合格四等。

任务思考与练习

一、单项选择题

1. 当酒店发生火灾时，实习生小王错误的处理方法是（　　）。

A. 立即查实火灾是否发生在客房楼层

B. 迅速用电话通知同事火灾发生的部位

C. 若火灾未发生在本区域，照常工作

D. 告知同事不要到处乱走，随时待命

2. 酒店发生疏散信号时，实习生小王错误的做法是（　　）。
A. 立即打开所有的安全楼道
B. 有步骤地引导客人从电梯疏散
C. 检查每一间房内是否还有客人
D. 客人离开后，将各房间的门立即关上
3. 客房区域发生火灾时，实习生小王错误的做法是（　　）。
A. 立即向 119 报警
B. 向酒店安全消防部门报告着火的具体方位和起火的原因
C. 迅速利用就近的消防器材进行扑救工作
D. 发现火势不能控制时，及时疏导全体人员离开火场
4. 火灾发生时，错误的逃生办法是（　　）。
A. 经过浓烟区时，应弯腰或趴下沿墙壁匍匐前进，用干毛巾捂住嘴鼻
B. 如身处高层，已无法下楼时，可往上跑至楼顶，站在逆风一面，等待营救
C. 疏散线路中断时，退回房间进行自救并等待救援
D. 将床单拧成绳，从窗户跳到下层楼逃生
5. 客房服务员可为（　　）开门。
A. 能报出具体房号的客人　　B. 客房部员工
C. 工程部员工　　D. 持房卡的客人
6. 客房服务员不可为（　　）开门。
A. 持房卡的客人
B. 虽未持房卡，但服务员能确认他是某一房间常住店客人
C. 已过了结账时间未办续住手续的客人
D. 持有大堂副理为其开房证明的客人
7. 客人向服务员反映放在房内的一条金项链不见了，此时服务员错误的做法是（　　）。
A. 立即进房间帮其查找　　B. 立即报告保安部门
C. 询问项链丢失前的有关情况　　D. 保护好现场
8. 下列观点不正确的是（　　）。
A. 为防止传染病，应阻止客人带宠物进入酒店
B. 患有传染病的服务员应戴胶皮手套上班
C. 为防止传染病，卫生间应坚持一客一消毒
D. 为了防止传染病的蔓延，酒店有权拒绝患有传染病的客人留宿
9. 遇见喝醉酒的客人时，服务员小王的错误做法是（　　）。
A. 单独根据客人身上的钥匙牌搀扶客人进入房间
B. 将其平放在床上
C. 为其送上一杯热浓茶和一块热毛巾
D. 在其房门外巡视，以防意外

10. 楼层发生停电事故时，服务员小王的错误做法是（　　）。
A. 及时将走廊上的工作车推入工作间
B. 检查电梯内有无客人
C. 打开应急照明灯，保证公共场所的照明
D. 给每位客人发根蜡烛，保证客房的照明

二、连线题

火灾原因及应急方法

火灾发生的主要原因	将灭火器颠倒牢握，切勿用于扑救电走火
自动喷淋器	可以用来扑灭电气设备的火灾，对着火源外部，由外向内喷射
消防栓	在客房内随意性吸烟，客房内电线、电器设备老化等
泡沫灭火器	一般安在客房的天花板上
干粉灭火器	用水来扑灭火灾，通过消防栓装置进行

三、简答题

1. 客房区域应如何做好防火工作？
2. 为了防止盗窃行为，可采取哪些有效措施？

参考文献

[1] 孙万真．客房服务与管理［M］．北京：经济科学出版社，2008.

[2] 赵厉．客房服务［M］．北京：清华大学出版社，2011.

[3] 中国就业培训技术指导中心．客房服务员［M］．北京：中国劳动社会保障出版社，2010.

[4] 李任芷．旅游酒店经营管理服务案例［M］．北京：中华工商联出版社，2000.

[5] 周梁，骆颂．客房服务与管理［M］．武汉：华中科技大学出版社，2010.

[6] 姜倩．客房服务［M］．北京：中国劳动社会保障出版，2007.